Pastor Dr. E. C. H. Peithmann

Gnostischer Katechismus

Pastor Dr. E. C. H. Peithmann

Gnostischer Katechismus

Die heiligen Lehren der gnostischen Kirche

Faksimile

ERGON VERLAG

Als Vorlage für diesen Reprint wurde der „Gnostische Katechismus“ aus der Sammlung Oskar R. Schlag der Zentralbibliothek Zürich verwendet.

Unser Dank gilt der Stiftung Oskar R. Schlag, der Zentralbibliothek Zürich, besonders Herrn René Schurte (Leiter Fachreferate Kultur- und Geschichtswissenschaften).

Dieses Werk dient der ideengeschichtlichen und historischen Dokumentation im Zusammenhang mit der Publikation „Mysterien der Gnosis“ von Olaf Räderer.

Bibliografische Information der Deutschen Nationalbibliothek

Die Deutsche Nationalbibliothek verzeichnet diese Publikation in der Deutschen Nationalbibliografie; detaillierte bibliografische Daten sind im Internet über http://dnb.d-nb.de abrufbar.

Gedruckt auf alterungsbeständigem Papier.

www.ergon-verlag.de

ISBN 978-3-95650-489-1 (Print)
ISBN 978-3-95650-490-7 (ePDF)

Gnostischer Katechismus.

Die

heiligen Lehren der gnostischen Kirche

in den ersten beiden Jahrhunderten

zum ersten Male der Öffentlichkeit übergeben.

Von

Pastor **E. C. H. Peithmann,**

Doktor der Philosophie.

1. Heft:

Das Allerheiligste und das Heilige.

Bitterfeld und Leipzig.

Verlag von F. E. Baumann.

— 1904 —

Gebet

für den Verfasser.

Gib, dass ich tu mit Fleiss,
Was mir zu tun gebühret,
Wozu mich dein Befehl
In meinem Stande führet.
Gib, dass ich's tue bald,
Zu der Zeit, da ich soll.
Und wenn ichs tu', so gib,
Dass es gerate wohl!

Hilf, dass ich rede stets,
Womit ich kann bestehen.
Lass kein unnützes Wort
Aus meinem Munde gehen.
Und wenn in meinem Amt
Ich reden soll und muss,
So gib den Worten Kraft
Und Nachdruck ohn' Verdruss!

Motto für den Leser:

Lies nicht, um zu kritisieren und zu verdammen,
Noch um zu glauben und anzunehmen,
Sondern um zu erwägen und zu überlegen.
Prüfe alles und das Gute behalte.

Einleitung.

1. Was ist die gnostische Kirche?

Die gnostische Kirche ist die Gesamtheit und Gemeinschaft aller geistlich auferstandenen, wiedergeborenen und von oben gezeugten Menschen, die da eingegangen sind durch die wahrhaftige Tür, die da ist Jesus, der Selige, eingeweiht in das höchste unaussprechliche Geheimnis des seligen Vergnügens und gesalbt mit unnennbarem Öle, aus allen Zeiten und unter allen Völkern, Sprachen und Religionen, sichtbar und unsichtbar.

Hebr. 12, 22. 23. Ihr seid kommen zu dem Berge Zion und zu der Stadt des lebendigen Gottes, zu dem himmlischen Jerusalem und der Menge vieler tausend Engel und zu der Gemeinde der Erstgebornen, die im Himmel angeschrieben sind, und zu Gott, dem Richter über alle, und zu den Geistern der vollkommenen Gerechten.

Gal. 4, 26. 31. Aber das Jerusalem, das droben, das ist die Freie, die ist unser aller Mutter. So sind wir nun, liebe Brüder, nicht der Magd Kinder, sondern der Freien.

Eph. 2, 19—22. So seid ihr nun nicht mehr Gäste und Fremdlinge, sondern Bürger mit den Heiligen und Gottes Hausgenossen, erbauet auf dem Grund der Apostel und Propheten, da Jesus Christus der Eckstein ist, auf welchem der ganze Bau ineinandergefüget, wächset zu einem heiligen Tempel in dem Herrn, auf welchem auch ihr mit erbauet werdet zu einer Behausung Gottes im Geist.

Eph. 4, 3—6. Seid fleissig zu halten die Einigkeit im Geist durch das Band des Friedens. Ein Leib und ein Geist, wie ihr auch berufen seid auf einerlei Hoffnung eures Berufs. Ein Herr, Ein Glaube, Eine Taufe, Ein Gott und Vater unser aller, der da ist über euch allen und durch euch alle und in euch allen.

Röm. 2, 28. 29. Denn das ist nicht ein Jude, der auswendig ein Jude ist, auch ist das nicht eine Beschneidung, die auswendig im Fleisch geschiehet; sondern das ist ein Jude, der inwendig verborgen ist, und die Beschneidung des Herzens ist eine Beschneidung, die im Geist und nicht im Buchstaben geschieht.

Offbg. 14, 1. 3. Und ich sah ein Lamm stehen auf dem Berge Zion und mit ihm hundert und vierundvierzigtausend, die hatten den Namen seines Vaters geschrieben an ihrer Stirn. Und sangen wie ein neues Lied vor dem Stuhle und vor den vier Tieren und den Ältesten. Und niemand konnte das Lied lernen, ohne die hundert und vierundvierzigtausend, die erkauft sind von der Erde.

Offbg. 7, 9. 14. 15. Darnach sahe ich, und siehe, eine grosse Schar, welche niemand zählen konnte, aus allen Heiden und Völkern und Sprachen, vor dem Stuhl stehend und vor dem Lamm, angetan mit weissen Kleidern, und Palmen in ihren Händen. — Und er sprach zu mir: Diese sind es, die gekommen sind aus grosser Trübsal und haben ihre Kleider gewaschen und haben ihre Kleider helle gemacht in dem Blute des Lammes. Darum sind sie vor dem Stuhl Gottes, und dienen ihm Tag und Nacht in seinem Tempel. Und der auf dem Stuhl sitzt wird über ihnen wohnen.

Herz und Herz vereint zusammen
Sucht in Gottes Herzen Ruh.
Lasset eure Liebesflammen
Lodern auf den Heiland zu.
Er das Haupt, wir seine Glieder,
Er das Licht und wir der Schein,
Er der Meister, wir die Brüder,
Er ist unser, wir sind sein.

2. Was will uns die gnostische Kirche lehren?

Sie will uns unterrichten über die Ursachen und den Zweck unseres irdischen Daseins im Körper. Sie bietet uns die wahre und völlige Erkenntnis von der Notwendigkeit der Geburt und von dem Wege, auf dem der Mensch in diese unsere Welt kommt, und will uns zugleich zeigen, wie wir aus diesem Verderben und Wirrwarr wieder herauskommen können, indem wir das Bereich der irdischen Zeugung und Geburt verlassen. Dies ist etwas, was man lernen muss.

3. Welches sind die ersten und notwendigsten Punkte in dieser Erkenntnis?

Die mystische Lehre vom Allvater und vom gesalbten Helfer, Jesus Christus.

Joh. 16, 3. Und solches werden sie euch darum tun, dass sie weder meinen Vater, noch mich kennen.

Joh. 17, 3. Das ist aber das ewige Leben, dass sie dich, den alleinigen wahren Gott, und den du gesandt hast, Jesum Christum, erkennen.

Kol. 2, 2. Auf dass ihre Herzen ermahnt und zusammengefasst werden in der Liebe zu allem Reichtum des gewissen Verstandes, zu erkennen das Geheimnis Gottes und des Vaters und Christi.

Gal. 4, 8. 9. Aber zu der Zeit, da ihr Gott nicht erkanntet, dienetet ihr denen, die von Natur nicht Götter sind. Nun ihr aber Gott erkannt habt, ja vielmehr von Gott erkannt seid, wie wendet ihr euch denn um, wieder zu den schwachen und dürftigen Satzungen, welchen ihr von neuem an dienen wollt?

1. Joh. 3, 6. Wer in ihm bleibet, der sündiget nicht. Wer da sündiget, der hat ihn nicht gesehen, noch erkannt.

Phil. 3, 10. Zu erkennen Ihn und die Kraft seiner Auferstehung und die Gemeinschaft seiner Leiden, dass ich seinem Tode ähnlich werde.

Phil. 3, 8. Ja, ich erachte es noch alles für Schaden gegen die überschwengliche Erkenntnis Christi Jesu, meines Herrn, um welches willen ich alles habe für Schaden gerechnet und achte es für Dreck, auf dass ich Christum gewinne.

Joh. 6, 69. Und wir haben geglaubet und erkannt, dass du bist Christus, der Sohn des lebendigen Gottes.

Eins ist Not! Ach Herr, dies Eine
Lehre mich erkennen doch.
Alles andre, wie's auch scheine
Ist ja nur ein schweres Joch,
Darunter das Herze sich naget und plaget
Und dennoch kein wahres Vergnügen erjaget.
Erlang' ich dies Eine, das alles ersetzt,
So werd ich mit einem in allem ergötzt.

4. Wodurch unterscheidet sich die gnostische Kirche von der mittelalterlichen und reformatorischen Kirche?

Die Kirche des Mittelalters und der Reformation lehrt nur die Stücke der äusseren Religion und zwar vielfach in verschrobener Form, während die gnostische Kirche neben jener exoterischen Lehre noch die „ungesprochenen Geheimnisse“ der inneren Religion ihren eingeweihten vollkommenen Gliedern bietet. Die Kirche des Mittelalters und der Reformation ist für die Massen, die gnostische Kirche ist für den auserwählten geistlichen Adel. Die letztere ist die „ecclesiola in ecclesia," das wahre Kirchlein in der Kirche.

5. Zieht sich die gnostische Kirche ganz von der vulgären Volkskirche zurück?

Nein, sie bleibt gewöhnlich innerhalb der populären Kirche, um ihr ein Licht und Salz zu sein, sie muss sich auch aus der Volkskirche rekrutieren. Aber sie hält neben den öffentlichen Gottesdiensten ihre besonderen Versammlungen.

Psalm 25, 14. Das Geheimnis des Herrn ist unter denen, die ihn fürchten, und seinen Bund lässt er sie wissen.

Spr. 3, 22. Denn der Herr hat Greuel an den Abtrünnigen und sein Geheimnis ist bei den Frommen.

1\. Cor. 4, 1. Dafür halte uns jedermann, nämlich für Christi Diener und Haushalter über Gottes Geheimnisse.

1\. Cor. 13, 2. Und wenn ich weissagen könnte und wüsste alle Geheimnisse und alle Erkenntnis und hätte allen Glauben, also dass ich Berge versetzte, und hätte der Liebe nicht, so wäre ich nichts.

1\. Cor. 15, 51. Siehe, ich sage euch ein Geheimnis, wir werden nicht alle entschlafen, wir werden aber alle verwandelt werden.

Eph. 3, 3. 4. Dass mir ist kund geworden dieses Geheimnis durch Offenbarung, wie ich droben aufs kürzeste geschrieben habe, daran ihr, so ihr es leset, merken könnt meinen Verstand an dem Geheimnis Christi.

Eph. 5, 32. Das Geheimnis ist gross, ich sage aber von Christo und der Gemeinde.

Kol. 1, 26. 27. Nämlich das Geheimnis, das verborgen gewesen ist von der Welt her und von den Zeiten her, nun aber geoffenbaret ist seinen Heiligen, welchen Gott gewollt hat kundtun, welcher da sei der herrliche Reichtum dieses Geheimnisses unter den Heiden, welches ist Christus in euch, der da ist die Hoffnung der Herrlichkeit.

1. Tim. 3, 9. Die das Geheimnis des Glaubens in reinem Gewissen haben.

Offbg. 1, 20. Das Geheimnis der sieben Sterne, die du gesehen hast in meiner rechten Hand, und die sieben goldenen Leuchter.

Offbg. 10, 7. Sondern in den Tagen der Stimme des siebenten Engels, wenn er posaunen wird, so soll vollendet werden das Geheimnis Gottes, wie er hat verkündigt seinen Knechten, den Propheten.

Offbg. 17, 5. Und an ihrer Stirn geschrieben den Namen, das Geheimnis: Die grosse Babylon, die Mutter der Hurerei und aller Greuel auf Erden.

Offbg. 17, 7. Und der Engel sprach zu mir: Warum verwunderst du dich? Ich will dir sagen das grosse Geheimnis von dem Weibe und von dem Tier, das sie trägt und hat sieben Häupter und zehn Hörner.

6. Wie lange hat die gnostische Kirche ihre Geheimnisse gefeiert?

Nicht viel länger als bis zum Jahre 300, als das Christentum die öffentliche Religion Roms wurde. Von der Zeit an hielt man die äussere Religion für das Ganze und die Mysterien schliefen ein.

7. Weshalb müssen manche Geheimnisse der inneren Religion geheim gehalten werden?

Weil die fleischlich und irdisch gesinnten Menschen, zu denen die grosse Masse gehört, diese tiefen Lehren nicht fassen, würdigen und heilsam gebrauchen können. Eine Mitteilung dieser Geheimnisse würde ihnen selbst und andern, sowie dem Christentum zum Schaden gereichen.

1. Kor. 2, 14. Der natürliche Mensch aber vernimmt nichts vom Geiste Gottes. Es ist ihm eine Torheit und kann es nicht erkennen, denn es muss geistlich gerichtet sein.

Matth. 7, 6. Ihr sollt das Heiligtum nicht den Hunden geben und eure Perlen sollt ihr nicht vor die Säue werfen, auf dass sie dieselben nicht zertreten mit ihren Füssen und sich wenden und euch zerreissen.

8. Ist es überhaupt möglich, die höchsten Geheimnisse auszusprechen und zu lehren?

Nein. Dieselben können nur im Geiste geschaut, aber nicht dem Weltmenschen erklärt oder beschrieben werden.

2. Kor. 12, 4. Er ward entzückt in das Paradies und hörte unaussprechliche Worte, die niemand sagen kann.

9. Ist diese innere oder gnostische Religion denn nicht in der Bibel niedergeschrieben?

Die meisten gnostischen Geheimnisse sind in der heiligen Schrift nur vorübergehend in Gleichnissen und sinnbildlicher Sprache angedeutet, so dass sie dem sinnlichen Menschen und Weltlinge nicht auffallen. Dieser sieht daher etwas ganz anderes in der Bibel, als was sie wirklich sagen will. Am allerwenigsten kann man in der Bibel ein gnostisches System finden.

4. Mose 12, 7. 8. Aber nicht so mein Knecht Mose, der in meinem ganzen Hause treu ist. Mündlich rede ich mit ihm und er sieht den Herrn in seiner Gestalt, nicht durch dunkle Worte oder Gleichnis.

Matth. 13, 13. Darum rede ich zu ihnen durch Gleichnisse.

Denn mit sehenden Augen sehen sie nicht und mit hörenden Ohren hören sie nicht, denn sie verstehen es nicht.

Matth. 13, 34. 35. Solches alles redete Jesus durch Gleichnisse zu dem Volke und ohne Gleichnisse redete er nicht zu ihnen. Auf dass erfüllet würde, das gesagt ist durch den Propheten, der da spricht: Ich will meinen Mund auftun in Gleichnissen und will aussprechen die Heimlichkeiten von Anfang der Welt.

Mark. 4, 11. 12. Und er sprach zu ihnen: Euch ist es gegeben, das Geheimnis des Reiches Gottes zu wissen. Denen aber draussen widerfährt es alles durch Gleichnisse.

10. Woher hatte die gnostische Kirche ihre Geheimlehre?

Der Erlöser hat sie denjenigen Jüngern, die dazu fähig waren, persönlich und mündlich nach der Auferstehung und vor der Himmelfahrt mitgeteilt. Das meiste Verständnis für jene Geheimnisse zeigten unter den zwölf Jüngern augenscheinlich Petrus, Jakobus und Johannes, die drei vertrauten Freunde des Erlösers. Durch sie wurde die innere Religion mündlich weiter verbreitet und mit mehr oder weniger Verständnis aufgenommen. Von Jakobus soll sie Mariamne zuerst erhalten haben.

11. Wie nennt man die mündliche Mitteilung dieser ungeschriebenen Lehren?

Man nennt sie die heilige Tradition, d. h. Überlieferung oder Erblehre.

12. Hat die Tradition der öffentlichen Römischen Kirche etwas von jener heiligen Tradition bewahrt?

Nein, sie hat nur den Namen übernommen, aber so viel wie nichts von dem Geiste erhalten.

13. War diese innere Religion nicht vor der Zeit des Erlösers schon bekannt?

Ja, die religiösen Geheimnisse wurden schon lange vor der Zeit des Erlösers gefeiert bei den alten Ägyptern, Assyriern, Phrygiern, Thraciern, Samothrakern und Griechen, wahrscheinlich auch bei den alten Kelten und Germanen. Jesus hat jedoch die Lehre bestätigt, erfüllt und erweitert.

14. Wie können wir dieser vollkommenen gnostischen Erkenntnis teilhaftig werden?

Dieselbe kann uns nur durch persönliche innere Offenbarung mitgeteilt werden, wenn unsere Stunde dazu gekommen ist. Denn das Reich Gottes ist inwendig in uns. Daselbst müssen wir es suchen.

Luk. 17, 20. 21. Da er aber gefragt ward von den Pharisäern: Wann kommt das Reich Gottes? antwortete er ihnen: Das Reich Gottes kommt nicht mit äusserlichen Gebärden. Man wird auch nicht sagen: Siehe hier oder da ist es. Denn sehet, das Reich Gottes ist inwendig in euch.

15. Wo können wir jedoch Hülfe und Anleitung finden zur Erlangung dieser höchsten Erkenntnis?

Sie ist in den Schriften aller wahren Propheten, Philosophen und Dichter aller Zeiten und Völker in sinnbildlicher Weise angedeutet und wird in der gnostischen Kirche, sichtbar oder unsichtbar, gepflegt, woselbst das heilige Feuer nie ausgeht.

2. Petri 1, 21. Denn es ist noch nie eine Weissagung aus menschlichem Willen hervorgebracht, sondern die heiligen Menschen haben geredet, getrieben von dem heiligen Geist.

Ebr. 1, 1. Nachdem vor Zeiten Gott manchmal und mancherlei Weise geredet hat zu den Vätern durch die Propheten, hat er am letzten in diesen Tagen zu uns geredet durch seinen Sohn, welchen er gesetzt hat zum Erben über alles, durch welchen er auch die Welt gemacht hat.

2. Tim. 3, 15—17. Weil du von Kind auf die heilige Schrift weisst, kann dich dieselbe unterweisen zur Seligkeit durch den Glauben an Christum Jesum. Denn alle Schrift von Gott eingegeben ist nütze zur Lehre, zur Strafe, zur Besserung, zur Züchtigung in der Gerechtigkeit; dass ein Mensch Gottes sei vollkommen zu allem guten Werke geschickt.

Joh. 5, 39. Suchet in der Schrift. Denn ihr meinet, ihr habt das ewige Leben darinnen und sie ist es, die von mir zeuget.

16. Welches sind die bedeutendsten unter den heiligen Schriften?

Die Veda der Hindus, die Zend Avesta der Perser, die Schriften der mystischen Philosophen Griechenlands, die allegorischen Gedichte Homers, Virgils, Dantes und mancher moderner Dichter, die apokryphischen heiligen Schriften und die kanonischen Bücher der Bibel.

17. Welche Bücher der Bibel nehmen den ersten Rang ein als Quellen der Gnosis?

Die fünf Bücher Mosis, die Psalmen Davids und Salomos, die Klagelieder, das Buch Daniel, das Buch der Weisheit, der Prediger, das Johannesevangelium und die Offenbarung.

18. Enthält die Bibel nicht auch Lesestoff, der sich nicht auf Geheimnisse der inneren Religion bezieht?

Der grösste Teil der heiligen Schrift befasst sich mit der Sittlichkeit und äusseren Religion, die den Katechumenen auf die Geheimnisse vorbereiten sollen.

Röm. 15, 4. Was aber zuvor geschrieben ist, das ist uns zur Lehre geschrieben, auf dass wir durch Geduld und Trost der Schrift Hoffnung haben.

1. Kor. 10, 11. Solches alles widerfuhr jenen zum Vorbilde. Es ist aber geschrieben uns zur Warnung, auf welche das Ende der Welt gekommen ist.

19. Was ist von dem modernen sogenannten wissenschaftlichen historisch-kritischen Studium der Bibel zu halten.

Die historisch-kritische Schule befindet sich im grössten Irrtum und tappt im tiefsten Dunkel. Sie kaut an der Schale herum und findet den süssen Kern nicht. Nur die mystische oder metaphysische Auslegung kann der Bibel Gerechtigkeit widerfahren lassen. Die Bibel ist kein Geschichtsbuch.

Matth. 22, 29. Jesus aber antwortete und sprach zu ihnen: Ihr irret und wisset die Schrift nicht, noch die Kraft Gottes.

Luk. 24, 27. Und fing an von Mose und allen Propheten und legte ihnen alle Schriften aus, die von ihm gesagt waren.

Luk. 24, 32. Und sie sprachen: Brannte nicht unser Herz in uns, da er mit uns redete auf dem Wege, als er uns die Schrift öffnete?

Luk. 24, 45. Da öffnete er ihnen das Verständnis, dass sie die Schrift verstanden.

20. Wie viele verschiedene Bedeutungen hat die Bibel?

Die Bibel hat einen dreifachen Sinn, einen äusseren fleischlichen, einen tieferen seelischen und einen wirklichen mystischen oder geistlichen Sinn. Jeder Mensch versteht die Bibel von seinem Standpunkte. Der materialistisch gesinnte Mensch erfasst nur den oberflächlichen historischen Sinn; der geistig geschulte vernimmt die Bibel vom Standpunkte des psychischen Lebens und erklärt sie dem entsprechend; der geistlich wiedergeborne allein kann die wahre mystische Bedeutung der Bibel verstehen.

21. Wie stellt sich der natürliche Weltmensch zu dieser mystischen oder metaphysischen Bibelauslegung?

Da er ohne jegliches religiöses Leben ist und absolut kein geistliches Verständnis hat, so muss er naturgemäss jede metaphysische Realität leugnen und eine metaphysische Bibelerklärung für Torheit und eitel Hirngespinst halten. Um ehrlich und aufrichtig zu bleiben, muss er jede höhere geistliche Weltanschauung mit allen Mitteln seines hölzernen Verstandes bis aufs Messer bekämpfen.

22. Worin ist demnach die Berechtigung sowohl wie Notwendigkeit der gnostischen Kirche begründet?

Die gnostische Kirche wird bedingt und gefordert durch die verschiedenen Entwicklungsstufen, auf der die Menschen stehen und die sie von einander streng absondern und in bestimmte Klassen oder

Schichten teilen. Die gnostische Kirche mit ihrem Geheimdienst, die während des hinter uns liegenden barbarischen und materialistischen Zeitalters notwendiger Weise verschwinden musste, soll in unserer Zeit beim Wiederaufgang der geistlichen Sonne wieder aufgerichtet werden.

1. Kor. 3, 1—3. Und ich, liebe Brüder, konnte nicht mit euch reden als mit Geistlichen, sondern als mit Fleischlichen, wie mit jungen Kindern in Christo. Milch habe ich euch zu trinken gegeben, und nicht Speise. Denn ihr konntet noch nicht. Auch könnt ihr noch jetzt nicht. Dieweil ihr noch fleischlich seid. Denn, sintemal Eifer und Zank und Zwietracht unter euch sind, seid ihr denn nicht fleischlich, und wandelt nach menschlicher Weise?

Joh. 16, 12. Ich habe euch noch viel zu sagen, aber ihr könnt es jetzt nicht ertragen.

Mark. 4, 33. Und durch viele solche Gleichnisse sagte er ihnen das Wort, nachdem sie es hören konnten.

Joh. 16, 25. Solches habe ich zu euch durch Sprichwort geredet. Es kommt aber die Zeit, dass ich nicht mehr durch Sprichwörter mit euch reden werde, sondern euch frei heraus verkündigen von meinem Vater.

23. Wie viele Gottesdienste feierte die gnostische Kirche, entsprechend der verschiedenen Begabung und Entwicklungsstufe der Menschen?

Zweierlei Gottesdienste waren üblich. In dem öffentlichen Gottesdienste wurde das Sittengesetz eingeprägt und die historischen Begebenheiten der Bibel mitgeteilt. Im geheimen Gottesdienste wurde die mystische Bedeutung jener Begebenheiten erklärt. An dem öffentlichen Gottesdienste nahmen die Katechumenen teil, zu dem geheimen Gottesdienste wurden nur die vollkommenen Gläubigen zugelassen.

24. Welche Punkte gehören notwendigerweise zu jeder befriedigenden philosophischen Erklärung des Weltalls?

Erstens eine Erörterung über die unveränderliche geistliche oder reale Welt und zweitens eine vernünftige Erklärung der Ursache und des Zwecks und Zieles unserer flüchtigen Erscheinungswelt, sowie drittens die Bezeichnung des Weges, auf dem man hier und jetzt die Welt der Nichtigkeit und des vergänglichen Wesens verlassen und in die Welt der Wirklichkeit zurückkehren kann.

25. Welches sind dementsprechend die 5 Hauptstücke des gnostischen Katechismus?

1. Die Schöpfung oder die 24 Geheimnisse, samt unserer Welt.
2. Die Erlösung oder Niederfahrt des Evangeliums, und Berichtigung des Fehltritts.
3. Die veränderte Richtung, die Heiligung oder der Wandel im Geist.
4. Die Vollendung oder Wiederbringung aller Dinge, der letzte Akt im Weltdrama.
5. Die Gnadenmittel.

Erstes Hauptstück:

Von der Schöpfung
oder
den 24 Geheimnissen, samt unserer Welt.

I.

Das Geheimnis des ersten Vorhanges.

Der Platz innerhalb der ersten Schranke.

Das Allerheiligste.

Der Schatz, das grosse erste Licht, das ungezeugte vollkommene Gute, die grenzenlose Kraft, das verborgene Feuer, die grosse Wurzel des Alls, der Unnennbare.

26. Welchen Namen hat das höchste Wesen oder die letzte Ursache?

In unsäglichen Höhen des Geistes wohnt der unnennbare Vorvater oder Ahnherr von allem. Er ist die Ursache der Einheit und Beständigkeit der Welt. Er ist das ungezeugte vollkommene Gute, der Schatz, oder das grosse erste Licht, der erste Gott oder erste Mensch. Sein Name ist Tiefe. Er ist der unbekannte Gott, der allein Gute.

Joh. 1, 18. Niemand hat Gott je gesehen. Der eingeborne Sohn, der in des Vaters Schosse ist, der hat es uns verkündigt.

1. Tim. 6, 15. 16. Welche wird zeigen zu seiner Zeit der Selige und allein Gewaltige, der König aller Könige und Herr aller Herren, der allein Unsterblichkeit hat, der da wohnet in einem Lichte, da niemand zukommen kann, welchen kein Mensch gesehen hat, noch sehen kann, dem sei Ehre und ewiges Reich. Amen.

Psalm. 36, 10. Denn bei dir ist die lebendige Quelle, und in deinem Lichte sehen wir das Licht.

1. Joh. 1, 5. Und das ist die Verkündigung, die wir von ihm gehört haben, und euch verkündigen, dass Gott Licht ist und in ihm ist keine Finsternis.

Jakobus 1, 17. Alle gute Gabe und alle vollkommene Gabe kommt von oben herab, von dem Vater des Lichts, bei welchem ist keine Veränderung noch Wechsel des Lichts und der Finsternis.

Matth. 19, 17. Er aber sprach zu ihm: was heissest du mich gut? Niemand ist gut, denn der einige Gott.

1. Cor. 12, 6. Und es sind mancherlei Kräfte, aber es ist ein Gott, der da wirket alles in allen.

Eph. 4, 6. Ein Gott und Vater unser aller, der da ist über euch allen und durch euch alle und in euch allen.

Seligstes Wesen, unendliche Wonne,
Abgrund der allervollkommensten Lust,
Ewige Herrlichkeit, prächtigste Sonne,
Der nie Veränderung noch Wechsel bewusst.
Lass mich dich loben,
Bis einst dort oben,
Wo dich die Engel und Menschen besingen,
Meine verherrlichte Zunge wird klingen.

O Gott, du frommer Gott,
Du Brunnquell guter Gaben,
Ohn' den nichts ist, was ist,
Von dem wir alles haben:

Gesunden Leib gib mir
Und dass in solchem Leib
Ein unverletzte Seel'
Und rein Gewissen bleib'.

27. Wie bezeichnet man diese Ursache der Einheit und Beständigkeit der Welt auch noch?

Es ist das Seiende oder das Sein, ohne Anfang, unzerstörbar, ganz, einzig in seiner Art, unbeweglich, ohne Ende. Man kann von ihm nicht sagen, dass es in der Vergangenheit war, oder in der Zukunft sein wird, sondern es ist jetzt zugleich und zusammen in ununterbrochener Gegenwart. Für dieses Sein gibt es keine Zeit und keinen Raum, kein Gestern und Heute, kein Hier und Da. Man kann sich hiervon einen Begriff machen, wenn man mit Verstand und Andacht sagt: „Es ist" oder „Ich bin".

Lies: Parmenides, der Philosoph des Seins. (25 Pf.)

2. Mose 3, 13. 14. Mose sprach zu Gott: Siehe, wenn ich zu den Kindern Israel komme und spreche zu ihnen: Der Gott eurer Väter hat mich zu euch gesandt, und sie mir sagen werden: Wie heisst sein Name. Was soll ich ihnen sagen? Gott sprach zu Mose: Ich werde sein, der ich sein werde. Und sprach: Also sollst du den Kindern Israel sagen: Ich werde sein, der hat mich zu euch gesandt.

28. Weshalb wird er zu gleicher Zeit auch der nichtseiende Gott oder das Nichts genannt?

Weil er in erster Linie die Möglichkeit alles Seins in sich hält, ohne selbst etwas Besonderes oder Bestimmtes zu sein. Er selbst ist die Gestaltlosigkeit, die allem, was existiert, seine Gestalt gibt. Dieses Nichts ist nicht nur das sogenannte Unaussprechliche, es geht vielmehr noch über dasselbe hinaus. Denn das wirklich Unaussprechliche ist erhaben über jeden Namen, der gebraucht werden kann. Aus dieser Gestaltlosigkeit oder dem Nichts entsteht alles. Denn aus der Möglichkeit und der Neigung zum Sein entsteht erst das Sein. Das Nichtsein und das Sein sind also identisch. Der nichtseiende Gott schafft zuerst die nichtseiende Welt aus dem nichtseienden Samen.

Lies: Basilides (25 Pf.), Cartesius, Fichte.

29. Wie nennt man diese All-Möglichkeit auch noch?

Es ist die grenzenlose Kraft, die allein alles ordnet, da sie die Wurzel des Alls ist. Sie heisst auch das verborgene ungezeugte Feuer, weil sie die Quelle aller Energie und alles Lebens ist.

30. Wo befindet sich diese grenzenlose Kraft oder dieses ungezeugte Feuer.

Sie ist verborgen in diesem aus Fleisch und Blut bestehenden Menschen. Daselbst verborgen ist nämlich die Wurzel von allem gegründet, von Wesenheiten, Gewalten, Gedanken, Göttern, Engeln, Geistern, von dem was ist und von dem, was nicht ist, von Gezeugtem und Ungezeugtem, von Begreiflichem und Unbegreiflichem. Daselbst befindet sich der Punkt, der nichts ist und aus nichts besteht, der unteilbar ist, das 'Senfkorn, das zu einer unfassbaren Grösse anwächst.

Luk. 8, 5. Es ging ein Säemann aus, zu säen seinen Samen. Matth. 13, 31. 32. Ein anderes Gleichnis legte er ihnen vor und sprach: Das Himmelreich ist gleich einem Senfkorn, das ein Mensch nahm und säete es auf seinen Acker.

Welches das kleinste ist unter allem Samen; wenn es aber erwächst, so ist es das grösste unter dem Kohl und wird ein Baum, dass die Vögel unter dem Himmel kommen und wohnen unter seinen Zweigen.

31. Warum nennt man diese Kraft auch den ursprünglichen Samen?

Weil sie die Ursache ist von allem, das wird, während sie doch selbst bleibt, was sie ist. Von ihr gilt das Wort: „Ich werde, was ich will, und bin, was ich bin. Daher sage ich, dass das unbewegt ist, was alles bewegt.“

32. Was versteht man nnter den Gliedern des Unnennbaren?

Es sind die inneren süssen Wesens- und Offenbarungszustände des ersten Gottes, die nie ausgeströmt werden, sondern für immer innerhalb des ersten großen Bollwerkes verbleiben. Man nennt sie auch die grossen Ungezeugten.

33. Wie viele Räume befinden sich innerhalb jener Umwallung?

Drei Räume, nämlich der innerste ewige Raum, in welchem tiefstes ununterbrochenes Schweigen und vollkommene Stille und Ruhe herrscht; der zweite Raum, der nach innen schaut, welcher auch Zwillingsraum genannt wird; der dritte Raum, der nach aussen schaut.

34. Welches ist der Name für den innersten oder geheimen Raum?

Es ist der vergessene Name oder das verlorene

Wort, welches die Grundmauer von allem ist und die hervorwerfende Kraft von allem und der anziehende Magnet für alles. Wer dieses eine einzige Wort weiss, bedarf keines andern Zeichens oder Schutzspruches, denn in seinem Auffluge beugen sich alle Kräfte vor dem unbeschreiblichen Lichtgewande, das ihn umgibt: er wird eins mit den Gliedern des Unnennbaren.

35. Welche vier Wesenszustände befinden sich in dieser Gottheit?

Die Alleinheit, Einheit, Einsamheit und Eins.

Psalm 83, 19. So werden sie erkennen, dass du mit deinem Namen heissest: Herr allein, und der Höchste in aller Welt.

Psalm 86, 10. Dass du so gross bist und Wunder tust und allein Gott bist.

1. Tim. 1, 17. Aber Gott, dem ewigen Könige, dem Unvergänglichen und Unsichtbaren und allein Weisen sei Ehre und Preis in Ewigkeit.

Matth. 23, 9. Und sollt niemand Vater heissen auf Erden, denn Einer ist euer Vater, der im Himmel ist.

1. Cor. 8, 6. So haben wir doch nur Einen Gott, den Vater, von welchem alle Dinge sind und wir zu ihm.

36. Welche acht weiteren Bestimmungen werden diesem höchsten Gotte beigelegt?

Er ist Voranfang, Unvorstellbar, Unsagbar, Unsichtbar, Anfang, Unfassbar, Namenlos, Ungezeugt.

37. Welches sind die zwölf Tiefen des Unnennbaren?

Die erste Tiefe ist die Allquelle, aus der alle Quellen herausgekommen sind.

Die zweite Tiefe ist der Allweise, aus dem alle Weisen herausgekommen sind.

Die dritte Tiefe ist das Allgeheimnis, aus dem alle Geheimnisse gekommen sind.

Die vierte Tiefe ist die Allerkenntnis, aus der alle Erkenntnis hervorgegangen ist.

Die fünfte Tiefe ist das Allheilige, aus der alles Heilige gekommen ist.

Die sechste Tiefe ist das tiefste Schweigen, aus dem alles Schweigen stammt.

Die siebente Tiefe ist das wesenlose Tor, aus dem alle Wesen herausgekommen sind.

Die achte Tiefe ist der hohe Vorvater, aus dem alle Vorväter gekommen sind.

Die neunte Tiefe ist der Allvater-Selbstvater, in dem sich alle Väter befinden.

Die zehnte Tiefe ist die Allkraft, aus der alle Kräfte geflossen sind.

Die elfte Tiefe ist der hohe Unsichtbare, aus dem alle Unsichtbaren gekommen sind.

Die zwölfte Tiefe ist die Allwahrheit, aus der alle Wahrheit kerausgekommen ist.

Fürwahr, du bist ein Gott verborgen,
Dein Rat bleibt vor uns wunderbar,
Umsonst sind alle unsere Sorgen,
Du sorgtest, eh' die Welt noch war,
Für unser Wohl schon väterlich.
Dies sei genug zum Trost für mich.

38. Welches sind die Offenbarungs-Zustände der Gottheit?

Die ungezeugten weiblichen Zustände sind Voraussicht, Unvergänglichkeit, Ewiges Leben und Vorstellung (die auch Schweigen oder Gnade genannt wird.) Die hinzugekommenen männlichen Zustände sind Licht, Geist, Wort, Wille.

39. Was bedeutet die Voraussicht oder Vorsehung?

Die erste Ursache hat alles, was seine Pläne kreuzen wird, von vorne herein vorhergesehen und selber verordnet und dementsprechende Massregeln getroffen, so dass alles seinem heiligen Ratschluss dienen muss.

40. Wessen Lob verkündigen alle diese Zustände?

Sie alle preisen das grosse Licht und den unnennbaren Ahnherrn.

Man lobt dich in der Stille,
Du hocherhab'ner Zionsgott.
Des Rühmens ist die Fülle
Vor dir, du starker Zebaoth.
Du bist doch Herr auf Erden,
Der Frommen Zuversicht.
In Trübsal und Beschwerden
Lässt du die Deinen nicht.
Drum soll dich stündlich ehren
Mein Mund vor jedermann
Und deinen Ruhm vermehren,
So lang' er lallen kann.

Wunderbarer König,
Herrscher von uns allen,
Lass dir unser Lob gefallen.
Deine Vatergüte
Hast du lassen triefen,
Ob wir schon von dir wegliefen.
  Hilf uns noch,
  Stärk' uns doch!
Lass die Zungen singen,
Lass die Stimmen klingen.

41. Weshalb nennt man den unbekannten Gott auch „die letzte Ursache"?

Weil alles Sein und auch jedes einzelne Wesen aus ihm seinen Ursprung nimmt, in ihm sein Dasein hat und zu ihm als seiner Quelle zurückstrebt. Er ist somit die Quelle, die Stütze und das Ziel für alles, was existiert.

Röm. 11, 36. Denn von ihm und durch ihn und zu ihm sind alle Dinge. Ihm sei Ehre in Ewigkeit! Amen.

1. Cor. 8, 6. So haben wir doch nur Einen Gott, den Vater, von welchem alle Dinge sind, und wir zu ihm, und einen Herrn, Jesum Christum, durch welchen alle Dinge sind und wir durch ihn.

Eph. 1, 11. Durch welchen wir auch zum Erbteil gekommen sind, die wir zuvor verordnet sind nach dem Vorsatz des, der alle Dinge wirket nach dem Rat seines Willens.

Ebr. 2, 10. Denn es ziemte dem, um des willen alle Dinge sind und durch den alle Dinge sind, der da viele Kinder hat zur Herrlichkeit geführet, dass er den Herzog ihrer Seligkeit durch Leiden vollkommen machte.

Offbg. 22, 13. Ich bin das A und das O, der Anfang und das Ende, der Erste und der Letzte.

42. Was schliesst die Bezeichnung „Unsichtbarer Magnet" für den ersten Gott in sich?

Es bedeutet, dass Alles nach ihm sich hindrängt und auf ihn zueilt, wie das Feuer vom Brennöl oder das Eisen vom Magnetstein oder die Spreu vom elektrischen Bernstein angezogen wird.

43. Wie nennt man die dreifache Wirksamkeit Gottes als Quelle, Stütze und Magnet aller Dinge?

Man nennt sie die Hervorwerfung, Erhaltung und Anziehung aller Dinge. Es ist die eine Kraft, die sich selbst zeugt und sich selbst nährt, die sich selbst sucht und sich selbst findet, ihre eigene Mutter, ihr eigener Vater, ihre eigene Schwester, ihr eigener Gatte, ihre eigene Tochter, ihr eigener Sohn; Mutter, Vater, Eins, Alles in Allem.

44. Was versteht man unter der Hervorwerfung?

Es ist die Verwirklichung und Offenbarung aller Möglichkeiten, die in der Gottheit verborgen liegen. Es ist die Entfaltung des ewigen Schweigens zur harmonischen Wechselwirkung von positiven und negativen Kräften. Es ist der vernünftige Begriff von der Schöpfung, die stufenweise Selbstbeschränkung des Unbeschränkten.

45. Weshalb schliesst die Schöpfung eine Selbstbeschränkung des höchsten Wesens in sich?

Da der Vorvater seine eigene Unfassbarkeit kennt, so muss er sich in seine Teile oder Kräfte zerlegen, damit diese einzelnen Wesenheiten seinen Ruhm offenbaren.

46. Wie kann man die Anziehung, die Gott auf seine Geschöpfe ausübt, noch beschreiben?

Es ist eine Art von unbeschreiblichem Zauber, vermittelst dessen die Gottheit alles bezaubert und an sich zieht, so dass alle Kreatur bewusst oder unbewusst sich nach ihm sehnt und ihn sucht und keine Ruhe findet, bis sie in ihm ruht.

Röm. 8, 19. 20. Denn das ängstliche Harren der Kreatur wartet auf die Offenbarung der Kinder Gottes. Sintemal die Kreatur unterworfen ist der Eitelkeit ohne ihren Willen, sondern um des willen, der sie unterworfen hat, auf Hoffnung. – Denn wir wissen, dass alle Kreatur sehnet sich mit uns, und ängstigt sich noch immerdar.

47. Mit welchem einen Worte kann man diese dreifache göttliche Wirksamkeit zusammenfassen?

Mit dem Worte Liebe. Gott ist reine Liebe. Deswegen muss er etwas schaffen, das er lieben kann, indem er es wieder zu sich zieht.

1. Joh. 4, 16. Und wir haben erkannt und geglaubt die Liebe, die Gott zu uns hat. Gott ist die Liebe, und wer in der Liebe bleibet, der bleibet in Gott und Gott in ihm.

1. Joh. 4, 8. Wer nicht lieb hat, der kennet Gott nicht, denn Gott ist die Liebe.

Joh. 3, 16. Also hat Gott die Welt geliebet, dass er seinen eingebornen Sohn gab, auf dass alle, die an ihn glauben, nicht verloren werden, sondern das ewige Leben haben.

Ich bete an die Macht der Liebe,
Die sich in Jesu offenbart.
Ich geb' mich hin dem freien Triebe,
Mit dem ich Wurm geliebet ward.
Ich will, anstatt an mich zu denken,
Ins Meer der Liebe mich versenken.

Wie bist du mir so sehr gewogen
Und wie verlangt dein Herz nach mir.
Durch Liebe sanft und stark gezogen,
Neigt sich mein Alles auch zu dir.
Du traute Liebe, gutes Wesen,
Du hast mich, ich hab' dich erlesen.

Ich fühls, du bists, dich muss ich haben,
Ich fühls, ich muss für dich nur sein.
Nicht im Geschöpf, nicht in den Gaben,
Mein Ruh'platz ist in dir allein.
Hier ist die Ruh', hier ist Vergnügen,
Drum folg' ich deinen sel'gen Zügen.

48. Weshalb heisst Gott auch das Gesetz der Welt?

Weil er das Mass, die Richtschnur, das Ziel und die Grenze aller Dinge ist, in dem alle Gegensätze ihre Ausgleichung und alle scheinbaren Missklänge ihre harmonische Auflösung finden.

Lies: Heraclit, der Dunkle.

49. Ist die Gottheit männlichen oder weiblichen Geschlechtes?

Gott vereinigt die Eigentümlichkeiten beider Geschlechter in sich. Er ist männlich-weiblich zu gleicher Zeit. Man kann deswegen auch sagen, er ist geschlechtslos.

50. Wie ermöglicht Gott denn die Hervorwerfung der Welt?

Durch die Vereinigung von Denken und Wollen. Das Denken oder das weibliche Prinzip hat das Sein in sich, das Wollen, das männliche Prinzip gibt die Gestalt und Form.

51. Womit kann man die Hervorwerfung der Schöpfung vergleichen?

Mit dem Aussprechen eines Wortes oder Namens, der sich in seine Laute und diese wieder in ihre besonderen Laute auflösen bis ins Unendliche

52. Wie nahm die Schöpfung ihren Anfang?

Der erste Gott legte den Anfang von allem als einen Samen in dem bei ihm wohnenden weiblichen Schweigen oder der Vorstellung wie in einer Gebärmutter nieder. So wurde das Schweigen schwanger und gebar das Abbild des Vorvaters.

53. Was versteht man unter dem Wächter des Schatzes?

Es ist die erste Schranke, der innere Wall, das grosse Bollwerk, das den Schatz oder das grosse Licht trennt von der mittleren selbstgezeugten Welt geistlicher Kräfte.

54. Wie viele Tore und Hüter hat der Lichtschatz?

Es gibt drei Tore des Lichtschatzes und neun Hüter, deren Anrufung jeder kennen muss, der in die inneren Räume gelangen will.

55. Wie lautet der erste Glaubensartikel?

Ich glaube an den Einen, allein Guten, und ausser ihm ist nichts. Er ist alles und in allem. Er ist Quelle und Erhalter von allem, was da ist, dem Sichtbaren und Unsichtbaren, der in unsichtbaren und unnennbaren Höhen weilt. Unfassbar und unsichtbar, ewig und ungezeugt lebt er in grosser Ruhe und Stille in der Mitte von unzähligen ungezeugten Wesenheiten, deren unaufhörlicher Lobgesang zu ihm emporsteigt.

56. Welches sind die ungesprochenen Geheimnisse des Lichtschatzes?

Die drei Amen, die dreifache Kraft, der dreifache Geist, die fünf Bäume, die fünf Eindrücke, die fünf Träger, die sieben Stimmen oder sieben Amen, die 49 Kräfte, die Zwillingserlöser, die Ordnungen der Vaterlosen, die Ordnungen der Undurchdringlichen, die Ordnungen der Unbegreiflichen, die Ordnungen der Unbeweglichen, die Ordnungen der Fleckenlosen, der grosse Name, der Schleier des grossen Königs, der grosse Sabaoth, der grosse Jeou, das Kind, das Kind vom Kinde, das erste Gebot und das Erbteil.

II.

Die Geheimnisse des zweiten Vorhanges.

Die Plätze innerhalb der zweiten Schranke.

Das Heilige.

Die hervorgeworfenen Geheimnisse.
Das Ehrwürdige und mit Glauben Genannte,
Die Vorwerfungen oder Ausströmungen,
Die selbstgezeugten Wesenheiten.

A. Der Eingeborene, der Geist.

Das zweite Geheimnis.
Die erste Sohnschaft.

57. Was versteht man unter der Darstellung des grossen Lichtes?

Es ist der Übergang der Gottheit von der Möglichkeit zur Wirklichkeit. Es ist die ewige Selbstzeugung Gottes, durch die er sich selbst verwirklicht und erkennt.

58. Was bedeutet es, dass Gott sich selbst zeugt?

Die Selbstzeugung ist diejenige Tätigkeit, wodurch Gott sich selbst bejaht und wahrnimmt. Dies ist sein wirklicher Anfang oder seine Geburt. Gott zeugt sich selber vor und über aller Zeit.

59. Welches ist die erste und höchste Selbstdarstellung des Lichtschatzes?

Die Gottheit fasst sich zunächst selbst zusammen in dem alleingezeugten Sohne, dem Geist, der selbst wieder der Vater aller selbstgezeugten geistlichen Kräfte ist, d. h. die Ursache aller geistlichen Zeugung und Gestaltung. Dieser Geist heisst auch der zweite Gott, oder der zweite Mensch, oder des Menschen Sohn. Er ist dem Vorvater völlig gleich und kann allein seine Grösse fassen. Als das Ebenbild des Vorvaters besitzt er völlige Erkenntnis und vollkommene Tugend.

Matth. 11, 27. Alle Dinge sind mir übergeben von meinem Vater. Und niemand kennet den Sohn, denn nur der Vater, und niemand kennet den Vater, denn nur der Sohn und wem es der Sohn will offenbaren.

60. Weshalb ist der Geist oder Sohn allein der volle und ganz wesensgleiche Ausdruck des Vaters?

Weil noch keine andere Offenbarung der Gottheit dem vollen Ausdruck seines Wesens als Schranke hinderlich ist, so kann sich das ganze Wesen Gottes in diesen ersten Abguss ergiessen. Es ist die erstmalige völlige Verwirklichung alles Möglichen.

61. Was ist der Geist?

Der Geist ist das Feinste und Reinste von allen Dingen, mit keinem anderen Dinge gemischt, das Unendliche, Selbstherrschende, das allein selbst und in sich selbst existiert, das alle Erkenntnis und alle Macht im höchsten Grade besitzt. Der Geist ordnet und beherrscht und erkennt alles, was ist und war und sein wird unter den Dingen.

Lies: Anaxagoras, der Philosoph des Geistes. (25 Pf.)

62. Welches sind die Eigenschaften des Geistes?

Der Geist ist einig, ewig, allgegenwärtig, allwissend, allweise, allmächtig, heilig, barmherzig, getreu, wahrhaftig, gerecht und gütig. Er besitzt völlige Erkenntnis und unbesiegbare Tugend.

Psalm 90, 2. Herr Gott, du bist unsere Zuflucht für und für. Ehe denn die Berge worden und die Erde und die Welt geschaffen worden, bist du Gott, von Ewigkeit zu Ewigkeit.

Psalm 139, 7—10. Wo soll ich hingehen vor deinem Geist; wo soll ich hinfliehen vor deinem Angesicht? Führe ich gen Himmel, so bist du da. Bettete ich mich in die Hölle, siehe, so bist du auch da. Nähme ich Flügel der Morgenröte und bliebe am äussersten Meer, so würde mich doch deine Hand daselbst führen und deine Rechte mich halten.

Jer. 23, 23. 24. Bin ich nicht ein Gott, der nahe ist, spricht der Herr, und nicht ein Gott, der ferne sei? Meinest du, dass sich jemand so heimlich verbergen könne, dass ich ihn nicht sehe? spricht der Herr. Bin ichs nicht, der Himmel und Erde erfüllet? spricht der Herr.

Matth. 6, 4. Wenn du aber betest, so gehe in dein Kämmerlein und schliesse die Tür hinter dir zu und bete zu deinem Vater im Verborgenen, und dein Vater, der in das Verborgene siehet, wird dirs vergelten öffentlich.

Dan. 2, 20. Darüber lobte Daniel den Gott vom Himmel, fing an und sprach: Gelobet sei der Name Gottes von Ewigkeit zu Ewigkeit. Denn sein ist beides, Weisheit und Stärke.

1. Petri 1, 15. Sondern nach dem, der euch berufen hat und heilig ist, seid auch ihr heilig in allem euren Wandel.

Offbg. 4, 8. Und ein jegliches der vier Tiere hatte sechs Flügel und waren aussen um und inwendig voll Augen, und hatten keine Ruhe Tag und Nacht und sprachen: Heilig, heilig, heilig ist Gott der Herr, der Allmächtige, der da war und der da ist und der da kommt.

1. Petr. 1, 17. Und sintemal ihr den zum Vater anrufet, der ohne Ansehen der Person richtet nach eines jeglichen Werk, so führet euren Wandel, so lange ihr hier wallet, mit Furcht.

Psalm 103, 8. Barmherzig und gnädig ist der Herr, geduldig und von grosser Güte.

Psalm 106, 1. Danket dem Herrn, denn er ist freundlich, und seine Güte währet ewiglich.

Nie bist du, Höchster, von uns fern,
Du wirkst an allen Enden.
Wo ich nur bin, Herr aller Herr'n,
Bin ich in deinen Händen.
Durch dich nur leb' und atme ich
Und deine Rechte schützet mich.

Was ich gedenke, das weisst du.
Du prüfest meine Seele,
Du siehst es, wenn ich Gutes tu',
Du siehst es, wenn ich fehle.
Nichts, nichts kann deinem Aug' entfliehn
Und nichts mich deiner Hand entziehn.

O Gott, von dem wir alles haben,
Die Welt ist ein sehr grosses Haus
Du aber teilest deine Gaben
Recht wie ein Vater drinnen aus.
Dein Segen macht uns alle reich:
Ach, lieber Gott, wer ist dir gleich?

63. Welchen Namen trägt der Geist als erste Offenbarung der Gottheit?

Er heisst der Anfang.

Joh. 11, 2. Im Anfang war das Wort und das Wort war

bei Gott und Gott war das Wort. Dasselbige war im Anfang bei Gott.

1. Mose 1, 1. Am Anfang schuf Gott Himmel und Erde.

64. Sind der Vorvater und der Geist als zwei verschiedene Wesen aufzufassen?

Nein. Sie sind vielmehr ein und derselbe. Der Geist ist die Darstellung der Tiefe, er ist einfach der aus der Möglichkeit in die Wirklichkeit getretene Gott. Deswegen konnte der Geist, der aus Jesu redete, erklärlicher Weise und mit Recht sagen: Ich und der Vater sind eins.

Joh. 10, 30. Ich und der Vater sind eins.

Joh. 17, 10. Und alles, was mein ist, das ist dein, und was dein ist, das ist mein, und ich bin in ihnen verkläret.

Joh. 17, 21. Auf dass sie alle eins seien, gleich wie du, Vater, in mir und ich in dir, dass auch sie in uns eins seien, auf dass die Welt glaube, du habest mich gesandt.

65. Welches ist die weibliche Seite des Geistes, die zugleich mit ihm vorgeworfen ist?

Die Wahrheit, die mit dem Geiste ein Paar bildet und mit ihm zusammen den ersten Platz in der Reihe der göttlichen Darstellungen einnimmt.

Psalm 43, 3. Sende dein Licht und deine Wahrheit, dass sie mich leiten und bringen zu deinem heiligen Berge und zu deiner Wohnung.

Psalm 89, 15. Gerechtigkeit und Gericht ist deines Stuhles Festung, „Gnade und Wahrheit“ sind vor deinem Angesicht. v. 9. Herr Gott Zebaoth, wer ist, wie du, ein mächtiger Gott? Und deine Wahrheit ist um dich her.

Joh. 1, 14. Und das Wort ward Fleisch und wohnete unter uns. Und wir sahen seine Herrlichkeit, eine Herrlichkeit als des eingebornen Sohnes vom Vater, voller Gnade und Wahrheit.

Joh. 1, 17. Denn das Gesetz ist durch Moses gegeben, die Gnade und Wahrheit ist durch Jesum Christum geworden.

Joh. 18, 37b. Ich bin dazu geboren und in die Welt gekommen, dass ich die Wahrheit reden soll. Wer aus der Wahrheit ist, der höret meine Stimme.

66. Welche Kräfte wurden zum Beistand und zum Dienst des selbstgezeugten Geistes hervorgeworfen?

Acht Lichtträger, nämlich Harmogenes, Raguel, David, Eleleth samt ihren Dienern: Huld, Verlangen, Einsicht, Plan.

67. Welche Namen tragen diese Lichtträger insbesondere?

Die ersten vier heissen Parastaten, die zweiten vier heissen Liturgen.

68. Wie unterscheidet man diese Vorwerfungen von der ersten grossen Vorwerfung des Geistes?

Man nennt sie die zweite und dritte Reihe des ersten Platzes.

69. Wie lautet der zweite Glaubensartikel?

Und an den Sohn, den Eingebornen, den Geist, das vollkommene Ebenbild des Vaters, vor aller Zeit gezeuget, Licht von Licht, Gott von Gott, Anfang aller Schöpfung und Offenbarung, Vater und Erzeuger der geistlichen Welt, der als der zweite Gott, der zweite Mensch oder des Menschen Sohn mit dem Vater zugleich verehrt und angebetet wird.

70. Wie nennt man den Vorvater, die Vorstellung, den Geist und die Wahrheit zusammen?

Die höchste und heiligste Vierheit.

B. Die drei Dreikräfte.

Das zweite und dritte Geheimnis.

71. Welches sind die nächsten beiden Plätze in der Ausströmung der Kräfte?

Geist und Wahrheit warfen das Wort und das Leben hervor und diese wieder den Menschen und die Kirche.

72. Was ist unter dem Worte zu verstehen?

Es ist das schöpferische Wort, durch welches der Geist wirkt und die Dinge ins Dasein und ins Leben ruft. Dies Wort ist der Vater von allem, was folgt.

Ach bleib mit deinem Worte bei uns, Erlöser wert,
Dass uns beid' hier und dorte sei Güt' und Heil beschert.

Psalm 33, 6. Der Himmel ist durch das Wort des Herrn gemacht und alles sein Heer durch den Geist seines Mundes.

Psalm 68, 12. Der Herr gibt das Wort mit grossen Scharen Evangelisten.

Jes. 55, 11. Also soll das Wort, das aus meinem Munde gehet, auch sein. Es soll nicht wieder zu mir leer kommen, sondern tun, was mir gefällt, und soll ihm gelingen, dazu ichs sende.

Jerem. 23, 29. Ist mein Wort nicht wie ein Feuer, spricht der Herr, und wie ein Hammer, der Felsen zerschmeisst?

Joh. 17, 17. Heilige sie in deiner Wahrheit, dein Wort ist die Wahrheit.

Joh. 8, 47. Wer von Gott ist, der höret Gottes Wort. Darum höret ihr nicht, denn ihr seid nicht von Gott.

1. Petri 1, 25. Aber des Herrn Wort bleibet in Ewigkeit. Das ist aber das Wort, welches unter euch verkündiget ist.

Ebr. 11, 3. Durch den Glauben merken wir, dass die Welt durch Gottes Wort fertig ist, dass alles, was man siehet, aus nichts geworden ist.

Offbg. 19, 13. Und war angetan mit einem Kleide, das mit Blut besprengt war; und sein Name heisst das Wort Gottes.

Matth. 7, 14. Und die Pforte ist enge und der Weg ist schmal, der zum Leben führet, und wenige sind ihrer, die ihn finden.

Joh. 5, 26. Denn wie der Vater das Leben hat in ihm selbst, also hat er dem Sohne gegeben, das Leben zu haben in ihm selbst.

Joh. 6, 63b. Die Worte, die ich rede, die sind Geist und sind Leben.

Joh. 14, 6. Jesus spricht zu ihm: Ich bin der Weg und die Wahrheit und das Leben. Niemand kommt zum Vater denn durch mich.

Joh. 1, 14. Im Anfang war das Wort und das Wort war bei Gott und Gott war das Wort. In ihm war das Leben und das Leben war das Licht der Menschen.

73. Was ist mit dem Worte Mensch gemeint?

Es ist die Menschheit als Gattung und als Einheit aufgefasst, die sich als geistliche Gemeinschaft in der Kirche darstellt.

74. Werden diese Kräfte ganz ohne die Mitwirkung der Tiefe gezeugt?

Das sei ferne! Alle Selbstzeugung kann nur auf die Zustimmung und den Antrieb des Vorvaters geschehen, der alles in allem ist. Von ihm muss daher der erste Anstoss zur Vorwerfung ausgehen. Die Kräfte, durch welche die Vorwerfung vollzogen wird, sind nur seine Werkzeuge. Ohne jene Erlaubnis und Veranlassung des ersten Gottes kann durchaus keine Selbstzeugung stattfinden. Aber da der Geist der Erstgeborne ist, von dem alle weitere Selbstzeugung sich fortpflanzt, so heisst er der Vater aller Gestaltung und Zeugung.

75. Welche anderen Namen tragen diese sechs Wesenheiten auch noch?

Diese ersten sechs Wurzeln des Weltalls werden auch folgendermassen genannt: Geist und Gedanke, Stimme und Name, Vernunft und Wunsch; oder Himmel und Erde, Sonne und Mond, Luft und Wasser.

Lies: Justinus und Simon Magus. (25 Pf.)

76. Wie nennt man die Wesenheiten der ersten drei Plätze in ihrer Anordnung zu drei Paaren?

Man nennt sie die drei grossen selbstgezeugten Dreikräfte oder die drei Wurzeln, und bezeichnet sie einfach als Geist, Wort und Mensch.

77. Welcher Name umfasst die sechs Weltwurzeln und den Unnennbaren?

Man nennt sie die höchste und heiligste Siebenheit.

78. Was bedeutet die höchste und heiligste Achtheit?

Der Unnennbare, das Schweigen, der Geist, die Wahrheit, das Wort, das Leben, der Mensch und die Kirche.

C. Die 24 Unsichtbaren.

1. Die 5 Doppelkräfte oder die 10 Wesenheiten der nächsten 5 Plätze. Die vollkommene Zahl.

Das vierte bis achte Geheimnis.

79. Welches sind die nächsten, von dem Wort und Leben hervorgeworfenen zehn Wesenheiten oder Aeonen?

Der Tiefartige und die Begattung,
Der Alterlose und die Vereinigung,
Der Selbstgewachsene und das Vergnügen,
Der Unbewegliche und die Verschmelzung,
Der Alleingeborne und die Glückseligkeit.

80. Mit welchen Namen bezeichnet man diese fünf Paare von Wesenheiten auch noch?

Sie heissen die fünf Doppelkräfte oder die heilige Zehnheit des Reiches der Fülle.

81. Wessen Lob singen diese Aeonen?

Sie bringen den Lobgesang von Wort und Leben hinauf zu ihrem Vater, dem Geiste.

2. Die 12 Wesenheiten der nächsten 6 Plätze. Die unvollkommene Zahl.

Das neunte bis vierzehnte Geheimnis.

82. Welches sind die von dem Menschen und der Kirche hervorgeworfenen zwölf Wesenheiten?

Der Mensch und die Kirche preisen ihren Vater,

das Wort, mit der unvollkommenen Zahl von zwölf Wesenheiten, deren Namen sind:

Der Tröster und der Glaube,
Der Väterliche und die Hoffnung,
Der Mütterliche und die Liebe,
Der Ewige und die Einsicht,
Der Kirchliche und die Beglücktheit,
Der Ersehnte und die Weisheit.

Lies: Die Valentinianer, 1. Teil (25 Pf.)

83. Welchen Namen haben diese Wesenheiten auch noch?

Sie heissen auch die 12 Aeonen oder die heilige Zwölfheit im Reiche der Fülle.

84. Wie werden alle männlichen und weiblichen Aeonen auch noch zusammengefasst?

Die männlichen Kräfte bilden auch die Eigenschaften des Gesalbten, des Christus, und die weiblichen Kräfte bilden zusammen die Eigenschaften des heiligen Odems.

85. Welches ist der Name für die Gesamtheit der von dem Geiste und der Wahrheit ausgegangenen geistlichen Kräfte?

Man nennt sie das selbtgezeugte Gute, oder das Reich der Fülle.

86. Wo ist dies Reich der Fülle in der Bibel symbolisch beschrieben?

Im ersten Kapitel des ersten Buches Mosis und im ersten Kapitel des Johannesevangeliums.

3. Die Erschütterung.

Das verlorene Schaf.

87. Wodurch wurde das Reich der Fülle erschüttert?

Durch die Verwegenheit des letzten Aeons, der den Namen Weisheit trägt.

88. Worin bestand diese Verwegenheit?

Die Weisheit wollte dieselbe Gemeinschaft und Erkenntnis des Vaters haben, wie der Geist sie hat. Obwohl der Geist nämlich das Verlangen hatte, den übrigen Wesenheiten die Grösse des Vaters kundzutun, so hielt ihn doch das Schweigen zurück. Während nun die anderen Wesenheiten das Verlangen nach der Erforschung des Vaters unterdrückten, verliess die Weisheit ihren Gatten und eilte der Tiefe zu. Hierbei wäre sie zuletzt von der Süssigkeit des Vaters verschlungen worden, wenn sie nicht von der Schranke zurückgehalten wäre. Diese Schranke ist der Wächter des Schatzes und trennt die selbstgezeugte Welt der Kräfte von dem unnennbaren Vater.

89. Wohin begab sich die Weisheit nach diesem fehlgeschlagenen Versuche?

Sie kehrte zurück nach aussen hin und gebar ein gestaltloses Wesen, eine Missgeburt, wie sie eine weibliche Kraft ohne den Gatten nur gebären kann. Denn während das weibliche Prinzip die Frucht hervorwerfen kann, muss das männliche ihm die Gestalt geben.

90. Welche Empfindungen hatte die Weisheit beim Anblick der gestaltlosen Fehlgeburt?

Sie empfand erst Schmerz wegen der Unvollkommenheit der Geburt, darnach Furcht, weil sie bange war, das geborne Wesen möchte nicht nur der Gestalt entbehren, sondern auch das Sein oder die Substanz im unvollkommenen Masse besitzen. Darauf erfasste sie Ratlosigkeit, indem sie vergebens die Ursache für die Fehlgeburt suchte und einen nutzlosen Versuch machte, das geborene Wesen zu verbergen.

91. Was tat die Weisheit zuletzt in ihrer Verlegenheit und Not?

Sie nahm eine veränderte Richtung an und versuchte, zu ihrem Gemahl, dem Ersehnten zurückzulaufen, bis sie ermüdet nachgab.

92. Wozu nahm sie jetzt ihre Zuflucht?

Sie flehte den Vater um Hülfe an und mit ihr flehten alle andern Wesenheiten, am meisten der Geist.

93. Wo sind die Klagen und Gebete der Weisheit aufgezeichnet?

In den Busspsalmen Davids und Salomos.

Lies: Die Psalmen Davids.

Psalm 130, 1. Aus der Tiefe rufe ich, Herr, zu dir. Herr, höre meine Stimme. Lass deine Ohren merken auf die Stimme meines Flehens. 5, 6. Ich harre des Herrn, meine Seele harret, und ich hoffe auf sein Wort. Meine Seele wartet auf den Herrn von einer Morgenwache zur andern u. s. w.

Aus tiefer Not schrei' ich zu dir,
Herr Gott, erhör' mein Rufen.
Dein gnädig Ohr neig her zu mir,
Halt meiner Bitt' es offen,
Denn so du willst das sehen an,
Was Sünd' und Unrecht ist getan,
Wer kann, Herr, vor dir bleiben?

Wo soll ich fliehen hin,
Weil ich beschweret bin
Mit viel und grossen Sünden?
Wo kann ich Rettung finden?
Wenn alle Welt herkäme,
Mein' Angst sie nicht wegnähme.

O dass mir allhier im Dunkeln
Möcht' ein Strahl des Lichtes funkeln!
Ach mein Herz schwimmt mir in Tränen,
Fühlt ein tiefes, heisses Sehnen,
Aufgelöst zu sein
Von der schweren Pein,
Wo die tiefste Schwermut fliehet
Und der Feind von dannen ziehet.
Ach, wer hilft mir doch!
Ach, wer hilft mir doch!

4. Die Rückkehr der zweiten Sohnschaft!

94. Wie hat ihr der Allvater zuletzt geholfen?

Er schob durch den Eingebornen Geist eine andere Schranke, die zweite Verschanzung oder Umwallung vor, nach seinem eigenen Bilde, ungepaart und unbeweibt. Diese Schranke heisst auch Pfahl oder Kreuz und Loskaufer und Fruchtschnitter und Wall-Errichter und Hinüberführer. Denn diese Schranke bildete einen Wall um das Reich der Fülle, reinigte und stärkte die Weisheit und führte sie zu ihrem Gemahl, dem Ersehnten zurück, wo sie wieder ihren alten Platz im Reiche der Fülle einnahm. So wurde das Reich der selbstgezeugten Wesenheiten wieder beruhigt. Dies ist die Rückkehr der zweiten Sohnschaft.

Psalm 32, 1. 3—5. Wohl dem, dem die Übertretungen vergeben sind, dem die Sünde bedecket ist. Denn da ich es wollte verschweigen, verschmachteten meine Gebeine durch mein täglich Heulen. Denn deine Hand war Tag und Nacht schwer auf mir, dass mein Saft vertrocknete, wie es im Sommer dürre wird, Sela. Darum bekenne ich dir meine Sünde und verhehle meine Missetat nicht. Ich sprach: Ich will dem Herrn meine Übertretung bekennen. Da vergabest du mir die Missetat meiner Sünde, Sela.

Nun lob', mein' Seel', den Herren,
Was in mir ist, den Namen sein!
Sein' Wohltat tut er mehren,
Vergiss es nicht, o Herze mein!
Hat dir dein' Sünd' vergeben,
Und heilt dein' Schwachheit gross,
Errett't dein armes Leben,
Nimmt dich in seinen Schoss.
Mit reichem Trost beschüttet,
Verjüngt, dem Adler gleich.
Der Herr schafft Recht, behütet,
Die leiden in seinem Reich.

Lies: Gleichnisse vom verlorenen Sohn, Schaf und Groschen.

95. Welches sind die zwei Eigenschaften des Pfahles?

Der Pfahl oder das Kreuz hat eine doppelte Wirkung, eine trennende und eine stützende.

96. Wo blieb die Begierde oder Leidenschaft?

Dieselbe blieb allein, ausserhalb des Reiches der

Fülle. Sie hat nun zwar eine geistliche Art und den natürlichen Anlauf einer Wesenheit, aber ist ohne Gestalt und ohne Form, da sie nichts empfangen hat. Deswegen heisst sie eine kraftlose weibliche Frucht, die untere Weisheit.

5. Das fünfzehnte Geheimnis.

97. Was tat nun der Vorvater aus Fürsorge, damit sich eine ähnliche Erschütterung im Reich der Fülle nicht wieder ereignen könnte?

Er liess durch den Geist, den Eingebornen, ein neues Paar von Wesenheiten hervorwerfen, die das Reich der Fülle belehren sollten. Ihre Namen sind: Der Gesalbte (der obere Christus) und der heilige Odem. Sie nehmen den 15. Platz ein und sind die letzten beiden von den sogenannten 24 Unsichtbaren.

98. Welche Zunamen haben diese beiden Wesenheiten?

Die Zwillinge des Pleromas, oder die Kinder des Kindes, weil sie die Kinder des Erstgebornen Sohnes sind.

99. Wie heisst die Gesamtheit der letzten sieben Doppelkräfte auch, die den 9. bis 15. Platz einnehmen?

Man nennt sie die mittleren 7 Amen oder die 7 Stimmen im Reiche der Fülle.

100. Welche Geheimlehren hat der Gesalbte im Reich der Fülle verkündigt?

Er hat die Wesenheiten unterrichtet über die

Bedeutung der Paarung, so dass sie den Weg der Erfassung der Ungezeugten kennen lernten. Er predigte unter ihnen die Erkenntnis des Vaters, indem er zeigte, dass er unfassbar und unbegreiflich ist, und dass man ihn weder sehen noch hören, noch erkennen kann, ausgenommen durch Vermittelung des Eingebornen Sohnes, des Geistes. Er verkündigte ihnen auch, dass die Ursache der ewigen Beständigkeit des Alls das alleinige Geheimnis des Vaters ist, dass aber die Ursache der Zeugung und Gestaltung das Geheimnis des Erstgebornen bleibt, der ihm ähnlich ist.

Liebster Jesu, wir sind hier,
Dich und dein Wort anzuhören.
Lenke Sinnen und Begier
Auf die süssen Himmelslehren.
Dass die Herzen von der Erden
Ganz zu dir gezogen werden.

Unser Wissen und Verstand
Ist mit Finsternis umhüllet,
Wo nicht deines Geistes Hand
Uns mit hellem Licht erfüllet.
Gutes denken, tun und dichten
Musst du selbst in uns verrichten.

O du Glanz der Herrlichkeit,
Licht vom Licht aus Gott geboren,
Mach uns allesamt bereit,
Öffne Herzen, Mund und Ohren.
Unser Bitten, Flehn und Singen
Lass, Herr Jesu, wohlgelingen.

Psalm 119, 7. Ich danke dir von rechtem Herzen, dass du mich lehrest die Rechte deiner Gerechtigkeit. 12. Gelobet seist du, Herr, lehre mich deine Rechte.

Jerem. 31, 34. Und wird keiner den andern, noch ein Bruder den andern lehren und sagen: Erkenne den Herrn

Sondern sie sollen mich alle kennen, klein und gross, spricht der Herr, denn ich will ihnen ihre Missetat vergeben und ihrer Sünde nimmermehr gedenken.

Joh. 3, 2. Der kam zu Jesu bei der Nacht und sprach zu ihm: Meister, wir wissen, dass du bist ein Lehrer von Gott gekommen, denn niemand kann die Zeichen tun, die du tust, es sei denn Gott mit ihm.

Psalm 25, 4. Herr zeige mir deine Wege und lehre mich deine Steige.

101. Welches war die Mission des heiligen Odems oder heiligen Hauches?

Der eine Odem, der heilige, glich die ewigen Wesenheiten untereinander aus, brachte sie zur wahrhaftigen Ruhe und lehrte sie, Dank darzubringen. So wurden die ewigen Wesenheiten zu gleicher Gestalt und gleicher Einsicht gebracht. Denn sie wurden alle Geist und Wort und Mensch und Gesalbter, und in ähnlicher Weise wurden die weiblichen Wesenheiten alle Wahrheit und Leben und Kirche und Odem.

Psalm 8, 2. Herr, unser Herrscher, wie herrlich ist dein Name in allen Landen, da man dir danket im Himmel.

Psalm 26, 7. Da man höret die Stimme des Dankens, da man predigt alle deine Wunder.

Psalm 30, 12. 13. Du hast mir meine Klage verwandelt in einen Reigen, du hast meinen Sack ausgezogen und mich mit Freuden gegürtet, auf dass dir lobsinge meine Ehre und nicht stille werde. Herr, mein Gott, ich will dir danken in Ewigkeit.

Psalm 79, 13. Wir aber, dein Volk und Schafe deiner Weide, danken dir ewiglich und verkündigen deinen Ruhm für und für.

Psalm 140, 14. Auch werden die Gerechten deinen Namen danken, und die Frommen werden vor deinem Angesicht bleiben.

Danket dem Herrn!
Wir danken dem Herrn!
Denn er ist freundlich,
Und seine Güte währet ewiglich.

Es ist noch eine Ruhe vorhanden!
Auf, müdes Herz, und werde Licht!
Du seufzest hier in deinen Banden
Und deine Sonne scheinet nicht.
Sieh auf das Lamm, das dich mit Freuden
Dort wird vor seinem Stuhle weiden.
Wirf hin die Last und eil' herzu,
Bald ist der schwere Kampf vollendet,
Bald, bald der saure Lauf geendet,
Dann gehst du ein zu deiner Ruh.

102. Was hat man sich unter dem heiligen Hauch zu denken?

Den Hauch muss man sich nicht als einen tatsächlichen Wind oder Luftzug vorstellen, sondern als den sanften Duft einer Salbe oder eines aus vielen Stoffen gemischten Rauchwerkes. Es ist eine durchdringende Kraft von einer unbeschreiblichen Gewalt des Wohlgeruches, schöner als man es denken oder aussprechen kann.

Lies: Die Peraten und Sethianer. (25 Pf.)

103. Wie drückten die Wesenheiten ihre Freude aus über die geschehene Befestigung und Beruhigung?

Sie brachten alle mit grossem Jauchzen dem Vorvater ein Loblied dar, der auch selbst an dem Jubel teilnahm.

Grosser Gott, wir loben dich,
Herr, wir preisen deine Stärke.
Vor dir beugt die Erde sich
Und bewundert deine Werke,

Wie du warst vor aller Zeit,
So bleibst du in Ewigkeit.

Alles, was dich preisen kann,
Cherubim und Seraphinen,
Stimmen dir ein Loblied an.
Alle Engel, die dir dienen,
Rufen dir in sel'ger Ruh:
Heilig, heilig, heilig! zu.

Lobe den Herren, o meine Seele,
Ich will ihn loben bis in den Tod.
Weil ich noch Stunden auf Erden zähle,
Will ich lobsingen meinem Gott:
Der Leib und Seel' gegeben hat,
Werde gepriesen früh und spat!
Hallelujah!
Hallelujah!

O, dass ich tausend Zungen hätte
Und einen tausendfachen Mund!
So stimmt' ich damit um die Wette
Von allertiefstem Herzensgrund
Ein Loblied nach dem andern an
Von dem, was Gott an mir getan.

104. Was versteht man unter den dreissig Wesenheiten?

Es sind die dreissig selbstgezeugten geistlichen Kräfte, die das ganze Reich der Fülle ausmachen, vom Geist bis zum heiligen Odem.

105. Was bedeutet das Wort Wesenheit oder Kraft?

Die ausgeströmten Kräfte sind wie eine Kunst, die erlernt wird, wenn man seine Aufmerksamkeit und sein Interesse darauf richtet.

106. Was bedeutet nun diese Doppelreihe von Aeonen?

Es stellt die Entfaltung des positiven und negativen Elementes in der Gottheit, des gestaltenden und hervorbringenden Prinzips, des Willens und der Vorstellung dar, die zuletzt abgeschlossen, zusammengefasst und rekapituliert werden in den beiden letzten Gliedern der Entwickelung, nämlich dem Gesalbten und dem heiligen Odem. In diesen letzten beiden sind die zwei Entwicklungsketten zu gleicher Gestalt und gleicher Einsicht gebracht und bilden die zwei grossen Erzwesenheiten, welche die christliche Kirche verehrt als Gott den Sohn und Gott den heiligen Geist.

107. Was stellt das ganze Reich der Fülle, das Allerheiligste eingeschlossen, dar?

Die beiden zusammengefassten Reihen der selbstgezeugten Wesenheiten bilden im Verein mit der Tiefe die sogenannte heilige Dreifaltigkeit, nämlich 1. den Vater oder ersten Menschen, 2. den Sohn oder zweiten Menschen, des Menschen Sohn und 3. den heiligen Geist, das erste Weib. Dieses Weib gebieret auf der rechten Seite den Jesus, der auch Christus heisst und aufwärts steigt, und auf der linken Seite die untere Weisheit, die abwärts steigt.

108. Wie nennt man die ganze Zahl der selbstgezeugten Kräfte auch zusammengenommen?

Die ganze Summe obiger Kräfte wird manchmal einfach der Sohn genannt, über dem der Vater, nämlich die Tiefe steht und unter dem sich der Stoff, das schreckliche Wasser befindet. Oder die Gesamtheit heisst einfach der Odem oder Hauch, der die Mitte bildet zwischen dem Licht (der Tiefe) oben und der Finsternis (dem Stoff) unten.

Lies: Gnostische Väter, 9 Hefte (à 25 Pf.)

109. Welchen Ausdruck haben die Philosophen vielfach dafür gebraucht?

Aeltere Philosophen haben jene Offenbarung von Kräften das Feuer genannt und moderne Denker bezeichnen es als geistlichen Magnetismus. Plato nennt es die ideale oder noumenale Welt. Kant bezeichnet es als das Ding an sich.

D. Der obere Helfer (Jesus).

Der Stern der Fülle.

Das sechzehnte Geheimnis.

---

110. Womit ehrten die Wesenheiten des Reiches der Fülle noch den Vater?

Durch die Darbringung gebührender geistlicher Früchte.

Jak. 3, 17. 18. Die Weisheit aber von oben her ist aufs erste keusch, darnach friedsam, gelinde, lässt ihr sagen, voll Barmherzigkeit und guter Früchte, unparteiisch ohne Heuchelei. Die Frucht aber der Gerechtigkeit wird gesäet in Frieden denen, die den Frieden halten.

Gal. 5, 22. Die Frucht aber des Geistes ist Liebe, Freude, Friede, Geduld, Freundlichkeit, Gütigkeit, Glaube, Sanftmut, Keuschheit.

Eph. 5, 9. Wandelt wie die Kinder des Lichts. Die Frucht des Geistes ist allerlei Gütigkeit und Gerechtigkeit und Wahrheit.

111. Welches war aber die Höhe des Freudenfestes?

Um das Freudenfest voll zu machen, brachte die ganze Fülle der Wesenheiten nach gemeinsamem Rat und Plan, unter wohlgefälliger Zustimmung des Gesalbten und des Odems und feierlicher Bestätigung des Vorvaters, eine nach der andern das Schönste und Blühendste, was sie in sich hatten, nach Art einer Beisteuer auf einen Haufen zusammen. Alles dies verflochten und vereinigten sie in einträchtigster und sorgfältigster Weise und warfen so eine neue Wesenheit hervor zur Ehre und zum Ruhme der Tiefe. Dies war die vollkommenste Schönheit, der Stern der Fülle, die vollkommene Frucht, Jesus, der den sechzehnten Platz einnimmt.

Schönster Herr Jesu,
Herrscher aller Enden,
Gottes und Marien Sohn!
  Dich will ich lieben,
  Dich will ich ehren,
Du meiner Seele Freud' und Kron.

Wie schön leucht' uns der Morgenstern.
Voll Gnad' und Wahrheit von dem Herrn,
  Die süsse Wurzel Jesse.
Du Sohn Davids, aus Jacobs Stamm,
Mein König und mein Bräutigam,

Hast mir mein Herz besessen:
Lieblich, freundlich,
Schön und herrlich,
Gross und ehrlich,
Reich an Gaben,
Hoch und sehr prächtig erhaben!

4. Mose 24, 17. Ich werde ihn sehen, aber jetzt nicht. Ich werde ihn schauen, aber nicht von nahe. Es wird ein Stern aus Jakob aufgehen und ein Zepter aus Israel aufkommen.

Matth. 2, 2. Wo ist der neugeborne König der Juden? Wir haben seinen Stern gesehen im Morgenlande und sind gekommen ihn anzubeten.

Psalm 45, 3. Du bist der schönste unter den Menschenkindern, holdselig sind deine Lippen. Darum segnet dich Gott ewiglich.

Psalm 104, 1. Lobe den Herrn, meine Seele. Herr, mein Gott, du bist sehr herrlich, du bist schön und herrlich geschmücket.

112. Welche andere Namen trägt dieser Stern der Fülle noch?

Er heisst Erlöser (Erretter) und Gesalbter (Christus) und Wort, nach dem Vaternamen genannt, und das All.

113. Was warfen die Wesenheiten ausserdem zu ihrem Ruhme hervor?

Sie brachten Engel hervor, die dem Erlöser gleich waren und seine Genossen wurden.

114. Wie viele Engel gibt es?

Ihre Scharen sind unzählig viele Legionen.

115. Wie hat Dionysius Areopagita und Cyrill die Engel eingeteilt?

In neun Chöre: Engel, Erzengel, Fürstentümer, Gewalten, Kräfte, Herrschaften, Trone, Cherubim und Seraphim.

1. Mose 32, 1. 2. Jakob aber zog seinen Weg. Und es begegneten ihm die Engel Gottes. Und da er sie sahe, sprach er: Es sind Gottes Heere.

Mtth. 13, 44. Des Menschen Sohn wird seine Engel senden und sie werden sammeln aus seinem Reich alle Ärgernisse und die da Unrecht tun.

Mtth. 16, 27. Denn es wird ja geschehen, dass des Menschen Sohn komme in der Herrlichkeit des Vaters mit seinen Engeln.

Mtth. 25, 31. Wenn aber des Menschen Sohn kommen wird in seiner Herrlichkeit und alle heiligen Engel mit ihm, dann wird er sitzen auf dem Stuhl seiner Herrlichkeit.

Mtth. 26, 53. Oder meinest du, dass ich nicht könnte meinen Vater bitten, dass er mir zuschickte mehr denn zwölf Legionen Engel?

Luk. 2, 13. 14. Und alsbald war bei dem Engel die Menge der himmlischen Heerscharen, die lobten Gott und sprachen: Ehre sei Gott in der Höhe und Friede auf Erden, und dem Menschen ein Wohlgefallen.

Offbg. 5, 11. Und ich sahe und hörte eine Stimme vieler Engel um den Stuhl und um die Tiere und um die Aeltesten her. Und ihre Zahl war viel tausendmal tausend.

Thess. 4, 16. Denn er selbst, der Herr, wird mit einem Feldgeschrei und Stimme des Erzengels und mit der Posaune Gottes herniederkommen vom Himmel, und die Toten in Christo werden auferstehen zuerst.

Col. 1, 16. Denn durch ihn ist alles geschaffen, das im Himmel und auf Erden ist, das Sichtbare und Unsichtbare, beide die Thronen und Herrschaften und Fürstentümer und Obrigkeiten, es ist alles durch ihn und zu ihm geschaffen.

Das Rei

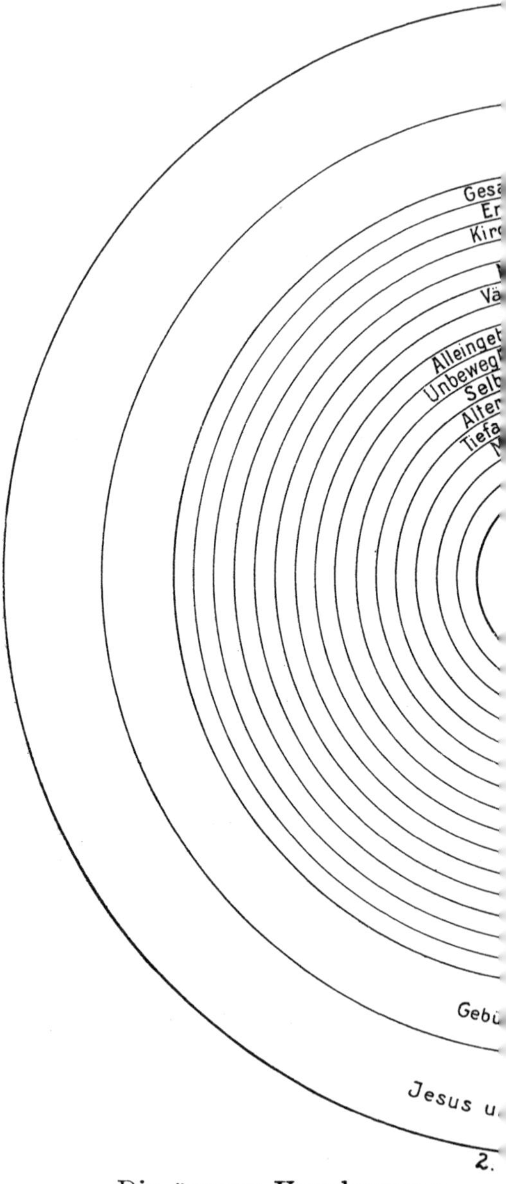

Die äussere Verschanzung.

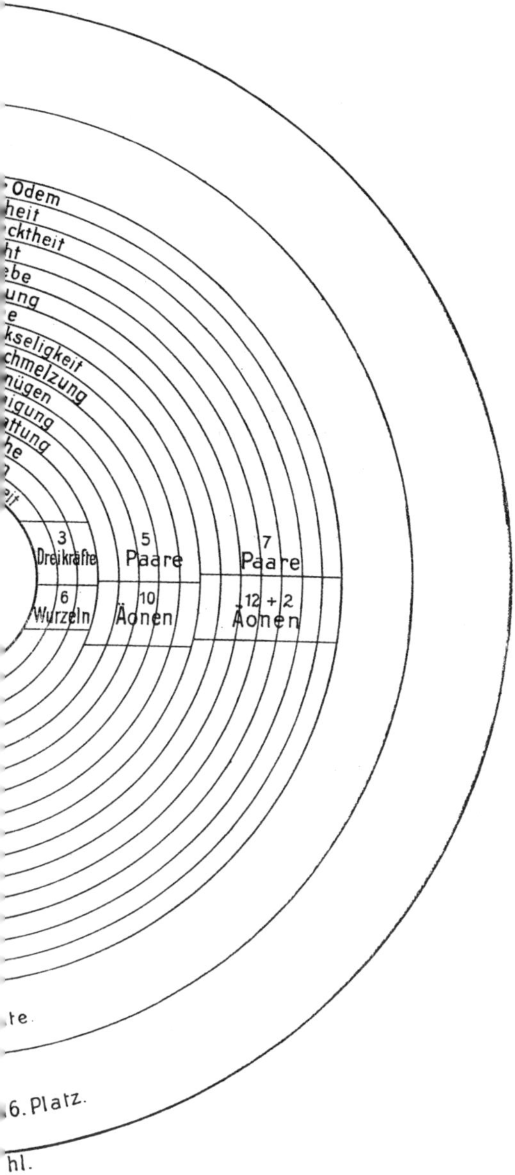

Der äussere Wall.

Eph. 1, 20. 21. Welche er gewirket hat in Christo, da er ihn von den Toten auferwecket hat und gesetzt zu seiner Rechten im Himmel. Ueber alle Fürstentümer, Gewalt, Macht, Herrschaft und alles was genannt werden mag nicht allein in dieser Welt, sondern auch in der zukünftigen.

Gen. (1. Mose) 3, 24. Und trieb Adam aus und lagerte vor den Garten den Cherub mit einem blossen hauenden Schwert, zu bewahren den Weg zum Baum des Lebens.

2. Mose 25, 18. Und sollst zween Cherubim machen von dichtem Golde zu beiden Enden des Gnadenstuhls.

2. Kön. 19, 15. Und betete vor dem Herrn und sprach: Herr, Gott Israel, der du über Cherubim sitzest, du bist allein Gott unter allen Königreichen auf Erden, du hast Himmel und Erde gemacht.

Jes. 6, 2. Seraphim standen über ihm.

116. Welche Erzengel werden erwähnt?

Michael, Raphael, Gabriel.

117. Weshalb sind die Engel wichtig für uns?

Sie schützen uns und halten uns zum Guten an.

Psalm 34, 8. Der Engel des Herrn lagert sich um die her, so ihn fürchten und hilft ihnen aus.

Psalm 91, 11. 12. Denn er hat seinen Engeln befohlen über dir, dass sie dich behüten auf allen deinen Wegen, dass sie dich auf den Händen tragen, und du deinen Fuss nicht an einen Stein stössest.

Es geht durch alle Lande
Ein Engel still umher.
Kein Auge kann ihn sehen,
Doch alles siehet er.
Der Himmel ist sein Vaterland,
Vom lieben Gott ist er gesandt.

118. Welcher Engel sorgt ganz besonders für uns?

Unser Schutzengel, an den wir oft denken, auf dessen Winke wir achten, dem wir herzlich danken und kindlich folgen sollen. Dann brauchen wir uns in keiner Gefahr des Leibes oder der Seele fürchten: der heilige Schutzengel steht bei uns.

Deinen Engel zu mir sende,
Der des bösen Feindes Macht,
List und Anschlag von mir wende,
Und mich halt' in guter Acht,
Der auch endlich mich zur Ruh'
Trage nach dem Himmel zu.

Sein Engel, der Getreue, macht meine Feinde scheue,
Tritt zwischen mich und sie.
Durch seinen Schutz, den frommen,
Sind wir so weit nun kommen,
Und wissen dennoch fast nicht, wie!

119. Welches sind die geheim gehaltenen Geheimnisse des Reiches der Fülle oder des Heiligen?

Die Siegel und Schutzsprüche zum Eintritt in die Lichtwelt und ihre einzelnen Plätze und das Geheimnis der geistlichen Paarung.

120. Wie viele Tore und Träger hat das Pleroma?

Das heilige Pleroma hat vier Tore und sechs Träger für jedes Tor, zusammen 24 Träger.

121. Wie viele Kräfte befinden sich in jedem Tor des heiligen Pleroma?

Jedes Tor hat vierundzwanzig Myriaden Kräfte und neun Neunheiten und zehn Zehnheiten und zwölf Zwölfheiten und fünf Fünfheiten Kräfte für jedes Tor.

122. Welches sind die Gesichter der sechs Toraufseher?

Der Aufseher eines jeden Tores hat drei Gesichter, ein ungezeugtes, ein Wahrheits- und ein unaussprechliches Gesicht. Das eine von diesen Gesichtern blickt ausserhalb des Tores zu den äusseren Aeonen, das andere blickt auf den Setheus und das dritte blickt nach oben, hinein zu dem Allerheiligsten, dem Unendlichen.

Uebersicht.

Das Reich der Fülle.

I. Das Allerheiligste.

A. Das Geheimnis des ersten Vorhanges,
Der Platz innerhalb der ersten Schranke,
Die Welt der Einheit,
Die grosse Wurzel des Alls,
Der Schatz,
Das grosse erste Licht,
Das ungezeugte vollkommene Gute,
Der Vorvater oder Ahnherr,
Der erste Gott oder erste Mensch,
Die Tiefe, Nichtsein und Sein.
Die drei Räume.

B. Die Ungezeugten:
1. Die vier Wesenszustände:
Alleinheit — Einheit, — Einsamheit — Eins.
2. Die 8 Offenbarungszustände:
a) Ungezeugte weibliche Zustände:
Voraussicht, — Unvergänglichkeit,

Ewiges Leben, — Denken.
b) Hinzugekommene männliche Zustände.
Licht, — Geist,
Wort, — Wille,
Der erste Lobgesang.
C. Gott als Quelle, Stütze und Ziel, — Gott als Liebe.
D. Der Wächter des Schatzes, die erste Schranke.
E. Erster Glaubensartikel.

II. Das Heilige.

Die Geheimnisse des zweiten Vorhanges,
Die Plätze innerhalb der zweiten Schranke,
Das Ehrwürdige und mit Glauben Genannte,
Die Vorwerfungen oder Ausströmungen.

A. Der Eingeborne, der Geist,
Der zweite Gott oder zweite Mensch,
Des Menschen Sohn,
Die Lichtträger.
Der zweite Glaubensartikel.

B. Die drei Dreikräfte an den ersten drei Plätzen,
Die sechs ersten Wurzeln des Weltbaumes.
1. Platz: Geist und Wahrheit,
2. Platz: Wort und Leben,
3. Platz: Mensch und Kirche.

C. Die 24 Unsichtbaren:
Die fünf Doppelkräfte oder 10 Wesenheiten:
4. Platz: Tiefartige und Begattung,
5. Platz: Alterlose und Vereinigung,
6. Platz: Selbstgewachsene und Vergnügen,
7. Platz: Unbewegliche und Verschmelzung,
8. Platz: Alleingeborne und Glückseligkeit.

Die sieben Doppelkräfte oder 12 Wesenheiten und das Zwillingspaar:
9. Platz: Tröster und Glaube,
10. Platz: Väterliche und Hoffnung,

11. Platz: Mütterliche und Liebe,
12. Platz: Ewige und Einsicht,
13. Platz: Kirchliche und Beglücktheit,
14. Platz: Ersehnte und Weisheit.

Zur Beruhigung und Belehrung:

15. Platz: Gesalbte (Christus) und Heiliger Odem (Geist.)

Der zweite Lobgesang.

16. Platz:
Der obere Helfer (Jesus), Stern der Fülle,
Die gleichartigen Engel,

D. Die zweite Schranke, der Pfahl, das äussere Bollwerk, die äussere Umwallung.

Druck von F. E. Baumann, Bitterfeld

Gnostischer Katechismus.

Die

heiligen Lehren der gnostischen Kirche

in den ersten beiden Jahrhunderten

zum ersten Male
der Öffentlichkeit übergeben.

Von

Pastor **E. C. H. Peithmann,**
Doktor der Philosophie.

2. Heft.

Der Vorhof.

Bitterfeld und **Leipzig.**
Verlag von F. E. Baumann.
— 1904 —

III.

Die Geheimnisse des dritten Vorhanges und „Unsere Welt“.

Der Vorhof.

Die Nachgeburt, das Reich der Leere und des Mangels, das Gezeugte, die Fehlgeburt, der Stoff, die spezielle Welt. Die Welt der Sinnestäuschungen. Die grosse Verirrung, die grässliche Karrikatur, die schreckliche Entstellung und Verdrehung der Wahrheit, die schändliche Verzerrung der grossen Wirklichkeit.

Der nach aussen dringende Nachhall, der Eigensinn, die Aufgabe der Seele, die dunklen Pfade, der wogende Ozean, die schreckliche Flut, die grossen Wasser, der schrille Missklang, die Zerstückelung des Lebens, die grosse Irrlehre, die falsche Weltanschauung, die Welt zahlloser Ideen, die gewaltige Täuschung, das ausgegossene Gemisch, das Gebiet des Hasses und der Leidenschaft.

A. Die acht Geheimnisse ausserhalb der zweiten Schranke.

123. Weshalb heisst die niedere Welt das Reich der Leere und des Schattens?

Weil ihr Dasein kein wesentliches, selbständiges und andauerndes ist, sondern nur ein Schatten von der Fülle der oberen Welt des Lichtes. Sie ist sozusagen ein lebloses und leeres Abbild, eine unvollkommene und fehlerhafte Nachahmung, eine missglückte Nachbildung der ewigen, realen und vollkommenen Welt.

Das Leben ist gleich wie ein Traum,
Ein nichteswerter Wasserschaum.
Im Augenblick es bald vergeht
Und nicht besteht,
Gleich wie ihr dieses täglich seht.

Ach wie nichtig, ach wie flüchtig
Ist der Menschen Leben.
Wie ein Nebel bald entstehet,
Und auch wieder bald vergehet:
So ist unser Leben, sehet!

Ach wie nichtig, ach wie flüchtig
Ist der Menschen Schöne!
Wie ein Blümlein bald vergehet,
Wenn ein rauhes Lüftlein wehet:
So ist unsre Schönheit, sehet!

Ach wie nichtig, ach wie flüchtig
Sind der Menschen Sachen.
Alles, alles, was wir sehen,
Das muss fallen und vergehen:
So sind Menschensachen, sehet!

Psalm 39, 5—7. Aber Herr, lehre doch mich, dass es ein Ende mit mir haben muss, und mein Leben ein Ziel hat und ich davon muss. Siehe, meine Tage sind einer Hand breit bei dir und mein Leben ist wie nichts vor dir. Wie gar nichts sind alle Menschen, die doch so sicher leben,

Sela. Sie gehen dahin wie ein Schemen und machen sich viele vergebliche Unruhe. Sie sammeln und wissen nicht, wer es kriegen wird.

Psalm 90, 5. 6. Du lässest sie dahinfahren wie einen Strom und sind wie ein Schlaf, gleichwie ein Gras, das doch bald welk wird. Das da frühe blühet und bald welk wird, und des Abends abgehauen wird und verdorret. 9. Darum fahren alle unsere Tage dahin durch deinen Zorn, wir bringen unsere Jahre zu, wie ein Geschwätz.

Psalm 103, 14—16. Denn er kennet, was für ein Gemächte wir sind. Er gedenket daran, dass wir Staub sind. Ein Mensch ist in seinem Leben wie Gras, er blühet, wie eine Blume auf dem Felde. Wenn der Wind darüber geht, so ist sie nimmer da und ihre Stätte kennet sie nicht mehr.

Psalm 102, 26. 27. Du hast vorhin die Erde gegründet und die Himmel sind deiner Hände Werke. Sie werden vergehen, aber du bleibest. Sie werden alle veralten, wie ein Gewand. Sie werden verwandelt wie ein Kleid, wenn du sie verwandeln wirst.

1. Petri 1, 24. Denn alles Fleisch ist wie Gras und alle Herrlichkeit der Menschen wie des Grases Blume. Das Gras ist verdorret, und die Blume abgefallen.

Pred. 1, 2. Es ist alles ganz eitel. 17. Was unter der Sonne geschieht ist eitel.

Röm. 8, 20. Sintemal die Kreatur unterworfen ist der Eitelkeit ohne ihren Willen, sondern um deswillen, der sie unterworfen hat auf Hoffnung.

124. Was sagt ein buddhistischer Dichter über die Eitelkeit der Welt?

So man nicht Zuflucht bei der Wahrheit sucht
Und Ruhe in der ewigen Stille findet,
Ist alles Eitelkeit,
Vernichtung und Eitelkeit.
Die Welt zu sehen ist müssig,
Und das Leben zu geniessen ist leer.
Die Welt samt dem Menschen ist wie ein Gespenst.

Und die Hoffnung auf einen eingebildeten Himmel wie eine [Luftspiegelung.
Es ist gut, dass man umkehre!
Es ist gut, die Leute zur Umkehr zu ermahnen.
Die Dinge der Welt werden zerfliessen.
Mögen andere sich in Sorgen vergraben:
Mein Geist soll unbekümmert und rein bleiben.

Sie jagen den Vergnügungen nach
Und sie finden keine Befriedigung.
Sie begehren Reichtum
Und sie kriegen niemals genug.
Sie sind den Puppen zu vergleichen,
Die an einer Schnur aufgehängt sind.

Sobald die Schnur zerreisst,
Stürzen sie mit einem Schreck herunter.
Und die Toten werden täglich begraben
Unter dem duftenden Rasen.
Deine Gaben mögen bis zum Himmel reichen,
Dein Reichtum mag ungemessen sein:
Alles ist eitel.
Sofern du nicht den Frieden in der ewigen Stille findest.
Es ist gut, dass man umkehre!
Es ist gut, die Leute zur Umkehr zu ermahnen.

125. Wie kann man den Unterschied zwischen der oberen Welt des Lichtes und der unteren Welt des Schattens kurz zusammenfassen?

Die Welt des Lichtes ist die Welt der Einheit, Beständigkeit, Unveränderlichkeit, — die Welt des Schattens ist das Reich der Vielheit, des Unbestandes und der stetigen Veränderung. Die obere Welt ist Wahrheit und Wirklichkeit, die untere Welt ist Lüge und Täuschung. Oben ist das Wesen, unten ist der Schein.

126. Warum wird dieses schattenhafte Dasein hiernieden ein Fehltritt oder eine Fehlgeburt genannt?

Weil sie ins Dasein gekommen ist durch den Irrtum oder Fehltritt der letzten Wesenheit im Reich des Lichtes, die somit von ihrer Höhe aus der realen Welt herunterfiel und dann Ursache und Erzeuger dieser gezeugten oder speziellen Welt wurde.

Die Not der unteren Weisheit.

127. Was geschah mit der Begierde oder Leidenschaft, die ausserhalb der Schranke zurückgelassen wurde?

Sie war ohne Gestalt und ohne Form, da sie nichts Männliches von einem Gatten empfangen hatte. Denn das Weibliche gebiert die Substanz und das Männliche verleiht Form und Gestalt. Daher musste sie in den Örtern der Finsternis und des Schattens notwendiger Weise entbrennen, fern von ihrem Gatten, dem Ersehnten. Ihre Trübsal und ihr Seufzen aber stieg hinauf in das Reich der Fülle.

Psalm 38, 10. Herr, vor dir ist alle meine Begierde und mein Seufzen ist dir nicht verborgen.

Jes. 42, 7. Dass du sollst öffnen die Augen der Blinden und die Gefangenen aus dem Gefängnis führen, und die da sitzen in der Finsternis, aus dem Kerker.

Jes. 60, 2. Denn siehe, Finsternis bedecket das Erdereich und Dunkel die Völker, aber über dir gehet auf der Herr und seine Herrlichkeit erscheinet über dir.

Mtth. 6. 23. Wenn aber dein Auge ein Schalk ist, so wird dein ganzer Leib finster sein. Wenn aber das Licht, das in dir ist, Finsternis ist, wie gross wird dann die Finsternis selber sein?

Joh. 8, 12. Da redete Jesus abermal zu ihnen und sprach: Ich bin das Licht der Welt, wer mir nachfolget, der wird nicht wandeln in Finsternis, sondern wird das Licht des Lebens haben.

Joh. 12, 46. Ich bin gekommen in die Welt ein Licht, auf dass wer an mich glaubet, nicht in der Finsternis bleibe.

Eph. 5, 8. Denn ihr waret weiland Finsternis, nun aber seid ihr ein Licht in dem Herrn.

1. Petri 2, 9. Ihr aber seid das auserwählte Geschlecht, das königliche Priestertum, das heilige Volk, das Volk des Eigentums, dass ihr verkündigen sollt die Tugenden des, der euch berufen hat von der Finsternis zu seinem wunderbaren Licht.

Matth. 4, 16. Das Volk, das im Finstern sass, hat ein grosses Licht gesehen und die da sassen am Ort und Schatten des Todes, denen ist ein Licht aufgegangen.

Ps. 23, 4. Und ob ich schon wanderte im finsteren Tal, fürchte ich kein Unglück, denn du bist bei mir.

Hüter, ist die Nacht verschwunden?
Hüter, ist die Nacht schier hin?
Ach, wir zählen alle Stunden,
Bis die Morgenwolken blühn;
Bis die Finsternis entweichet,
Bis der Sterne Schein erbleichet,
Und der Sonne warmer Strahl
Leuchtet über Berg und Tal.

Seht ihr nicht der Berge Spitzen
Tauchen aus des Nebels Nacht?
Durch der dunklen Wolken Ritzen
Bricht das Morgenrot mit Macht.
Aus der Todesschatten Höhle
Reisst sich manche Heldenseele
Los, entschleiert ihr Gesicht
Gottes wunderbarem Licht.

Komm, o komm, du treuer Hirt,
Lass die Nacht zum Tage werden.
Ach, wie manches Schäflein irrt
Fern von dir und deiner Herde.
Kleine Herde, zage nicht,
Jesus hält, was er verspricht.

128. Was ist mit dieser Leidenschaft oder Weisheit ausserhalb der Grenze des Lichtreiches gemeint?

Es ist die Weltseele der stoischen Philosophen oder der Demiurg des göttlichen Plato, welcher die Mitte bildet zwischen dem höchsten Gott und der Materie. Derselbe sucht in dieser materiellen Existenz die ideale oder noumenale Welt abzubilden.

129. Womit wird das Reich der Leere und Finsternis noch verglichen?

Die mystischen Schriftsteller nennen es das tiefe Wasser, den tiefen Schlamm, den Kot oder die Grube.

Psalm 69, 2. 3. Gott, hilf mir, denn das Wasser gehet mir an die Seele. Ich versinke im tefen Schlamm, da kein Grund ist. Icb bin im tiefen Wasser und die Flut will mich ersäufen. 15. Errette mich aus dem Kot, dass ich nicht versinke, dass ich errettet werde von meinen Hassern und aus dem tiefen Wasser; dass mich die Wasserflut nicht ersäufe und die Tiefe nicht verschlinge und das Loch der Grube nicht über mir zusammengehe.

Psalm 40, 23. Ich harrete des Herrn und er neigte sich zu mir, und hörete mein Schreien. Und zog mich aus der grausamen Grube und aus dem Schlamm und stellete meine Füsse auf einen Fels, dass ich gewiss treten kann.

Jes. 43, 2. Denn so du durch's Wasser gehst, will ich bei dir sein, dass dich die Ströme nicht sollen ersäufen, und so du ins Feuer gehst, sollst du nicht brennen und die Flamme soll dich nicht anzünden.

Jer. 38. 22. Ach, deine Tröster haben dich überredet und verführet und in den Schlamm geführet, und lassen dich nun stecken.

Aus tiefer Not schrei ich zu dir,
Herr Gott, erhör' mein Rufen!
Dein gnädig' Ohr neig her zu mir,
Halt meiner Bitt' es offen.

Denn so du willst das sehen an,
Was Sünd' und Unrecht ist getan,
Wer kann, Herr, vor dir bleiben?

Hoff', o du arme Seele,
Hoff' und sei unverzagt!
Gott wird dich aus der Höhle,
Da dich der Kummer plagt,
Mit grossen Gnaden rücken;
Erwarte nur die Zeit,
So wirst du schon erblicken
Die Sonn' der schönsten Freud'.

130. Wer erbarmte sich der Weisheit in ihrer Angst und Trübsal?

Der Gesalbte samt dem heiligen Odem streckte sich hinaus über den Pfahl, der auch das Bollwerk heisst, tröstete die Weisheit und stillte ihre Seufzer und Leiden, indem er ihr die ihr fehlende Gestalt verlieh, eine Gestalt inbezug auf Substanz, aber nicht inbezug auf Erkenntnis.

Jes. 40, 1. Tröstet, tröstet mein Volk, spricht der Herr, euer Gott. Redet mit Jerusalem freundlich und predigt ihr, dass ihre Ritterschaft ein Ende hat, denn ihre Missetat ist vergeben. Denn sie hat Zwiefältiges empfangen von der Hand des Herrn, um alle ihre Sünde.

Jes. 49, 13. Jauchzet ihr Himmel, freue dich Erde, lobet ihr Berge mit Jauchzen. Denn der Herr hat sein Volk getröstet und erbarmt sich seiner Elenden. Zion aber spricht: Der Herr hat mich verlassen, der Herr hat meiner vergessen. Kann auch ein Weib ihres Kindleins vergessen, dass sie sich nicht erbarme über den Sohn ihres Leibes? Und ob sie desselben vergässe, so will ich doch deiner nicht vergessen. Siehe, in die Hände habe ich dich gezeichnet.

Jes. 51, 3. Denn der Herr tröstet Zion, er tröstet alle ihre Wüsten und macht ihre Wüsten wie Lustgärten und ihre

Gefilde wie einen Garten des Herrn, dass man Wonne und Freude darinnen findet, Dank und Lobgesang.

Jes. 66, 13. Ich will euch trösten, wie einen seine Mutter tröstet.

Und ob es währt bis in die Nacht
Und wieder an den Morgen,
Doch soll mein Herz an Gottes Macht
Verzweifeln nicht, noch sorgen,
So tu, Israel, rechter Art,
Das aus dem Geist erzeuget ward
Und seines Gott's erharret.

Ob bei uns ist der Sünden viel,
Bei Gott ist viel mehr Gnade.
Sein' Hand zu helfen hat kein Ziel,
Wie gross auch sei der Schade.
Er ist allein der gute Hirt,
Der Israel erlösen wird
Von seinen Sünden allen.

131. Was bewirkte der Gesalbte und der heilige Hauch im Gemüt der Weisheit?

Die Weisheit war zufrieden und glücklich und vergass alle ihre Not und ihren Jammer.

Wenn Christus, der Herr,
Zum Menschen sich neigt,
Wenn er sich als Hort
Dem Flehenden zeigt:
Mag schwinden das Leben,
Mag nahen der Tod,
Wir können nicht sinken,
Denn Helfer ist Gott.

Wenn nahet die Qual,
Die Wonne vergeht,
Die Träne uns rinnt,
Nichts Ird'sches besteht,
Zu ihm dann gewendet,
Er ist unser Freund;
Zu ihm dann gebetet,
Zu ihm dann geweint.

Nicht Menschen vertraut
Den lastenden Schmerz,
Zum Himmel empor
Erhebet das Herz!
Dort wohnet die Weisheit,
Die Güte, die Huld,
Dort tronet die Gnade
Für unsere Schuld.

Warum sollt' ich mich denn grämen?
Hab ich doch
Christum noch.
Wer will mir den nehmen?
Wer will mir den Himmel rauben,
Den mir schon
Gottes Sohn
Beigelegt im Glauben?

O du allersüsste Freude,
O du allerschönstes Licht,
Der du uns in Lieb' und Leide
Unbesuchet lässest nicht.
Geist des Höchsten, höchster Fürst,
Der du hältst und halten wirst
Ohn' Aufhören alle Dinge:
Hör', o höre, was ich singe.

Du wirst aus des Himmels Trone
Wie ein Segen ausgeschütt',
Bringst vom Vater und vom Sohne
Nichts als lauter Segen mit.
Lass doch, o du werter Gast,
Gottes Segen, den du hast
Und verwalt'st nach deinem Willen,
Mich an Leib und Seele füllen.
Mein Hort, ich bin wohl zufrieden,
Wenn du mich nur nicht verstösst.
Bleib ich von dir ungeschieden,
Ei, so bin ich g'nug getröst.
Lass mich sein dein Eigentum!
Ich versprech' hinwiederum,
Hier und dort all mein Vermögen
Dir zu Ehren anzulegen.

132. Weshalb musste der Gesalbte, Christus, die Weisheit alsbald wieder verlassen?

Weil es ihm nicht erlaubt ist, ausserhalb des grossen Bollwerks oder Kreuzes zu verweilen.

133. Wo ist der Platz des Gesalbten und des heiligen Geistes?

Innerhalb des Bollwerkes im Reich der Fülle, aber ganz nahe der Grenze.

134. Wie lautet der dritte Glaubensartikel?

Ich glaube an den Christus, den gesalbten Messias, den grossen Prediger und Lehrer im Reich der Fülle, samt dem einen heiligen Odem, dem Urheber der Ruhe, der Eintracht und des Dankes, beide auf Anordnung des Vorvaters vom Geiste als Zwillinge geboren, die Bewohner des Grenzgebietes, die sich über das Kreuz ausstreckten, um die gefallene und ausgestossene untere Weisheit zu trösten und ihre Seufzer und Leiden zu stillen durch Gestaltung ihres Wesens und Mitteilung des Geruches der Unsterblichkeit.

135. Was liess Christus der Weisheit zurück?

Er hinterliess ihr den Geruch der Unsterblichkeit, damit sie ihre Leidenschaft wegen der Trennung vom Reiche der Fülle fühlen und sich nach etwas Höherem sehnen sollte.

136. Welche Namen hat sie wegen dieses ihr anhaftenden Geruches der Unsterblichkeit auch?

Sie hat den Namen „heiliger Odem“, nach dem Genossen des Gesalbten, und sie heisst auch Weisheit nach dem Namen der oberen, innerhalb der Umwallung zurückgekehrten Weisheit, von der sie abstammt. Sie heisst auch „Israel“.

O heil'ger Geist, kehr' bei uns ein
Und lass uns deine Wohnung sein!
O komm, du Herzenssonne.
Du Himmelslicht, lass deinen Schein
Bei uns und in uns kräftig sein
Zu steter Freud' und Wonne,
Dass wir
In dir
Recht zu leben
Uns ergeben
Und mit Beten
Oft deshalben vor dich treten.

137. Wonach suchte die Weisheit nun, als sie wieder allein gelassen war?

Sie suchte das davongeeilte Licht des Gesalbten und des heiligen Hauches zu ergreifen, konnte es aber nicht fassen, wegen der hindernden Schranke, die ihr das Wort Jao! entgegenrief und sie am weiteren Vordringen hinderte.

138. Weshalb durfte sie diese Schranke nicht überschreiten?

Weil sie von der Leidenschaft beschwert war und weil nichts Unreines ins Reich des Lichtes und der Vollkommenheit eingehen kann.

Jes. 59, 2. Sondern eure Untugenden scheiden euch und euren Gott von einander und eure Sünden verbergen das Angesicht von euch, dass ihr nicht gehöret werdet.

Psalm 5, 5. Denn du bist nicht ein Gott, dem gottloses Wesen gefällt. Wer böse ist, bleibet nicht vor dir.

3. Mose 11, 45. Ihr sollt heilig sein, denn ich bin heilig.

Psalm 42, 2. 3. Wie ein Hirsch schreiet nach frischem Wasser, also schreiet meine Seele, Gott, zu dir. Meine Seele dürstet nach Gott, nach dem lebendigen Gott.

Wann werde ich dahin kommen, dass ich Gottes Angesicht schaue?

Psalm 63, 2. Gott, du bist mein Gott; frühe wache ich zu dir. Es dürstet meine Seele nach dir, mein Fleisch verlanget nach dir in einem trockenen und dürren Lande, da kein Wasser ist. Daselbst sehe ich nach dir in deinem Heiligtum, wollte gerne schauen deine Macht und Ehre.

2. Kor. 5, 2. 4. Und über demselben sehnen wir uns auch nach unserer Behausung, die vom Himmel ist und uns verlanget, dass wir damit überkleidet werden. Denn dieweil wir in der Hütte sind, sehnen wir uns und sind beschweret, sintemal wir wollten lieber nicht entkleidet, sondern überkleidet werden, auf dass das Sterbliche würde verschlungen von dem Leben.

Röm. 8, 22. Denn wir wissen, dass alle Kreatur sehnet sich mit uns und ängstigt sich noch immerdar.

5. Mose 4, 29. Wenn du daselbst den Herrn, deinen Gott suchen wirst, so wirst du ihn finden, wo du ihn wirst von ganzer Seele suchen.

Psalm 27, 7—9. Herr, höre meine Stimme, wenn ich rufe. Sei mir gnädig und höre mich. Mein Herz hält dir vor dein Wort. Ihr sollt mein Antlitz suchen. Darum suche ich auch, Herr, dein Antlitz. Verbirg dein Antlitz nicht vor mir und verstosse nicht im Zorn deinen Knecht, denn du bist meine Hülfe. Lass mich nicht und tue nicht von mir die Hand ab, Gott, mein Heil.

Jesajas 26, 16. 17. Herr, wenn Trübsal da ist, so sucht man dich. Wenn du sie züchtigst, so rufen sie ängstlich. Gleichwie eine Schwangere, wenn sie schier gebären soll, so ist ihr Angst, schreiet in ihren Schmerzen. So gehet es uns auch, Herr, vor deinem Angesicht.

Jes. 55, 6. Suchet den Herrn, weil er zu finden ist. Rufet ihn an, dieweil er nahe ist.

Apgesch. 17, 27. Dass sie den Herrn suchen sollten, ob sie doch ihn fühlen und finden möchten. Und zwar ist er nicht ferne von einem jeglichen unter uns.

Hüter, wird die Nacht der Sünden
Nicht verschwinden?
Hüter, ist die Nacht schier hin?
Wird die Finsternis der Sinnen
Bald zerrinnen,
Darin ich verwickelt bin?

Wie kann ich des Lichtes Werke
Ohne Stärke
In der Finsternis vollziehn?
Wie kann ich die Liebe üben,
Demut lieben,
Und der Nacht Geschäfte fliehn?

Hilf, dass länger meine Seele
Sich nicht quäle,
Zünd' dein Feuer in mir an.
Lass mich finst'res Kind der Erden
Helle werden,
Dass ich Gutes wirken kann.

139. In welche vier Leidenschaften oder Gemütsstimmungen verfiel darauf die vom Licht ausgeschlossene Weisheit?

Sie empfand 1) Trauer oder Schmerz, weil sie das erstrebte Licht nicht ergriffen hatte; 2) Furcht, indem sie bange war, sie möchte vielleicht mit dem Lichte zugleich das Leben verlieren; dazu kam 3) Ratlosigkeit oder Zweifel und Verzagtheit samt einem Gegensatz gegen das Licht. 4) Zuletzt ergriff sie auch noch ein vierter Zustand, nämlich die Hinwendung zu dem, der ihr das Leben gebracht hatte.

Psalm 38, 18. Denn ich bin zu Leiden gemacht und mein Schmerz ist immer vor mir.

Jes. 53, 3. Er war der Allerverachtetste und Unwerteste, voller Schmerzen und Krankheit.

Jeremias 15, 18. Warum währet doch unser Schmerz so

lange und unsere Wunden sind so gar böse, da sie niemand heilen kann?

Klagel. 1, 12. Ich sage euch allen, die ihr vorübergehet: schauet und sehet, ob irgend ein Schmerz sei wie mein Schmerz, der mich getroffen hat. Denn der Herr hat mich voll Jammer gemacht am Tage seines grimmigen Zornes. 18. Der Herr ist gerecht, denn ich bin seinem Munde ungehorsam gewesen. Höret alle Völker und schauet meinen Schmerz.

Ps. 34, 5. Da ich den Herrn suchte, antwortete er mir und errettete mich aus aller meiner Furcht.

Ps. 55, 5. 6. Mein Herz ängstigt sich in meinem Leibe und des Todes Furcht ist auf mich gefallen. Furcht und Zittern ist mir angekommen und Grauen hat mich überfallen.

Ps. 116, 3. Stricke des Todes hatten mich umfangen und Angst der Hölle hatte mich getroffen. Ich kam in Jammer und Not.

Ps. 118, 5. In der Angst rief ich den Herrn an und der Herr erhörte mich und tröstete mich.

Jes. 53, 8. Er ist aber aus der Angst und Gericht genommen. Wer will seines Lebens Länge ausreden?

Ps. 88, 16. Ich bin elend und ohnmächtig, dass ich so verstossen bin. Ich leide deinen Schrecken, dass ich schier verzage.

2. Chron. 15, 4. Und wenn sie sich bekehren in ihrer Not zu dem Herrn, dem Gott Israels und werden ihn suchen, so wird er sich finden lassen.

Jes. 19, 22. Und der Herr wird die Aegypter plagen und heilen. Denn sie werden sich bekehren zum Herrn. Und er wird sich erbitten lassen und sie heilen.

Jes. 55, 7. Der Gottlose lasse von seinem Wege und der Uebeltäter seine Gedanken, uud bekehre sich zum Herrn, so wird er sich seiner erbarmen, und zu unserem Gott, denn bei ihm ist viel Vergebung.

Jer. 4, 1. Willst du dich, Israel, bekehren, spricht der Herr, so bekehre dich zu mir. Und so du deine Greuel wegtust von meinem Angesichte, so sollst du nicht vertrieben werden.

Hos. 14, 2. Bekehre dich, Israel, zu dem Herrn, deinem Gott. Denn du bist gefallen um deiner Missetat willen.

Apgsch. 26, 18. Aufzutun ihre Augen, dass sie sich bekehren von der Finsternis zu dem Licht und von der Gewalt des Satans zu Gott, zu empfangen Vergebung der Sünden und das Erbe samt denen, die geheiligt werden durch den Glauben an mich.

Luk. 15, 7. Ich sage euch: Also wird auch Freude sein im Himmel über einen Sünder, der Busse tut, vor neunundneunzig Gerechten, die der Busse nicht bedürfen.

1. Petri 3, 11. Er wende sich vom Bösen und tue Gutes. Er suche Frieden und jage ihm nach.

140. Und was war die Ursache von allen diesen Leiden?

Unwissenheit und Eigensinn.

141. Welches sind demnach die zwei grossen Triebfedern des Daseins in dieser niederen Welt?

Eigensinn und Unwissenheit, d. h. der Glaube und das Festhalten an der persönlichen und gesonderten Existenz und die Verkennung des Gemeinsamen und Ewigen.

142. Wie kann dieses falsche Dasein demnach allein aufgehoben und in sein Nichts zurückgeführt werden?

Durch Aufgeben des Eigensinns und der Selbstsucht samt den daraus entspringenden Leidenschaften, verbunden mit der Erwerbung wahrer Erkenntnis betreffs der Einheit, Unteilbarkeit und Unveränderlichkeit der Existenz, wie sie in dem Allvater sich findet.

Lies: Heraclit, der Dunkle.
Parmenides, der Philosoph des Seins.

143. Hat diese falsche und eingebildete Daseinsweise in der individuellen und körperlichen Welt denn auch einen Zweck?

Ja. Sie ist absolut notwendig zur Erlangung einer bewussten Erkenntnis des Allvaters und der realen Welt. Nur durch den Gegensatz mit dem Falschen und Vergänglichen kann jene Wahrheit zum individuellen Bewusstsein kommen und einen neuen Wert erhalten.

Lies: Parmenides, der Philosoph des Seins.

144. Wo finden wir jene vier Gemütszustände und Leidenschaften der unteren Weisheit beschrieben?

In den sogenannten Trübsals-, Buss- und Rachepsalmen der Bibel.

145. An wen sind die Busspsalmen gerichtet?

Sie richten sich an das Licht, das ihr in dem Gesalbten, Christus, und in dem heiligen Odem erschienen und sogleich wieder davongeeilt war.

Psalm 130. Aus der Tiefe rufe ich, Herr, zu dir. Herr, höre meine Stimme. Lass deine Ohren merken auf die Stimme meines Flehens. So du willst, Herr, Sünde zurechnen, Herr, wer wird bestehen? Denn bei dir ist die Vergebung, dass man dich fürchte. Ich harre des Herrn, meine Seele harret und ich hoffe auf sein Wort. Meine Seele wartet auf den Herrn von einer Morgenwache zur andern. Israel, hoffe auf den Herrn, denn bei dem Herrn ist die Gnade und viel Vergebung bei ihm. Und er wird Israel erlösen aus allen seinen Sünden.

Psalm 22. Mein Gott, mein Gott, warum hast du mich verlassen? Ich heule, aber meine Hülfe ist ferne. Mein Gott, des Tages rufe ich, so antwortest du nicht. Und des Nachts schweige ich auch nicht. Aber du bist heilig, der du wohnest unter dem Lobe Israels. – — Sei nicht ferne von mir, denn Angst ist nahe. Denn es ist hier kein Helfer. Grosse Farren haben mich umgeben, fette Ochsen haben mich umringt. Ihre Rachen sperren sie auf wider mich, wie ein brüllender und reissender Löwe. — Denn Hunde haben mich umgeben und der Bösen Rotte hat sich um mich gemacht. Sie haben meine Hände und Füsse durchgraben. Ich möchte alle meine Gebeine zählen. Sie aber schauen und sehen ihre Lust an mir. — —

Psalm 6. Ach Herr, strafe mich nicht in deinem Zorn und züchtige mich nicht in deinem Grimm. Gott, sei mir gnädig, denn ich bin schwach. Heile mich, Herr, denn meine Gebeine sind erschrocken. Und meine Seele ist sehr erschrocken. Ach, du Herr, wie so lange! Wende dich, Herr, und errette meine Seele. Hilf mir, um deiner Güte willen. Denn im Tode gedenket man deiner nicht; wer will dir in der Hölle danken? Ich bin so müde von Seufzen, ich schwemme mein Bette die ganze Nacht und netze mit Tränen mein Lager. Meine Gestalt ist verfallen vor Trauern und ist alt geworden, denn ich allenthalben geängstet werde. Weichet von mir, alle Uebeltäter, denn der Herr höret mein Weinen. Der Herr höret mein Flehen, mein Gebet nimmt der Herr an. Es müssen alle meine Feinde zu Schanden werden und sehr erschrecken, sich zurückkehren und zu Schanden werden plötzlich.

Lies: Psalm 25. 31. 35. 38. 42. 51. 52. 55. 57. 70. 71. 82. 88. 102. 109. 120. etc.

146. Was gilt von einer Beziehung dieser Psalmen auf historische Persönlichkeiten und Ereignisse?

Eine Verbindung dieser Angst- und Busspsalmen mit dem Leben von geschichtlichen Gestalten ist unzutreffend. Sie können nur im mystischen Sinne ausgelegt werden.

147. Was ist von der historischen Auslegung der sogenannten Rachepsalmen zu halten?

Dieselbe ist absurd, barbarisch und jeglichem religiösen Gefühl zuwider. Sie schlägt dem Gebot Jesu: „Liebet eure Feinde; segnet, die euch fluchen; tut wohl denen, die euch hassen; bittet für die, so euch beleidigen und verfolgen“ geradezu ins Gesicht.

148. Was für Feinde hat denn der prophetische Dichter blos im Sinn?

Alle jene Rachepsalmen beziehen sich auf die feindlichen subjektiven Mächte der Finsternis und des Irrtums, welche die Weisheit wegen ihren Strebens nach dem oberen Licht verhöhnten und verfolgten.

Psalm 35. Herr, hadere mit meinen Haderern, streite wider meine Streiter. Ergreife den Schild und Waffen und mache dich auf, mir zu helfen. Zücke den Spiess und schütze mich wider meine Verfolger. Sprich zu meiner Seele: Ich bin deine Hülfe. Es müssen sich schämen und gehöhnet werden, die nach meiner Seele stehen. Es müssen zurückkehren und zu Schanden werden, die mir übel wollen. Sie müssen werden wie Spreu vor dem Winde, und der Engel des Herrn stosse sie weg. Ihr Weg müsse finster und schlüpfrig werden und der Engel des Herrn verfolge sie. Denn sie haben mir ohne Ursache gestellet ihre Netze, mich zu verderben, und haben ohne Ursache meiner Seele Gruben zugerichtet. Er müsse unversehens überfallen werden, und sein Netz, das er gestellt hat, müsse ihn fangen und müsse darinnen überfallen werden.

Lies: Psalm 59, 64. etc.

149. Worauf beziehen sich die sogenannten Dank- und Lobpsalmen?

Sie sind die Dankgebete der Weisheit, die sie

dem oberen Lichte für die empfangene Hülfe darbringt.

Psalm 40. Ich harrete des Herrn und er neigte sich zu mir und hörete mein Schreien. Und zog mich aus der grausamen Grube und aus dem Schlamm und stellete meine Füsse auf einen Fels, dass ich gewiss treten kann. Und hat mir ein neu Lied in meinen Mund gegeben, zu loben unseren Gott. Das werden viele sehen und den Herrn fürchten und auf ihn hoffen. Wohl dem, der seine Hoffnung setzt auf den Herrn und sich nicht wendet zu den Hoffärtigen und die mit Lügen umgehen. Herr, mein Gott, gross sind deine Wunder, und deine Gedanken, die du an uns beweisest. Dir ist nichts gleich. Ich will sie verkündigen und davon sagen, wiewohl sie nicht zu zählen sind. — —

Lies: Psalm 103 etc.

150. Worin bestand die Ratlosigkeit oder der Zweifel der Weisheit oder der Achamoth?

Sie überlegte, wer es war, der ihr Gestalt verliehen hatte, wer der begleitende Genosse, der heilige Odem war, wohin er verschwand, wer ihr im Wege stände und sie hinderte, sich mit ihrem Helfer zu vereinigen, und wer sie um jenen schönen und seligen Anblick beneidete.

Ach Gott und Herr!
Wie gross und schwer
Sind mein' begang'nen Sünden.
Da ist kein Mann,
Der helfen kann,
In dieser Welt zu finden.
Lief ich gleich weit
In dieser Zeit
Bis an des Weltalls Enden,
Und wollt' los sein
Des Elends mein,
Würd' ich es doch nicht wenden.

Zu dir flieh' ich;
Verstoss mich nicht,
Wie ichs wohl hab' verdienet.
Ach Gott, zürn' nicht,
Geh nicht ins G'richt,
Dein Sohn hat mich versühnet.

Ich will von meiner Missetat
Zum Herren mich bekehren,
Du wollest selbst mir Hilf und Rat
Hiezu, o Gott, gewähren,
Und deines guten Geistes Kraft,
Der neue Herzen in uns schafft,
Aus Gnaden mir bescheren.
Der Mensch kann von Natur doch nicht
Sein Elend selbst empfinden,
Ist ohne deines Geistes Licht
Blind, taub und tot in Sünden.
Verkehrt ist Will', Verstand und Tun;
Des grossen Jammers woll'st du nun,
O Vater, mich entbinden!

Der obere Helfer.

Jesus, der Erretter, der ewige Hohepriester, der wahrhaftige Hierophant, der Bräutigam, auch Christus genannt.

Ich wills wagen,
Ich wills wagen,
Von der schönen Pracht
Was zu sagen
Und zu fragen,
Die aus Jesu lacht.
Aber wag' ich mich zu sehr?
Seine Wunden sind ein Meer!
Doch lasst hören,
Doch lasst hören,
Was der Heiland macht.

151. Hat der Christus die Gebete der Weisheit zuletzt erhört?

Ja. Denn obwohl er selbst im Reiche der Fülle blieb, hat er doch seinen Stellvertreter, den Parakleten oder Tröster, den Erretter gesandt, dessen Name Jesus ist, den Stern der Fülle.

Er wird zwar eine Weile
Mit seinem Trost verziehn,
Und tun an seinem Teile,
Als hätt' in seinem Sinn
Er deiner sich begeben,
Als sollt'st du für und für
In Angst und Nöten schweben,
Als fragt er nichts nach dir.
Wirds aber sich befinden,
Dass du ihm treu verbleibst,
So wird er dich entbinden,
Da du's am mind'sten gläubst.
Er wird dein Herze lösen
Von der so schweren Last,
Die du zu keinem Bösen
Bisher getragen hast.

152. Wer bevollmächtigte Jesum zu diesem Werke der Hülfe?

Der Vater selbst bekleidete ihn mit aller Macht und übergab alles in seine Hände, selbst die Wesenheiten, damit in ihm alles gegründet würde, das Sichtbare und das Unsichtbare, Trone, Göttlichkeiten und Herrschaften.

Kol. 1, 15--20. Welcher ist das Ebenbild des unsichtbaren Gottes, der Erstgeborne vor allen Kreaturen. Denn durch ihn ist alles geschaffen, das im Himmel und auf Erden ist, das Sichtbare und das Unsichtbare, beide die Tronen und Herrschaften und Fürstentümer und Obrigkeiten. Es ist alles durch ihn und zu ihm geschaffen. Und er ist vor allen, und es bestehet alles in ihm. Und er ist das Haupt des Leibes, nämlich der Gemeine, welcher ist der Anfang und der Erstgeborne von den Toten, auf dass er in allen Dingen den Vorgang habe. Denn es ist das Wohlgefallen gewesen, dass in ihm alle Fülle wohnen sollte und alles durch ihn versöhnt würde zu ihm selbst, es sei auf Erden oder im Himmel, damit dass er Frieden machte durch das Blut an seinem Kreuz (Pfahl) durch sich selbst.

Kol. 2, 3. In welchem verborgen liegen alle Schätze der Weisheit und der Erkenntnis. 9. 10. Denn in ihm wohnet die ganze Fülle der Gottheit leibhaftig und ihr seid vollkommen in ihm, welcher ist das Haupt aller Fürstentümer und Obrigkeit.

Eph. 1, 10. Dass es ausgeführt würde, da die Zeit erfüllet war, auf dass alle Dinge zusammen verfasset würden in Christo, beides, das im Himmel und auf Erden ist durch ihn selbst. 22. Und hat alle Dinge unter seine Füsse getan und hat ihn gesetzt zum Haupt der Gemeine über alles.

Jesus nimmt die Sünder an.
Saget doch dies Trostwort allen,
Welche von der rechten Bahn
Auf verkehrten Weg verfallen;
Hier ist, was sie retten kann:
Jesus nimmt die Sünder an.
Wenn ein Schaf verloren ist,
Suchet es ein treuer Hirte.
Jesus, der uns nie vergisst,
Suchet treulich das Verirrte,
Dass es nicht verderben kann:
Jesus nimmt die Sünder an.

153. Was ist der Kranz der Vaterschaft?

Der Allvater hat den Erlöser als Vater derer eingesetzt, die nach ihm entstanden. Denn da der

Erlöser die Gnade, welche ihm der verborgene Vater verliehen, gesehen hatte, so wünschte er selbst das All zu dem verborgenen Vater zurückzuwenden. Damals rief er aus: Meine Kinder, die ich gebäre, bis Christus in euch Gestalt gewinnt. Und ferner ruft er aus: Ich bin nämlich bereit, neben einer heiligen Jungfrau einen einzigen Gatten, Christus, zu stellen.

154. Welches ist das geistliche Gewand des Erlösers?

Es wurde ihm ein Gewand gegeben, in dem er alles vollbringen konnte. In diesem Gewande sind alle Körper: der Körper des Feuers, der Körper des Wassers, der Körper der Luft, der Körper der Erde, der Körper des Windes, der Körper der Engel, der Körper der Erzengel, der Körper der Kräfte, der Körper der Mächtigen, der Körper der Götter, der Körper der Herren, mit einem Worte, in ihm befinden sich alle Körper, damit niemand ihn hindere, nach oben oder nach unten zu gehen.

155. Wer begleitete den Erlöser auf seiner Rettungsfahrt?

Es begleiteten ihn die mit ihm geschaffenen gleichartigen Engel als Lanzenträger. Denn es wurden ihm Myriaden von Myriaden Rühmlichkeiten und Engel und Erzengel und Liturgen und Diener gegeben, auf dass sie ihm die von der Materie bedienen. Und er jubelte mit ihnen, indem er seine Geschöpfe noch einmal auf das Geheiss des im Schweigen verborgenen Vaters gebar.

156. Was geschah bei dem Herabkommen des Erlösers?

Es öffneten sich die Vorhänge und das Licht drang hinab bis zur Materie und zu denen, welche keine Gestalt und keine Aehnlichkeit besassen. Und auf diese Weise haben sie sich die Aehnlichkeit des Lichtes erworben. Die einen zwar freuten sich, dass das Licht zu ihnen gekommen und sie reich geworden waren. Andere weinten, veil sie arm geworden und das Ihrige ihnen genommen war. Und in dieser Weise trat die grosse Gnade in die Erscheinung, welche herausgekommen war.

157. Was tat die Achamoth oder Weisheit zuerst beim Anblick des Erlösers?

Sie zog sich zuerst ehrfurchtsvoll einen Schleier vor, da sie sich schämte.

Wie soll ich dich empfangen,
Und wie begegn' ich dir?
O aller Welt Verlangen,
O meiner Seele Zier!
O Jesu, Jesu setze
Mir selbst die Fackel bei,
Damit, was dich ergötze
Mir kund und wissend sei.

158. Was tat die Achamoth darnach?

Nachdem sie von der Erscheinung des Erlösers die Kraft empfangen hatte, eilte sie vermöge derselben auf ihn zu.

Schmücke dich, o liebe Seele,
Lass die dunkle Sündenhöhle.
Komm ans helle Licht gegangen,
Fange herrlich an zu prangen.
Denn der Herr voll Heil und Gnaden
Will dich jetzt zu Gaste laden;
Der den Himmel kann verwalten,
Will jetzt Herberg' in dir halten.

Lasst mich gehn,
Lasst mich gehn,
Dass ich Jesum möge sehn.
Meine Seel' ist voll Verlangen,
Ihn auf ewig zu umfangen
Und vor seinem Thron zu stehn.
Süsses Licht,
Süsses Licht,
Sonne, die durch Wolken bricht.
O, wann werd' ich dahin kommen,
Dass ich doch mit allen Frommen
Schau' dein holdes Angesicht.

Meinen Jesum lass ich nicht:
Ach, was wollt' ich bessers haben?
Friede, Freude, Trost und Licht
Liegt in seinem Schoss begraben.
Alles, was Vergnügen gibt,
Hab' ich, weil mich Jesus liebt.

Wie wohl ist mir, o Freund der Seelen
Wenn ich in deiner Liebe ruh'.
Ich steige aus den Schwermutshöhlen
Und eile deinen Armen zu.
Da muss die Nacht des Trauerns scheiden,
Wenn mit so ausgelassnen Freuden
Die Liebe strahlt aus deiner Brust.
Hier ist mein Himmel schon auf Erden.
Wer wollte nicht vergnüget werden,
Der in dir suchet Ruh und Lust?

159. Worin bestand die Hülfe, die ihr der Anblick Jesu brachte?

Der Erlöser gab ihr Gestalt inbezug auf Erkenntnis und schenkte ihr die Heilung von ihren Leidenschaften. Denn die Leidenschaften waren eine Folge ihrer Unwissenheit gewesen.

Allein zu dir, Herr Jesu Christ,
Mein Hoffnung steht auf Erden.
Ich weiss, dass du mein Tröster bist,
Kein Trost mag mir sonst werden.
Von Anbeginn ist nichts erkor'n,
Auf Erden ist kein Mensch gebor'n,
Der mir aus Nöten helfen kann.
Dich ruf ich an,
Auf den ich fest vertrauen kann.

Wer nur den lieben Gott lässt walten,
Und hoffet auf ihn allezeit,
Den wird er wunderlich erhalten
In allem Kreuz und Traurigkeit.
Wer Gott, dem Allerhöchsten traut,
Der hat auf keinen Sand gebaut.

Denk' nicht in deiner Drangsals-Hitze,
Dass du von Gott verlassen seist,
Und dass der Gott im Schosse sitze,
Der sich mit stetem Glücke speist.
Die Folgezeit verändert viel
Und setzet jeglichem sein Ziel.

Sollt' es gleich bisweilen scheinen,
Als verliesse Gott die Seinen,
Ei, so glaub' und weiss ich dies:
Gott hilft endlich doch gewiss.

Hülfe, die er aufgeschoben,
Hat er drum nicht aufgehoben.
Hilft er nicht zu jeder Frist,
Hilft er doch, wenn's nötig ist.

Was Gott tut, das ist wohlgetan!
Muss ich den Kelch gleich schmecken,
Der bitter ist nach meinem Wahn,
Lass ich mich doch nicht schrecken,
Weil doch zuletzt
Ich werd ergötzt
Mit süssem Trost im Herzen,
Da weichen alle Schmerzen.

Was Gott tut, das ist wohlgetan!
Dabei will ich verbleiben.
Es mag mich auf die rauhe Bahn
Not, Tod und Elend treiben,
So wird Gott mich
Ganz väterlich
In seinen Armen halten,
Drum lass ich ihn nur walten.

160. Wie bezeichnet man diese Begegnung und Verbindung zwischen Jesu und der unteren Weisheit auch noch?

Man nennt sie die Ehe zwischen Elohim und Eden oder zwischen Geist und Materie.

161. Was tat Jesus mit den Leidenschaften?

Er konnte sie nicht ganz verschwinden lassen, wie es bei der oberen Weisheit geschehen war, da sie zu tiefe und mächtige Wurzeln gefasst hatten. Der Erlöser sonderte sie daher ab und verwandelte sie aus einer körperlosen Leidenschaft zu einer körperlosen Materie. Zugleich gab er ihnen eine solche Beschaffenheit und Natur, dass sie Verbindungen und Verkörperungen eingingen.

162. Wie hat der Erlöser die Materie abgetrennt?

Dieser ist es, der die gesamte Materie abgesondert hat. Er hat sich über sie ausgegossen, wie eine Henne, die ihre Fittige über ihre Küchlein ausbreitet. So hat das Wort die Materie bereitet und hat zehntausend mal zehntausend Arten und Gattungen aufgerichtet. Als die Materie warm geworden war, löste sie die Menge von Kräften los; und sie sprossten wie das Kraut auf und sie trennten sich nach Gattung und Art. Und er gab allen das Gesetz, einander zu lieben und Gott zu ehren und zu preisen und nach ihm zu forschen, wer er ist und was er ist, und den Ort aus welchem sie herausgekommen sind, zu bewundern, denn er ist eng und beschwerlich und nicht noch einmal zu ihm zurückzukehren, sondern dem, der ihnen das Gesetz gegeben hat, zu folgen.

163. Wie viel verschiedene Substanzen kamen so ins Dasein?

Gemäss der vierfachen Leidenschaft gibt es auch vier Substanzen oder Weltstoffe.

164. Was entstand aus der Furcht?

Die seelische Substanz.

165. Weshalb heisst diese auch die leidensfähige Substanz?

Weil sie durch Leiden gereinigt werden kann und somit der Erlösung und Versetzung in einen höheren Platz fähig ist.

166. Was entstand aus dem Schmerz?

Die materielle oder körperliche Substanz.

167. Weshalb heisst diese auch die böse Substanz?

Weil sie keiner Einwirkung des Lichtes von oben fähig ist und daher naturgemäss von der Erlösung gänzlich ausgeschlossen ist.

168. Welche drei Abteilungen in der körperlichen Substanz gibt es?

1) Die festen körperlichen Elemente, die aus dem Schrecken und Schmerz entstanden.

2) Die feuchte Substanz, die aus den Tränen der Achamoth ihren Ursprung hat.

3) Die Lichtsubstanz, die aus dem Lachen der Achamoth herrührt, das sie empfand, wenn sie sich auf das entflohene Licht besann.

169. Was entwickelte sich aus der Ratlosigkeit und dem Gegensatze der Achamoth?

Der dämonische Stoff, oder die Substanz der bösen Geister.

170. Was bewirkte endlich die Hinwendung oder Busse der Achamoth?

Die Umkehr der Achamoth führte zu dem „Wege rechts“ oder der Erlösungsfähigkeit der seelischen Substanz. Dies ist der Pfad, der wieder aufwärts führt.

171. Was war aber die Folge des Anblickes der den Erlöser begleitenden Engel?

Der Anblick jener Lichter, die bei dem Erlöser waren, erregte die reinste und höchste Freude in der Achamoth, so dass sie von ihnen schwanger wurde und Früchte gebar nach ihrem Bilde. Dies ist die geistliche Frucht nach dem Vorbilde der Lanzenträger des Erlösers.

Jak. 3, 17. 18. Die Weisheit aber von oben her ist aufs erste keusch, darnach friedlich, gelinde, lässt ihr sagen, voll Barmherzigkeit und guter Früchte, unparteiisch, ohne Heuchelei. Die Frucht aber der Gerechtigkeit wird gesäet in Frieden denen, die den Frieden halten.

Gal. 5, 22. Die Frucht aber des Geistes ist Liebe, Freude, Friede, Geduld, Freundlichkeit, Gütigkeit, Glaube, Sanftmut, Keuschheit.

Eph. 5, 9. Wandelt wie die Kinder des Lichts. Die Frucht des Geistes ist allerlei Gütigkeit und Gerechtigkeit und Wahrheit.

Kol. 3, 12. So ziehet nun an, als die Auserwählten Gottes, Heiligen und Geliebten, herzliches Erbarmen, Freundlichkeit, Demut, Sanftmut, Geduld.

172. Sind die oben erwähnten vier Substanzen die Stoffe, welche wir mit unseren fünf Sinnen wahrnehmen?

Nein. Diese Substanz ist fliessend und unsichtbar. Die sichtbare Substanz ist nur der Bodensatz davon.

173. Was versteht man unter dem Ort zur Rechten und dem Ort zur Linken?

Als der Herr der Herrlichkeit sich herniederliess, um die Materie abzusondern, teilte er sie in zwei

Teile und zwei Oerter und er gab jedem Orte seine Grenzen und seine Vorhänge, damit sie nicht einander erblickten, und stellte Wächter an ihren Vorhängen auf. Und denen, welche zu ihm geflohen waren, und ihn anbeteten, gab er den Ort zur Rechten und schenkte ihnen viel Ehre und das ewige Leben und die Unsterblichkeit. Und die, welche sich ihm widersetzt haben, verwies er an den Ort zur Linken. Und er nannte den Ort zur Rechten den Ort des Lebens und des Lichtes und der Ruhe und den Ort zur Linken nannte er den Ort des Todes und der Finsternis und des Leidens.

Wo findet die Seele die Heimat, die Ruh?
Wer deckt sie mit schützenden Fittigen zu?
Ach, bietet die Welt keine Freistatt mir an,
Wo Sünde nicht herrschen, nicht anfechten kann?
Nein, nein, nein, nein!
Hier ist sie nicht,
Die Heimat der Seele
Ist droben im Licht.
Verlasset die Erde, die Heimat zu sehn,
Die Heimat der Seele, so herrlich, so schön.
Jerusalem droben, von Golde erbaut,
Ist dieses die Heimat der Seele, der Braut?
Ja, ja, ja, ja!
Dieses allein
Kann Ruhplatz und Heimat
Der Seele nur sein.

174. Was errichtete der Erlöser an dem Orte zur Rechten?

Er richtete daselbst das ganz Reine der Materie auf und machte es zu einer besonderen Welt, zu einem Aeon und einer Stadt, welche Unsterblichkeit und Jerusalem genannt wird. Und sie wird auch die neue Erde genannt und Selbstgenügend und Vollkommene Freiheit, denn jenes Land ist ein gottgebärendes und belebendes.

175. Welches ist der Kranz und das Gewand der Bewohner der mittleren Lichtwelt?

Es ist der Kranz, der dem Salomo an dem Tage seiner Herzensfreude gegeben ist. Und ihm wurde ein unaussprechliches Kleid geschickt, welches ganz Licht ist und ganz Leben und ganz Auferstehung und ganz Liebe und ganz Hoffnung und ganz Glaube und ganz Weisheit und ganz Erkenntnis und ganz Wahrheit und ganz Friede.

176. Welche Scheidung bewirkte der Erlöser?

Er trennte damals das Existierende von dem Nichtexistierenden und das Nichtexistierende ist die Schlechtigkeit, welche sich in der Materie manifestiert hat. Und die Kleiderkraft trennte das Existierende von dem Nichtexistierenden und nannte das Existierende ewig und das Nichtexistierende Materie und legte zwischen sie Vorhänge und reinigende Kräfte zur Reinigung und Läuterung.

177. Wohin begab sich der Erlöser nach vollbrachter Aufgabe?

Nachdem er seine Geschöpfe aus der Finsternis der Materie, welche ihnen Mutter ist, herausgeführt und allen Unwissenden das Licht gebracht hatte, und ihnen die Vorschrift gegeben, niemals einander Gewalt anzutun, ging er von ihnen hin zu dem Orte der Allmutter, zu dem Vorvater und Selbstvater und er schwur und hat ihn nicht gereut.

178. Welchen Lobgesang brachte die Mutter Weisheit dem Erlöser und dem Alleinigen Einen dar?

Du bist der allein Unendliche und Du bist allein die Tiefe und du bist allein der Unerkennbare und du bists, nach dem ein jeder forscht, und nicht haben sie dich gefunden, denn niemand kann dich gegen deinen Willen erkennen und niemand kann dich allein gegen deinen Willen preisen. Und dein Wille allein ist es, der dir zum Raum wurde, denn niemand kann für dich zum Raum werden, denn du bist der Raum für alle. Du bist es, den sie alle, die Inneren und die Aeusseren entbehren, denn du bist allein der Unfassbare und du allein bist der Nichtzuerblickende und der Nichtmaterielle. Du, der du allein den Kreaturen Merkmale gegeben hast, hast sie in dir geoffenbart. Du bist auch der Schöpfer derer, die sich noch nicht geoffenbart haben, denn diese kennst du nur allein. Wir kennen diese nicht. Du allein hast dich zu dem Mass der verborgenen Welten gemacht. Du hast den Menschen in deinem selbsterzeugten Geiste und in dem vollkommenen Gedanken erzeugt.

179. Wie lautet der vierte Glaubensartikel?

Und an den oberen Jesus, den Vater, den ewigen Hohenpriester und wahrhaftigen Hierophanten, den höheren oder idealen Menschen, den Stern der Fülle, die vollkommene Frucht des Pleroma, der da ist das Wort und das All, Tröster, Helfer und Erlöser der unteren Weisheit, der als Bräutigam mit seinen ebenbürtigen Genossen, den Engeln, herunterkam zu seiner Braut, die Leidenschaften von ihr absonderte und sie zur völligen Ruhe brachte, indem er ihr die Gestaltung durch Erkenntnis verlieh.

Das siebzehnte Geheimnis.

Der überhimmlische Platz oder Aetherkreis.

Die Weisheit oder Achamoth.

Der obere Demiurg, die Welt der geistlichen Früchte, Kanaan, das Land, wo Milch und Honig fliesst, das gelobte Land, die Heimat der Seele, das geistliche Israel, der Zustand des Wachens und der Erinnerung, die mittlere Lichtwelt oder der zweite Lichtschatz.

Sein Symbol, das Christentum.
Nach dem Bilde Seths.
Das Reich der Gnade.

O Jerusalem, du Schöne,
Ach wie helle glänzest du!
Ach, wie lieblich Lobgetöne
Hört man da in sanfter Ruh!
O der grossen Freud' und Wonne!
Jetzo gehet auf die Sonne,
Jetzo gehet an der Tag,
Der kein Ende nehmen mag.

Da, da ist das Freudenleben,
Wo viel tausend Seelen schon
Sind mit Himmelsglanz umgeben,
Dienen Gott vor seinem Thron,

Wo die Seraphinen prangen
Und das hohe Lied anfangen:
Heilig, heilig, heilig heisst
Gott der Vater, Sohn und Geist.

Wo die Patriarchen wohnen,
Die Propheten allzumal,
Wo auf ihren Ehrenthronen
Sitzt der zwölf Apostel Zahl.
Wo in so viel tausend Jahren
Alle Frommen hingefahren,
Wo dem Herrn, der uns versöhnt,
Ewig Hallelujah tönt.

180. Was hat man unter der Achamoth zu verstehen?

Aus dem jenseits des Pfahles aufgehäuften Allsamen des Weltalls brach hervor und erstand zuerst der grosse Herrscher, das Haupt der sichtbaren Welt, eine Schönheit, Herrlichkeit und Macht, die durch nichts zerstört werden kann. Doch ein Sterblicher soll sich nicht vermessen, ein solches Wesen zu verstehen, denn es ist unaussprechlicher als unaussprechlich, mächtiger als alle Macht, weiser als die Weisen und grösser als alle Vortrefflichkeit, die sich nennen lässt.

181. Wie weit schwebte der grosse Herrscher empor?

Als er ins Dasein trat, erhob er sich zur Höhe, schwebte hinauf und ward in seiner Vollständigkeit bis zum grossen Firmament erhoben. Dort weilte er, indem er meinte, dass niemand über ihm sei, und er wurde zur erhabensten Macht des Weltalls. Der Platz, wo er wohnt, heisst auch der dreizehnte Aeon.

182. Welches ist also der Platz der Achamoth?

Die Achamoth hält den höchsten Platz in der speziellen oder niederen Welt inne, am nächsten zum Reich der Fülle. Sie bildet gleichsam die Mitte zwischen den beiden Reichen, nämlich dem Reich des Lichtes und dem Reich des Schattens hier unten. Daher heisst sie auch die grosse Mitte und ihre Bürger sind die, so „nahe wohnen“, nämlich nahe dem Pleroma.

183. Welche andere Namen hat sie noch?

Sie heisst auch die Achtheit, weil sie, von unten gezählt, die achte oder höchste Stelle in der seelischen Welt einnimmt; ferner das himmlische Jerusalem, weil in ihr sich die geistliche Kirche, der wahre Tempel befindet. Auch heisst sie die Mutter der Lebendigen oder die Mutter von allem, weil sie alles ausserhalb des Lichtkreises gezeugt und dann geordnet und regiert hat. Sie trägt auch den Namen heiliger Odem, der wahre Gott.

Komm, o komm du Geist des Lebens,
Wahrer Gott von Ewigkeit!
Deine Kraft sei nicht vergebens,
Sie erfüll' uns jeder Zeit:
So wird Geist und Licht und Schein
In dem dunklen Herzen sein.

Du Quell, draus alle Weisheit fleusst,
Die sich in fromme Seelen geusst,
Lass deinen Trost uns hören,
Dass wir in Glaubenseinigkeit
Auch and're in der Christenheit
Dein wahres Zeugnis lehren.

Höre, lehre Herz und Sinnen
Zu gewinnen,
Dich zu preisen,
Gut's dem Nächsten zu erweisen.

184. Wovon ist der überhimmlische Platz, in dem die Achamoth wohnt, das Abbild?

Sie ist die Nachgestaltung und der Abglanz der ungezeugten Welt im Allerheiligsten. Ihre Schätze und Kräfte sind die Repräsentanten der Lichtschätze und ungezeugten Kräfte des Geheimnisses des ersten Vorhanges.

185. Wie viele Schätze enthält die mittlere Lichtwelt?

Bei dem Gotte, der in der Mitte des Alls wohnt, dessen Name Jeou ist, befinden sich 60 Schätze, deren jeder von sechs Räumen umgeben ist, mit je einem inneren Tor und drei äusseren Toren. Bei jedem Tore wachen drei Torhüter. Aber durch den Gebrauch der rechten Siegel, Zahlen und Namen werden die Wächter und Schleier fortgescheucht und der innerste Platz des Schatzes, der Sitz des Vaters wird erreicht.

186. Welches sind die 24 Unsichtbaren der mittleren Lichtwelt?

Es sind die 24 Genossen oder Mitkräfte und Mitäonen der Achamoth

187. Was kann von ihrer Art und den Eigenschaften ihres Lichtes gesagt werden?

Was kann ihnen in dieser Welt verglichen werden oder welche Region dieser Welt ist ihnen ähnlich? Womit soll man sie vergleichen, oder was soll man von ihnen sagen? Denn auf der ganzen Welt ist nichts, womit man sie vergleichen könnte, noch gibt es eine einzige Form, die ihnen ähnlich wäre. Wahrlich, in dieser Welt gibt es nichts, das himmlische Eigenschaften hätte. Doch ist die Herrlichkeit jener Unsichtbaren neunmal grösser als das untere Firmament und die Sphäre, die darüber ist und die zwölf Aeonen zusammen.

188. Was ist von dem Lichte jener Unsichtbaren zu sagen?

Während es auf dieser Welt kein Licht gibt, das dem Lichte der Sonne überlegen wäre, sind doch die 24 Unsichtbaren zehntausendmal heller als das Sonnenlicht dieser Welt, und doch ist das Sonnenlicht in seiner wahren Form, wie es im Raume der Lichtjungfrau besteht, noch zehntausendmal heller als das Licht der 24 Unsichtbaren.

189. Was sind die 70 Worte des überhimmlischen Platzes?

Es sind die 70 Engel des Himmels, welche die Mutter Weisheit im Verein mit dem Erlöser, oder der gemeinschaftlichen Frucht des Pleroma als ihrem Bräutigam gezeugt hat. Es sind die Bewohner und Bürger des Jerusalems der Höhe im Himmel.

190. Was war das Werk und die Arbeit der Achamoth?

Die unter ihr sich befindende Substanz, ihren

abgelegten Körper, hat sie nach den vom Erlöser empfangenen Lehren geordnet und daraus ein Abbild der Lichtwelt oder des Pleroma geschaffen. Sie ist also der Schöpfer der Welt, der grosse Werkmeister des Universums.

191. Was versteht man unter dem grossen Maler?

Soweit wie das tote auf Leinwand gemalte Bild von dem lebendigen Antlitz entfernt ist, welches es darstellen will, so weit ist die nachgebildete phänomenale Welt von der lebendigen Wirklichkeit entfernt. Die Weisheit ist der grosse Maler, der die Vorbilder aus der realen Welt auf die Leinwand des phänomenalen Daseins überträgt. Die unbeschreibliche Majestät des lebendigen Antlitzes des ersten Daseins gibt ihm das Modell durch die Vermittelung des Erlösers.

192. Wer ist also im letzten Grunde der Urheber dieser nachgebildeten Welt?

Diese Welt, welche die Achamoth zu Ehren der ewigen Wesenheiten und nach deren Vorbilde geschaffen hat, muss im letzten Grunde auf die Wirkung und den Plan des Erlösers zurückgeführt werden, durch den alle Dinge gemacht sind.

Wenn ich, o Schöpfer, deine Macht,
Die Weisheit deiner Wege,
Die Liebe, die für alle wacht,
Anbetend überlege,
So weiss ich von Bewund'rung voll,
Nicht, wie ich dich erheben soll,
Mein Gott, mein Herr und Vater.

Mein Auge sieht, wohin es blickt,
Die Wunder deiner Werke.
Der Himmel, prächtig ausgeschmückt,
Preist dich, du Gott der Stärke.
Wer hat die Sonn' an ihm erhöht?
Wer kleidet sie mit Majestät?
Wer ruft dem Heer der Sterne?

Wer misst dem Winde seinen Lauf?
Wer heisst die Himmel regnen?
Wer schliesst den Schoss der Erden auf
Mit Vorrat uns zu segnen?
O Gott der Macht und Herrlichkeit;
Gott, deine Güte reicht so weit,
So weit die Wolken reichen.

Dich predigt Sonnenschein und Sturm,
Dich preist der Sand am Meere.
Bringt, ruft auch der geringste Wurm,
Bringt meinem Schöpfer Ehre!
Mich, ruft der Baum in seiner Pracht,
Mich, ruft die Saat, hat Gott gemacht!
Bringt unserm Schöpfer Ehre!

193. Wovon ist die Achamoth selbst das Abbild?

Sie stellt das Bild des unnennbaren und unsichtbaren Vaters, des ersten und höchsten Gottes dar, indem sie dem unter ihr stehenden Demiurgen unbekannt bleibt. Sie ist der dritte Gott.

194. Welches war die erste Schöpfung des grossen Herrschers?

Weil es dem grossen Herrscher nicht weise dünkte, allein zu sein, schuf er ganz zuerst und rief aus den Saatkeimen ins Leben einen Sohn, der besser und weiser war als er selbst. Denn solches war von dem nichtseienden Gotte also vorausbestimmt, als er den Weltkeim niederlegte. Und als der grosse Herrscher seinen Sohn erblickte, ward er von Bewunderung, Liebe und Erstaunen ob dessen hoher Schönheit ergriffen und er setzte ihn zu seiner Rechten ein.

195. Welches war das nächste Werk der Achamoth?

Das ihr gleichartige Geistliche kann sie naturgemäss nicht beherrschen und ordnen, da es mit ihr auf gleicher Stufe steht. So machte sie sich denn an die Gestaltung der seelischen und leidensfähigen Substanz. Sie übertrug dieses Werk aber einem dienstbaren Geiste, den sie als ihren Vasallen einsetzte. Dies ist der untere Demiurg, den sie selbst zeugte, der Vater und König von allem ihm Wesensgleichen, d. h. von allem Seelischen, beides auf der rechten und linken Seite.

196. Was versteht man unter der geistlichen Frucht der Achamoth?

Es ist dasjenige, was sie nach dem Anblick der den Erlöser umgebenden Engel gebar und welches der oberen Weisheit, die ins Reich der Fülle zurückkehrte, gleich war.

197. Wo liess sie diese geistliche Nachkommenschaft?

Sie legte dieselbe als geistliche Saat in den Demiurgen hinein, ohne dass er es wusste, damit sie durch die Vermittelung des Demiurgen in die von ihm gemachte Seele, d. h. in den Menschen gestreut und somit in diesen materiellen Körper geschickt würde.

Mache mich zum guten Lande,
Wenn dein Saatkorn in mich fällt.
Gib mir Licht in dem Verstande
Und was mir wird vorgestellt,
Präge meinem Herzen ein,
Lass es mir zur Frucht gedeihn!

Matth. 13, 3—9. Es ging ein Säemann aus zu säen. Und indem er säete, fiel etliches an den Weg. Da kamen die Vögel und frassen es auf. Etliches fiel in das Steinige, wo es nicht viel Erde hatte, und ging bald auf, darum dass es nicht tiefe Erde hatte. Als aber die Sonne aufging, verwelkte es, und dieweil es nicht Wurzel hatte, ward es dürre. Etliches fiel unter die Dornen. Und die Dornen wuchsen auf und erstickten es. Etliches fiel auf ein gut Land und trug Frucht, etliches hundertfältig, etliches sechzigfältig, etliches dreissigfältig. Wer Ohren hat zu hören, der höre!

Matth. 13, 24. 25. Er legte ihnen aber ein anderes Gleichnis vor und sprach: Das Himmelreich ist gleich einem Menschen, der guten Samen auf seinen Acker säete. Da aber die Leute schliefen, kam sein Feind und säete Unkraut zwischen den Weizen und ging davon.

Matth. 13, 31. 32. Ein anderes Gleichnis legte er ihnen vor und sprach: Das Himmelreich ist gleich einem Senfkorn, das ein Mensch nahm und säete es auf seinen Acker. Welches das kleinste ist unter allem Samen, wenn es aber erwächst, so ist es das Grösste unter dem Kohl und wird ein Baum, dass die Vögel unter dem Himmel kommen und wohnen unter seinen Zweigen.

Luk. 19, 22. Er sprach zu ihm: Aus deinem Munde richte ich dich, du Schalk. Wusstest du, dass ich ein harter Mann bin, nehme, das ich nicht geleget habe und ernte, das ich nicht gesäet habe?

Psalm 126, 5. 6. Die mit Tränen säen, werden mit Freuden ernten. Sie gehen hin und weinen und tragen edlen Samen und kommen mit Freuden und bringen ihre Garben.

Luk. 1, 55. Wie er geredet hat unseren Vätern, Abraham und seinem Samen ewiglich.

Röm. 9, 7. 8. Auch nicht alle, die Abrahams Samen sind, sind darum auch Kinder, sondern in Isaak soll dir der Same genannt sein. Das ist: nicht sind das Gottes Kinder, die nach dem Fleisch Kinder sind, sondern die Kinder der Verheissung werden für Samen gerechnet.

1. Petri 1, 23. Als die da wiederum geboren sind, nicht aus vergänglichem, sondern aus unvergänglichem Samen, nämlich aus dem lebendigen Wort Gottes, das da ewiglich bleibet.

198. Zu welchem Zweck streute die Achamoth jene geistliche Saat aus?

Damit das Geistliche im Körper wie in einer Gebärmutter getragen, vermehrt und entwickelt werden sollte, bis es zuletzt geschickt würde zur Aufnahme des vollkommenen Wortes.

199. Was stellt die Gesamtheit dieses geistlichen Samens dar?

Es ist die wahre geistliche Kirche, das Abbild der oberen Kirche im Reich der Fülle. Dies ist das geistliche Zion, die Stadt Gottes.

Gottes Stadt steht fest gegründet
Auf heiligen Bergen; es verbündet
Sich wider sie die ganze Welt.
Dennoch steht sie und wird stehen.
Man wird mit Staunen an ihr sehen,
Wer hier die Hut und Wache hält.
Der Hüter Israels
Ist ihres Heiles Fels,
Hallelujah!
Lobsingt und sprecht:
Wohl dem Geschlecht,
Das in ihr hat das Bürgerrecht.
Grosse heilge Dinge werden
In dir gepredigt, wie auf Erden

Sonst unter keinem Volk man hört.
Gottes Wort ist deine Wahrheit.
Du hast den Geist und hast die Klarheit,
Die alle Finsternis zerstört.
Da hört man fort und fort
Das teure werte Wort
Ew'ger Gnade.
Wie lieblich tönt,
Was hier versöhnt
Und dort mit ew'gem Leben krönt.

200. Wie werden diejenigen Menschen, in denen dieser Samen wohnt, infolge ihrer hohen Erkenntnis genannt?

Dies sind die vollkommenen Gnostiker, die die Seele vom niederen Demiurgen haben, den Körper vom Lehm oder dem Welthaushalte, das Fleisch von der Materie des Weltherrschers, aber den geistlichen Menschen von der Mutter Achamoth.

201. Welche Namen hat die Bibel für diese Gnostiker?

Die heilige Schrift nennt sie die auserwählten, die vollkommenen und geistlichen Menschen.

Ps. 89, 4. 5. Ich habe einen Bund gemacht mit meinem Auserwählten. Ich habe David, meinem Knechte geschworen: Ich will dir ewiglich Samen verschaffen und deinen Stuhl bauen für und für.

Matth. 20, 16. Also werden die Letzten die Ersten und die Ersten die Letzten sein. Denn viele sind berufen, aber wenige sind auserwählt.

Matth. 22, 14. Denn viele sind berufen, aber wenige sind auserwählt.

Matth. 24, 22. Und wo diese Tage nicht verkürzt würden, da würde kein Mensch selig. Aber um der Auserwählten willen werden die Tage verkürzt.

Mark. 13, 20. Und so der Herr diese Tage nicht verkürzt hätte, würde kein Mensch selig. Aber um der Auserwählten willen, die er auserwählt hat, hat er diese Tage verkürzt. 22. Denn es werden sich erheben falsche Christi und falsche Propheten, die Zeichen und Wunder tun, dass sie auch die Auserwählten verführen, so es möglich wäre. 27. Und dann wird er seine Engel senden und wird versammeln seine Auserwählten von den vier Winden, von dem Ende der Erde bis zum Ende der Himmel.

Luk. 18. 7. Sollte aber Gott nicht auch retten seine Auserwählten, die zu ihm Tag und Nacht rufen, und sollte Geduld darüber haben?

Röm. 8, 33. Wer will die Auserwählten Gottes beschuldigen?

Tit. 1, 1. Paulus, ein Knecht Gottes, aber ein Apostel Jesu Christi, nach dem Glauben der Auserwählten Gottes und der Erkenntnis der Wahrheit zur Gottseligkeit.

Matth. 5, 48. Darum sollt ihr vollkommen sein, wie auch euer Vater im Himmel vollkommen ist.

Matth. 19, 21. Jesus sprach zu ihm: Willst du vollkommen sein, so gehe hin, verkaufe alles, was du hast, und gib es den Armen, so wirst du einen Schatz im Himmel haben, und komme und folge mir nach.

1. Kor. 2, 6. Da wir aber von reden, das ist dennoch Weisheit bei den Vollkommenen.

Phil. 3, 15. Wie viele nun unser vollkommen sind, die lasst uns also gesinnet sein.

Ebr. 5, 14. Den Vollkommenen aber gehört starke Speise, die durch Gewohnheit haben geübte Sinne zum Unterschied des Guten und Bösen.

Röm. 8, 5. Denn die da fleischlich sind, die sind fleischlich gesinnet. Die aber geistlich sind, die sind geistlich gesinnet. 9. Ihr aber seid nicht fleischlich, sondern geistlich, so anders Gottes Geist in euch wohnet.

1. Kor. 2, 15. Der Geistliche aber richtet alles und wird von niemand gerichtet.

1. Kor. 3, 1. Und ich, liebe Brüder, konnte nicht mit euch reden als mit Geistlichen, sondern als mit Fleischlichen, wie mit jungen Kindern in Christo.

1. Kor. 14, 37. So sich jemand lässt dünken, er sei ein Prophet, oder geistlich, der erkenne, was ich euch schreibe. Denn es sind des Herrn Gebote.

Nur Menschen, die von Gott geboren,
Die unter einem Haupte stehn,
Die hat der Herr sich auserkoren,
Die lässt er Wunderliebe sehn.
Gemeinschaft mit dem Vater haben
Und mit dem Sohn im heil'gen Geist,
Das ist, was ihre Seele speist;
Nur das kann die Vollkommenen laben.

202. Was ist das spezifische Merkmal und Kennzeichen, das den vollkommenen Gnostiker ausmacht und ihn von allen anderen unterscheidet?

Die Erkenntnis oder das innere Licht, das von der Achamoth stammt.

Was im Himmel, —
auf Erden und —
unter der Erde ist.

1. Das 18. bis 24. Geheimnis.

Die Schicksalsgötter,

die großen Weltbaumeister, die Gewalten in der Höhe.

Die Schicksalswelt, der himmlische Platz oder Luftkreis, der Haushalt oder die fließende Materie, die physische Welt.

Die Welt der Furcht, die Wüste, der Zustand der Unwissenheit.

Babel, die Mutter aller Hurerei.

Der Demiurg

und seine sechs Söhne.

Sein Volk das Judentum.

Nach dem Bilde Abels.

Das Reich des Gesetzes.

Das fleischliche Israel.

Die Seele.

Die berufene und streitende Kirche.

Das Volk mit dem Schleier oder der Decke auf den Augen.

Des Menschen Seele
Gleicht dem Wasser:
Vom Himmel kommt es,
Zum Himmel steigt es
Und wieder nieder
Zur Erde muss es,
Ewig wechselnd.
Seele des Menschen,
Wie gleichst du dem Wasser!
Schicksal des Menschen,
Wie gleichst du dem Wind, —
Nach ewigen eh'rnen
Grossen Gesetzen
Müssen wir alle
Unsers Daseins
Kreise vollenden.

203. Wer nimmt den zweiten Platz in dem Reiche der Leere ein.

Der zweite Herrscher oder zweite Fürst, der sich aus den Saatkeimen der unteren Welt oder des Haushaltes erhob. Er ist viel geringer als der erste Herrscher, doch größer als alle, die unter ihm stehen. Er wird nennbar geheißen, weil die Menschen von ihm mit Verständnis reden können. Er ist der niedere Demiurg, und der von ihm beherrschte Raum wird Siebenheit oder Hebdomas genannt. Es ist der höchste Gott, den die psychischen Menschen kennen.

204. Was heisst das Wort Demiurg?

Demiurg bedeutet der niedrige öffentliche Arbeiter, so heisst er, weil er die niedrige Welt zu ordnen und zu verwalten hat.

205. Welche andere Namen hat der Demiurg?

Er heisst auch der Muttervater, der Vaterlose

der Vater, der vierte Gott, der feurige Gott, das verzehrende Feuer, Athamas.

206. Von wem stellt er das Abbild dar?

Er ist das Abbild jenes eingebornen Sohnes, der der Vater und Erzeuger der ewigen Wesenheiten ist der den Namen Geist hat. Der Demiurg nun ist der Geist der Entstellung, Verzerrung, Verirrung und Unwissenheit und Unvollkommenheit.

207. Was war die erste Aufgabe des unteren Demiurgen?

Er brachte auch wie der erste Herrscher einen Sohn hervor, der größer war als er selbst, und den Platz zu seiner Rechten einnahm. Dies ist der untere Vater und sein ungleicher Sohn.

208. Worin besteht das nächste Werk des Demiurgen?

Der Demiurg ist der Vater und Zeuger der seelischen Welt, sowie der Bildner der körperlichen Welt.

209. Wie viele Teile hat diese Welt des Luftkreises?

Sie besteht aus den sieben Schicksalskugeln, genannt die sieben Himmel.

210. Wer beherrscht diese sieben Himmel?

Die sieben Fürsten oder weltbildenden Engel, deren Oberster der Demiurg selber ist, der auch den Namen Jaldabaoth führt.

211. Was bedeutet das Wort Jaldabaoth?

Sohn der Leere oder der Materie

212. Wie heissen die anderen sechs Fürsten?

Jaldabaoth zeugte den Jao.
Jao zeugte den Sabaoth, den Grossen.
Sabaoth zeugte den Adoneus.
Adoneus zeugte den Eloeus.
Eloeus zeugte den Horeus
Horeus zeugte den Astaphaeus.

213. Wie werden diese Fürsten auch noch genannt?

Man nennt sie auch die sieben Tage oder die sieben Planeten.

214. Sind diese Planeten die den gleichen Namen tragenden Planeten unserer Astronomie?

Nein. Es sind Welten von verschiedener Dichtigkeit oder materieller Qualität, die ineinander liegen, aber zu fein, um mit den sichtbaren Augen wahrgenommen zu werden. Nur das psychische Auge kann sie unterscheiden.

215. Was schuf dann noch ein jeder von diesen sieben Fürsten zu seiner Ehre und seinem Dienste?

Jaldabaoth schuf noch Erzengel, Engel, Kräfte, Gewalten, Herrschaften, Baumeister und Diener oder Dekane; und auch die übrigen Fürsten machten ihre eigenen Engel und Diener.

216. Welche Propheten erwählten sie sich, um ihr Lob zu verkündigen?

Jaldabaoth erwählte sich den Moses, Josua, Amos und Habakuk.

Jao erkor den Samuel, Nathan, Jona und Micha.

Sabaoth erwählte für sich den Elias, Joel und Sacharja.

Adoneus berief den Jesajas, Hesekiel, Jeremias und Daniel.

Eloeus erwählte den Tobias und Haggai.

Horeus nahm für sich den Micha und Nahum.

Astaphaeus erkor den Esra und Zephanja.

217. Woher stammt die Erleuchtung und Offenbarung des Moses?

Mosis Erleuchtung und Lehre stammt aus der psychischen Region der Siebenheit, was aus den Worten zu ersehen ist: Ich bin der Gott Abrahams, Isaaks und Jakobs, aber den Namen Gottes gab ich ihnen nicht kund. Dieser Gott, dem Moses und die Propheten dienten, stammte aus dem Hebdomas, denn derselbige ist nennbar und aus dieser Quelle flossen ihre Offenbarungen. Das Geheimnis des Evangeliums aber war nicht nur den Nationen, sondern auch den Bewohnern der Hebdomas und Ogdoas, sowie ihren beiden Herrschern unbekannt. Da alle Propheten, sowie das alttestamentliche Gesetz von dem Demiurgen reden als unwissende Toren von einem törichten und unwissenden Gotte, darum konnte der Erlöser sagen: Alle, die vor mir gewesen sind, sind Diebe und Räuber gewesen. Daher sagt auch der Apostel: Das Geheimnis, das die früheren Geschlechter nicht kannten.

218. Welche drei Elemente finden sich in dem mosaischen Gesetz?

1) Ein gutes Element, das durch Christi Lehre

gestützt, erfüllt und vervollständigt wird, 2) ein schlechtes Element, das Jesus verwarf, das „Auge um Auge“, oder das Gesetz der Vergeltung, 3) das typische und symbolische Ritual oder Ceremonialgesetz, das Jesus in seine geistliche und übersinnliche Bedeutung umsetzte.

219. Erwähnt das alte Testament die Namen dieser Fürsten?

Es gebraucht ähnliche Namen als Bezeichnung für den Gott Israels: Jahveh, Zebaoth, Adonai, Elohim etc.

220. Welches Volk erkor sich Jaldabaoth als sein Eigentum, um einen Bund und ein Abkommen mit ihm zu machen?

Er erwählte sich den Abraham und die von ihm abstammenden Juden, die Kinder Abrahams. Mit diesen machte er einen Bund und gab ihnen das Gesetz als religiöse Richtschnur.

221. Was ist unter Abraham und seinen Kindern zu verstehen?

Es sind die Symbole der Seelen oder der psychischen Welt, über die Jaldabaoth herrscht.

222. Was ist unter den sieben Stimmen der Schicksalswelt zu verstehen?

Jeder der sieben Himmel lässt einen besondern Laut ertönen, die den sieben Vokalen der Griechen entsprechen. Diese sieben Laute oder Stimmen verbinden sich zu einer wunderbaren Harmonie und singen so den Preis dessen, der sie erbaut hat, des Demiurgen nämlich und seiner Söhne. Und die Herrlichkeit dieses Lobgesanges steigt empor bis zum grossen Ahnherrn oder ersten Gott im Pleroma; das Echo aber davon dringt hinab in diese unsere sichtbare Welt und wird zu dem Former und Erzeuger des Irdischen, d. h. des Weltherrschers.

Erheb' ihn ewig, o mein Geist!
Erhebe seinen Namen!
Gott unser Vater sei gepreist,
Und alle Welt sag' Amen!
Und alle Welt fürcht' ihren Herrn
Und hoff auf ihn und dien' ihm gern.
Wer wollte Gott nicht dienen?

223. Welcher biblische Schriftsteller hat öfters auf diese unsichtbaren Fürsten der Schicksalswelt oder des Luftkreises hingedeutet?

Der Apostel Paulus deutet hin auf ihre Macht und auf ihre Niederlage durch den Triumphzug des Erlösers.

Röm. 8, 38. Denn ich bin gewiss, dass weder Tod noch Leben, weder Engel noch Fürstentümer noch Gewalt, weder Gegenwärtiges noch Zukünftiges, weder Hohes noch Tiefes, noch keine Kreatur mag uns scheiden von der Liebe Gottes, die in Christo Jesu ist, unserm Herrn.

Kol. 1, 13. Welcher uns errettet hat von der Obrigkeit der Finsternis und hat uns versetzt in das Reich seines lieben Sohnes, — welcher ist das Ebenbild des unsichtbaren Gottes, der Erstgeborne von allen Kreaturen.

Kol. 2, 14. Und ausgetilget die Handschrift, so wider uns war, welche durch Satzungen entstand und uns entgegen war und hat sie aus dem Mittel getan und an das Kreuz geheftet.

Kol. 2, 15. Und hat ausgezogen die Fürstentümer und die Gewaltigen und sie Schau getragen öffentlich und einen Triumph aus ihnen gemacht durch sich selbst.

Kol. 1, 16. Und durch ihn ist alles geschaffen, das im Himmel und auf Erden ist, das Sichtbare und Unsichtbare, beide, die Thronen und Herrschaften und Fürstentümer und Obrigkeiten.

Kol. 2, 20. So ihr denn nun abgestorben seid mit Christo den Satzungen der Welt, was lasst ihr euch denn fangen mit Satzungen, als lebtet ihr noch in der Welt?

Eph. 1, 20. 21. Weiche er gewirket hat in Christo, da er ihn von den Toten auferwecket hat und gesetzt zu seiner Rechten im Himmel über alle Fürstentümer, Gewalt, Macht, Herrschaft und alles, was genannt mag werden, nicht allein in dieser Welt, sondern auch in der zukünftigen,

Eph. 2, 2. In welchen ihr weiland gewandelt habt nach dem Lauf dieser Welt und nach dem Fürsten, der in der Luft herrschet, nämlich nach dem Geist, der zu dieser Zeit sein Werk hat in den Kindern des Unglaubens.

Eph. 3, 10. Auf dass jetzt kund würde den Fürstentümern und Herrschaften in dem Himmel an der Gemeine die mannigfaltige Weisheit Gottes.

Eph. 5, 11. 12. Ziehet an den Harnisch Gottes, dass ihr bestehen könnet gegen die listigen Anläufe des Teufels. Denn wir haben nicht mit Fleisch und Blut zu kämpfen, sondern mit Fürsten und Gewaltigen, nämlich mit den Herren der Welt, die in der Finsternis dieser Welt herrschen, mit den bösen Geistern unter dem Himmel.

1. Kor. 6, 3. Wisset ihr denn nicht, dass wir über die Engel richten werden? Wie viel mehr über die zeitlichen Güter?

Gal. 3, 19. Was soll denn das Gesetz? Es ist dazu gekommen um der Sünden willen, bis der Same käme, dem die Verheissung geschehen ist, und ist gestellet von den Engeln durch die Hand des Mittlers.

224. Was versteht die gnostische Kirche unter dem Tierkreis?

Es sind die 12 bösen Aeonen der Schicksalswelt, die Diener unter dem Demiurgen, die Herren und Lenker aller irdischen Geburt.

225. In welche beiden Gruppen werden die Aeonen des großen Schicksals eingeteilt?

Die erste Gruppe oder die Zahl derer zur Rechten besteht aus Jabraoth und seinen Herrschern, die Buße getan und den Geschlechtsverkehr nach Art der psychischen Welt samt seinen magischen Gebräuchen aufgegeben haben und sich dem Geschlechtsgeheimnisse der Lichtwelt zugewandt haben. Die zweite Gruppe oder die Zahl derer zur Linken besteht aus Adamas und seinen großen Herrschern, die im Geheimnis der gegenseitigen geschlechtlichen Einwirkung verharren und sich gegen die Lichtwelt widerspenstig verhalten.

226. Was ist der Einfluß dieser beiden Gruppen auf die Vorgänge in der Natur?

Die Herrscher zur Rechten stehen der Natur bei und vergrößern ihre Güte, wenn die Vorgänge ihnen günstig sind und wenn sie sich in den höchsten Stellen der ihnen zuerteilten Sphäre befinden. Aber diejenigen Herrscher, die man „links“ nennt, sind böse und wirken der Natur entgegen, wenn sie am höchsten stehen. Sie schädigen nicht allein die Menschen, sondern auch Tiere, Bäume und Früchte und die Ernte des Jahres und das Wasser der Brunnen.

227. Welchen Namen haben die Aeonen zur Linken auch?

Sie heissen auch die zwölf mütterlichen Engel oder die bösen Engel der Eden.

228. Was hat man unter Eden zu verstehen?

Eden ist die physisch-materielle Seite der Natur, mit der sich Elohim, der Geist aus der höheren Welt in ehelicher Umarmung verbindet. Das Resultat dieser Verbindung sind zwölf väterliche Engel, die der geistlichen Welt dienen, und zwölf mütterliche Engel, die die natürliche Welt regieren.

229. Welches sind die Namen der bösen Engel der Eden?

Babel, Achamoth, Naas, Bel, Belias, Satan, Saël, Adonäus, Kauithan, Pharao, Karkamenos, Lathen.

230. In wie viele Herrschaften sind diese Engel des Tierkreises eingeteilt?

Sie machen vier Herrschaften oder Flüsse, die folgende sinnbildliche Namen tragen: Pison, Gihon, Hiddekel, Phrat.

231. Was ist das Werk dieser Engel?

Sie halten die Gewalt von Statthaltern über die Welt, in deren Regierung sie sich teilen. Sie bleiben aber nicht immer an demselben Platze, sondern drehen sich im Kreise, wie der Chor von Sängern auf der Bühne. Nach gewissen festgesetzten Zeiten und Zwischenräumen müssen sie ihren Platz verlassen und mit einem andern vertauschen.

232. Was für einen Einfluss üben diese Engel aus auf die Geschichte der Welt?

Sie bringen je nach ihrer Art Hungersnot, Bedrängnis, Trübsal, schlechte Zeiten, Krankheiten u.s.w. über diejenigen Gegenden und Zeiten, in denen sie herrschen.

233. Was stammt besonders von dem dritten Engel oder der Naas her?

Alle Zügellosigkeit, Hurerei und Knabenschänderei.

234. Welchen Pfad wandeln diese zwölf Engel?

Sie wandeln den Pfad zur Linken.

235. Was ist unter dem Worte Schicksal zu verstehen?

Das, was man Schicksal nennt, ist eine bestimmte Fortschrittsordnung, die Gott den Kräften und Elementen verliehen hat. Nach dieser Ordnung und diesem Fortschritt werden die Geister verändert, wenn sie herabkommen, um bei der Seele zu verweilen, und darnach verändern sich die Seelen, die in den Körpern weilen.

236. Wie verhält sich Natur und Schicksal zueinander?

Von der Natur hängt das Wachstum und die Vervollkommnung des Körpers ab. Vom Schicksal kommen die Krankheiten und Mängel in dem Körper. Aus der Natur stammt die Verbindung von Mann und Weib und ihr gegenseitiges Vergnügen, das Schicksal aber bringt die Unzucht und unnatürliche Verbindung und all den Schmutz und die Abscheulichkeiten, welche die Menschen treiben um ihrer Wollust zu fröhnen. Die Natur bringt die Geburten und Kinder hervor, aber das Schicksal läßt dieselben manchmal verkrüppelt sein, schafft Frühgeburten und vorzeitiges Sterben der Kinder. Die Natur schafft Genüge für alle bei Mäßigkeit, doch vom Schicksale kommen Nahrungsmangel und Körpergebrechen und die unnötige Gier und Ausschweifungen. Wo immer die Natur in ihrem graden Laufe gehindert wird, da kommt die Störung von dem Schicksale, deren Herrscher und Regierer sich gegenseitig hindern und sich entgegenarbeiten.

237. Wie verhält sich der freie Wille zum Sckicksal?

Wie das Schicksal die Natur beeinflußt, so kann der freie Wille des Menschen das Schicksal zurückdrängen und niederdrücken. Doch geschieht dies nicht in allen Dingen, wie auch das Schicksal nicht in allen Dingen die Natur herabdrückt. Denn es ist notwendig, daß Natur, Schicksal und freier Wille ihre Existenz nebeneinander behalten, bis alle Rundgänge vollendet sind und die Seele sich dem Ende ihrer Kreisläufe naht. Denn das Maß und die Zahlen müssen erst nach dem Gutdünken dessen erfüllt werden, der das Leben und die Vervollkommnung anordnete und den Zustand aller Wesen und Naturen feststellte.

238. Was ist das Hauptmerkmal derjenigen Welt, die der Demiurg aufbaut?

Seine Welt ist ein verführerisches Blendwerk, das die unsichtbare Welt der Fülle in Form einer unvollkommenen und bestandlosen Karrikatur nachbildet.

238. Worin besteht die Gefahr dieses Blendwerkes?

Durch den Zauber der vergänglichen und flüchtigen Schönheit der Natur und durch die Lockspeise der Begierde des Genusses und besonders der geschlechtlichen Lust lockt der Demiurg die Seelen in die animalische Welt hinab, umstrickt sie und hält sie gefangen, nach dem Worte des Dichters: „So stürz' ich von Begierde zum Genuss und im Genuss verschmacht' ich vor Begierde“.

Wir entsagen willig
Allen Eitelkeiten,
Aller Erdenlust und Freuden.
Da liegt unser Wille,
Seele, Leib und Leben,
Dir zum Eigentum ergeben.
Du allein
Sollst es sein,
Unser Gott und Herre,
Dir gebührt die Ehre.

* * *

Ob mich die Welt auch reizet
Zu leben länger hier,
Und mir auch immer zeiget
Ehr', Geld, Gut, all ihr Zier:
Ich's dennoch gar nicht achte,
Es währt nur kurze Zeit,
Das Gut, wonach ich trachte,
Das bleibt in Ewigkeit.

240. In welchem Glauben und welcher Täuschung lebt der Demiurg?

Da er zu schwach ist, irgend etwas Geistliches zu erkennen, so bildet er sich ein, er sei der einzige Gott und redet daher durch seinen Propheten: „Ich bin Gott und ausser mir ist keiner.“

241. Haben die Propheten des Demiurgen und seiner Fürsten denn nicht auch von höheren Dingen gesprochen, wie wir es im alten Testament lesen können?

Ja. Ohne ihr eigenes Wissen haben sie durch höhere Eingebung auch von der oberen Weisheit und dem Erlöser und dem Reich des Lichtes geredet. Sie selbst waren sich aber der Bedeutung ihrer Worte nicht bewusst.

242. Welches ist also das Hauptmerkmal des Demiurgen und des Volkes über das er herrscht?

Unwissenheit und Schwachheit. Denn er machte den Himmel, obwohl er keinen Himmel kannte. Er bildete den Menschen, ohne den Menschen zu kennen. Er machte die Erde sichtbar, ohne etwas von der Erde zu wissen. So war er überhaupt mit den Ideen aller Dinge, die er machte und mit seiner eigenen Mutter unbekannt. Er bildete sich vielmehr ein, Er sei alles. Ein Schleier bedeckt seine Augen.

243. Woher erhielt der Demiurg denn die Ideen, nach denen er die Welt aufbaute?

Er tut alles auf den Antrieb der Mutter Achamoth, die sich unter dem Bilde des unsichtbaren

Vaters verborgen hält, so dass sie von dem Demiurgen nicht erkannt wird. Aber sie ist dennoch die Triebfeder, das Haupt und der Anfang des ganzen Werkes.

Unser Wissen und Verstand
Ist mit Finsternis umhüllet,
Wo nicht deines Geistes Hand
Uns mit hellem Licht erfüllet.
Gutes denken, tun und dichten,
Musst du selbst in uns verrichten.

244. Welches ist denn der Wert und der Zweck dieser vergänglichen Welt?

Das Niedere ist ein Symbol des Höheren. Hinter und in der Vergänglichkeit birgt sich die Unvergänglichkeit. Hinter der Täuschung versteckt sich die Wahrheit. In dem Irdischen offenbart sich das Himmlische. Die schattenhafte Pracht dieser Welt lässt die Herrlichkeit des unvergänglichen Lichtes ahnen.

245. Welches Mittel gebraucht der Demiurg, um die unendliche, unsichtbare und zeitlose Natur der Ewigkeit nachzubilden?

Er ist unfähig, ein Bild ihrer ruhenden ewigen und unveränderlichen Art zu geben, indem er selbst nur das Produkt einer Mangelhaftigkeit dieser ewigen Natur ist. Daher bildet er die Ewigkeit durch Abschnitte, Zeiten und zahllose Jahre nach, in der Meinung, dass er mit dieser vielfachen Zeiteinteilung die Unendlichkeit nachahmen kann.

246. Ist er damit dem ursprünglichen Bilde treu geblieben?

Nein, er ist von der Wahrheit abgewichen und einer Lüge nachgegangen, deshalb wird sein Werk ein Ende nehmen, wenn die Zeiten erfüllt sein werden.

247. Welches ist das andere Täuschungsmittel, das der Demiurg zur Darstellung der realen Welt gebraucht?

Er gebraucht die endlose Ausdehnung im Raum, indem er damit wiederum die Wahrheit preisgibt und in eine Täuschung verfällt.

248. Was ist von Zeit und Raum, den beiden Hauptkategorien der Sinneswahrnehmung zu halten?

Sie haben in der realen Welt, dem Ding an sich, keine Existenz.

249. Wie spiegelt sich die Aeonenwelt des Pleroma hier unten wieder?

Die vier Elemente: Feuer, Wasser, Erde, Luft, die vier Jahreszeiten und die vier Eigenschaften: heiss, kalt, trocken und nass deuten auf die höchste Vierheit hin. Die zwölf Zeichen des Tierkreises, die zwölf Monate, die zwölf Stunden des Tages und die zwölf klimatischen Regionen stellen die Zwölfheit des Lichtreiches dar. Die dreissig Tage der Mond-Umdrehung, die dreissig Minuten und dreissig Sekunden spiegeln die dreissig oberen Wesenheiten ab.

250. Weshalb heisst der Demiurg und seine Welt auch der Platz der kleinen Mitte?

Weil er den mittleren Platz einnimmt zwischen der Achtheit, oder dem Ort, wo die Weisheit thront, und der körperlichen Welt, die wir auch unsere Welt nennen.

251. Welche Namen gibt die Schrift noch dem Demiurgen?

Er heisst auch „das verzehrende Feuer", „der Alte der Tage" oder „Abraham".

252. Was hat es für einen Sinn, dass Abraham zwei Söhne hatte, den Isaak und Ismael?

Es deutet darauf hin, dass es zwei Menschenklassen in der Welt des Demiurgen gibt; die einen streben aufwärts zur geistlichen Welt, die anderen sinken abwärts in die Materie. Die ersteren sind die Kinder der Sarah, die Söhne der Freiheit, die letzteren sind die Kinder der Hagar oder die Söhne der Knechtschaft.

Lies: Pauli Brief an die Galater.

253. Wie nennt man diese zwei Richtungen im Reich des Demiurgen?

Es ist der Pfad zur Rechten und der Pfad zur Linken. Wenn nämlich der Demiurg der Weisheit oder geistlichen Frucht ähnlich wird, so wandelt er den Weg nach rechts, und wird unsterblich, indem er in die Achtheit oder das himmlische Jerusalem einzieht. Wird er aber dem Körper gleich und den körperlichen Begierden und Leidenschaften untertan, so wandelt er den Weg nach links, wird sterblich und kommt um.

254. Wie wird die Schicksalswelt oder das Reich des Demiurgen gewöhnlich von dem Erlöser und den Aposteln genannt?

Sie nennen sie einfach „die Welt“ oder auch „diese Welt“, die von den Kindern Gottes überwunden werden muss.

Matth. 13, 22. Der aber unter die Dornen gesät ist, der ist es, wenn jemand das Wort hört und die Sorge dieser Welt und der Betrug des Reichtums erstickt das Wort und bringt nicht Frucht.

Matth. 18, 38. Der Acker ist die Welt. Der gute Same sind die Kinder des Reichs, das Unkraut sind die Kinder der Bosheit.

Matth. 16, 26. Was hülfe es dem Menschen, so er die ganze Welt gewönne und nähme doch Schaden an seiner Seele?

Joh. 12, 31. Jetzt gehet das Gericht über die Welt. Nun wird der Fürst dieser Welt ausgestossen werden.

Joh. 14, 19. Es ist noch ein kleines, so wird mich die Welt nicht mehr sehen.

Joh. 15, 18. 19. So euch die Welt hasset, so wisset, dass sie mich vor euch gehasset hat. Wäret ihr von der Welt, so hätte die Welt das Ihre lieb. Dieweil ihr aber nicht von der Welt seid, sondern ich habe euch von der Welt erwählet, darum hasset euch die Welt.

Joh. 16, 33. Solches habe ich mit euch geredet, dass ihr in mir Frieden habt. In der Welt habt ihr Angst, aber seid getrost, ich habe die Welt überwunden.

Joh. 17, 9. Ich bitte für sie und bitte nicht für die Welt, sondern für die, die du mir gegeben hast, denn sie sind dein. Ich habe ihnen gegeben dein Wort, und die Welt hasset sie, denn sie sind nicht von der Welt, wie denn auch ich nicht von der Welt bin.

Joh. 18, 36. Jesus antwortete: Mein Reich ist nicht von dieser Welt. Wäre mein Reich von dieser Welt, meine Diener würden darob kämpfen, dass ich den Juden nicht überantwortet würde. Aber nun ist mein Reich nicht von dannen.

Röm. 12, 2. Und stellet euch nicht dieser Welt gleich, sondern verändert euch durch Verneuerung eures Sinnes.

1. Kor. 7, 31. Und die dieser Welt brauchen, dass sie derselben nicht missbrauchen, denn das Wesen dieser Welt vergehet.

Gal. 6, 14. Der sich selbst für unsere Sünden gegeben hat, dass er uns errettete von dieser gegenwärtigen argen Welt nach dem Willen Gottes und unseres Vaters.

Gal. 6, 14. Es sei aber ferne von mir rühmen, denn allein von dem Kreuze unseres Herrn Jesu Christi, durch welchen mir die Welt gekreuzigt ist und ich der Welt.

2. Petri 1, 4. Durch welche uns die teuren und allergrössten Verheissungen geschenkt sind, nämlich dass ihr durch dasselbe teilhaftig werdet der göttlichen Natur, so ihr fliehet die vergängliche Lust der Welt.

1. Joh. 2, 15—17. Habt nicht lieb die Welt, noch was in der Welt ist. So jemand die Welt lieb hat, in dem ist nicht die Liebe des Vaters. Denn alles, was von der Welt ist, nämlich Fleischeslust, Augenlust und hoffärtiges Leben, ist nicht vom Vater, sondern von der Welt. Und die Welt vergeht mit ihrer Lust. Wer aber den Willen Gottes tut, der bleibet in Ewigkeit.

1. Joh. 5, 4. Denn alles, was von Gott geboren ist, überwindet die Welt. Und unser Glaube ist der Sieg, der die Welt überwunden hat.

Jak. 4, 4. Ihr Ehebrecher und Ehebrecherinnen, wisset ihr nicht, dass der Welt Freundschaft Gottes Feindschaft ist? Wer der Welt Freund sein will, wird Gottes Feind sein.

Folge nicht,
Folge nicht,
Zion folge nicht der Welt,
Wenn sie dich sucht gross zu machen.
Achte nicht ihr Gut und Geld!
Ernst im Beten, ernst im Wachen,
Sieh' dich für, wenn sie viel Lust verspricht!
Folge nicht,
Folge nicht!

* * *

Valet will ich dir geben,
Du falsche, arge Welt!
Dein sündlich, böses Leben
Durchaus mir nicht gefällt.
Im Himmel ist gut wohnen,
Hinauf steht mein Begier.
Da wird Gott ewig lohnen
Dem, der ihm dient allhier.

255. Wie wird des Pfades zur Rechten im neuen Testament Erwähnung getan?

Es ist die Welt, die Jesus herunterkam zu erretten und selig zu machen.

Joh. 1, 29. Des andern Tages sieht Johannes Jesum zu sich kommen und spricht: Siehe, das ist Gottes Lamm, welches der Welt Sünde trägt.

Joh. 3, 16. 17. Also hat Gott die Welt geliebet, dass er seinen eingebornen Sohn gab, auf dass alle, die an ihn glauben, nicht verloren werden, sondern das ewige Leben haben. Denn Gott hat seinen Sohn nicht gesandt in die Welt, dass er die Welt richte, sondern dass die Welt durch ihn selig werde.

Joh. 4, 42. Wir haben selber gehört und erkannt, dass dieser ist wahrlich Christus, der Welt Heiland.

Joh. 6, 33. Denn dies ist das Brod Gottes, das vom Himmel kommt und gibt der Welt das Leben.

Joh. 12, 47. Denn ich bin nicht gekommen, dass ich die Welt richte, sondern dass ich die Welt selig mache.

2\. Kor. 5, 19. Denn Gott war in Christo und versöhnte die Welt mit ihm selber und rechnete ihnen ihre Sünden nicht zu und hat unter uns aufgerichtet das Wort von der Versöhnung.

Joh. 8, 12. Ich bin das Licht der Welt. Wer mir nachfolget, der wird nicht wandeln in Finsternis, sondern wird das Licht des Lebens haben.

256. Was hat aus der Substanz des Demiurgen sein Dasein erhalten?

Aus ihr stammen die Seelen der vernunftlosen lebenden Wesen, der Tiere und der Menschen.

257. Aus welchen Teilen der seelischen Schöpfung sind die Tiere und vernunftlosen Wesen genommen?

Aus den niederen und gröberen Teilen der Schöpfung.

258. Woher ist die Seele des Menschen genommen?

Aus den oberen feineren und vernünftigen Teilen des Haushaltes.

259. Was ist der Trank der Vergessenheit?

Es ist derjenige Trank, den die Seele in der Schicksalswelt erhält, wodurch sie alle Erinnerung an das Lichtreich und die obere Welt verliert, ihre Würde als Königssohn ablegt und in Unwissenheit sich dem Dienst des Demiurgen widmet und als Sklave in die physische Welt hinabsteigt. Dieser Trank erhält die Seele aus den Händen der Empfänger des Sabaoth Adamas, des Oberhauptes der Aeonen zur Linken.

260. Was ist die Aufgabe der Gehülfen, Arbeiter und Handlanger, die im Dienste der großen Herrscher stehen?

Sie beaufsichtigen die Wiederverkörperung der Seele, führen die Geschlechter zur Zeugung zusammen, geleiten die nach unten pilgernde Seele in den Mutterleib und bauen daselbst für sie einen Körper auf.

261. Was ist die Aufgabe der Empfänger des Zornes.

Sie führen die Seele wieder aus dem Körper fort durch die Regionen der großen Herrscher bis sie zur Wiederverkörperung wieder versiegelt wird.

262. Was befindet sich zwischen der physischen Welt des Demiurgen und dem Firmament unserer körperlichen und sichtbaren Welt?

Die zweite und die erste Sphäre.

263. Wie viele Teile hat also die mittlere oder die Welt der grossen Herrscher?

Es sind im ganzen zehn Sphären: Die Sphäre der Achtheit, die Sphäre der Siebenheit, die sechs Sphären der Schicksalswelt und die zweite und erste Sphäre über dem Firmament.

264. Wovon geben diese zehn Sphären ein Abbild?

Sie bilden mit ihrer Zahl die heilige Zehnheit von Aeonen oder Wesenheiten im Reich der Fülle ab.

265. Welches sind die unausgesprochenen Geheimnisse der Schicksalswelt?

Die magischen Riten der bösen Aeonen auf de linken Seite, die Siegel und Nummern der Herrscher in der psychischen Welt, die Art ihrer Anrufung und der Schutzspruch zur endgültigen Befreiung aus ihrem Joche.

266. Was entzieht die Herrscher der Schicksalswelt den Augen des natürlichen Menschen?

Sie sind in ihren Räumen durch Türen abgeschlossen und durch Schleier verdeckt.

---

2. Unsere Welt,

die Welt des Schmerzes, des Eigensinnes und der Vergesslichkeit.

Die 7 Plätze im materiellen Dasein und die Naturgötter.

Der Weltherrscher oder Teufel.

Sein Symbol das Heidentum.
Aegypten oder der Körper.
Nach dem Bilde Kains.
Die gefangene Kirche, die Unterwelt, der Hades, die Hölle.

Der Teufel kommt mit seiner List,
Die Welt mit Pracht und Prangen,
Das Fleisch mit Wollust, wo du bist
Zu fällen dich und fangen.
Streitst du nicht, wie ein tapfrer Held,
So bist du hin und schon gefällt.

Bind' an, der Teufel ist bald hin,
Die Welt wird leicht verjaget,
Das Fleisch muss endlich aus dem Sinn,
Wie sehr dich's immer plaget.
O ew'ge Schande, wenn ein Held
Vor diesen drei Erzfeinden fällt.

267. Woraus hat die körperliche oder sichtbare Sinnenwelt ihren Ursprung genommen?

Sie ist aus dem Schmerz der unteren Weisheit entstanden. Luft, Wasser und Erde entstanden aus der Verdichtung und dem Niederschlage des Schmerzes.

268. Woher stammt der Teufel?

Der Teufel stammt aus dem Zorn und der Verzweiflung des Demiurgen. Die grossen sechs Fürsten der Schicksalswelt, die Söhne des Demiurgen wandten sich nämlich gegen ihren Vater zum Streit und Zank um die Oberherrschaft. Jaldabaoth wurde darob betrübt und verzweifelt und blickte hinab in den Bodensatz der unten liegenden Materie, bis seine Begierde sich auf demselben befestigte und so ein Sohn geboren wurde.

269. Welche Namen hat dieser niedere Sohn?

Der untere Verstand, die Schlange, der Teufel.

270. Was ist das Werk des Teufels und seine Natur?

Er ist die Ursache aller Gottvergessenheit und Bosheit, alles Eifers und Neides und Frevels, aller Begierde und Rache, der Vater des Todes.

271. Wie viele Söhne hat er gezeugt?

Nach dem Vorbilde des Demiurgen erzeugte er auch selber sechs Söhne, die mit ihm zusammen die niedere Siebenheit bilden nach Art der oberen Siebenheit im Reich der Mitte.

272. Was ist das Werk dieser sieben Mächte?

Diese Mächte sind die sieben Weltodem, die Feinde, Verfolger und Widersacher des Menschengeschlechts, um dessen willen sie vom Himmel oder dem Platz der Mitte hinabgeworfen wurden auf diese Erde.

273. Was hat der Mensch aus der Welt des Schmerzes oder der teuflischen Welt angelegt?

Seinen Körper, der auch das irdene Gefäss, das Kleid von Haut, das Gebilde der Vergesslichkeit genannt wird.

274. Was sagt das neue Testament von dem Teufel?

Der Teufel sucht die Menschen mit grosser List und Gewalt von der oberen Welt und von Gott wegzulocken, indem er allen geistlichen Samen und alles höhere Streben zu ersticken sucht im Herzen der Menschen und statt dessen die Saat der Bosheit mit grossem Fleiss ausstreut.

Matth. 4, 1. 5. Da ward Jesus vom Geist in die Wüste geführt, auf dass er vom Teufel versucht würde.

Matth. 13, 38. 39. Der Acker ist die Welt, der gute Same sind die Kinder des Reichs. Das Unkraut sind die Kinder der Bosheit. Der Feind, der sie säet, ist der Teufel.

Matth. 25, 41. Dann wird er auch sagen zu denen zur Linken: Gebet hin von mir, ihr Verfluchten, in das ewige Feuer, das bereitet ist dem Teufel und seinen Engeln.

Luk. 8, 12. Die aber an dem Wege sind, das sind, die es hören, darnach kommt der Teufel und nimmt das Wort von ihren Herzen, auf dass sie nicht glauben und selig werden.

Eph. 4, 27. Gebet nicht Raum dem Lästerer (Teufel).

Eph. 6, 11. Ziehet an den Harnisch Gottes, dass ihr bestehen könnet gegen die listigen Anläufe des Teufels.

2. Tim. 2, 26. Und sie wieder nüchtern würden aus des Teufels Strick, von dem sie gefangen sind zu seinem Willen.

Ebr. 2, 14. Nachdem nun die Kinder Fleisch und Blut haben, ist er es gleichermassen teilhaftig geworden, auf dass er durch den Tod die Macht nähme dem, der des Todes Gewalt hat, nämlich dem Teufel.

Jak. 4, 7. So seid nun Gott untertan. Widerstehet dem Teufel, so fliehet er von euch.

1. Petri 5, 8. Seid nüchtern und wachet, denn euer Widersacher, der Teufel gehet umher wie ein brüllender Löwe und suchet, welchen er verschlinge.

Offbg. 12, 9. Und es ward ausgeworfen der grosse Drache, die alte Schlange, die da heisst der Teufel und Satanas, der die ganze Welt verführet und ward geworfen auf die Erde, und seine Engel wurden auch dahin geworfen. 12. Darum freuet euch, ihr Himmel und die darinnen wohnen. Wehe denen, die auf Erden wohnen und auf dem Meer! Denn der Teufel kommt zu euch hinab und hat einen grossen Zorn und weiss, dass er wenig Zeit hat.

Offbg. 20, 2. Und er griff den Drachen, die alte Schlange, welche ist der Teufel und der Satan und band ihn tausend Jahre.

275. Wie heissen diejenigen Menschen, die sich vom Teufel verführen lassen und sich in seinen Dienst stellen?

Sie stammen vom Teufel und sind seine wirklichen Kinder.

Joh. 8, 44. Ihr seid von dem Vater, dem Teufel, und nach eures Vaters Lust wollt ihr tun. Derselbe ist ein Mörder von Anfang und ist nicht bestanden in der Wahrheit. Denn die Wahrheit ist nicht in ihm. Wenn er die Lüge redet, so redet er von seinem Eigenen. Denn er ist ein Lügner und der Vater derselben.

1. Joh. 3, 8. Wer Sünde tut, der ist vom Teufel, denn der Teufel sündigt von Anfang. Dazu ist erschienen der Sohn Gottes, dass er die Werke des Teufels zerstöre. 10. Darum wird es offenbar, welches die Kinder Gottes und die Kinder des Teufels sind.

Apgesch. 13, 10. Und sprach: O, du Kind des Teufels, voll aller List und aller Schalkheit und Feind aller Gerechtigkeit. Du hörest nicht auf, abzuwenden die rechten Wege des Herrn.

Joh. 8, 38. Ich rede, was ich von meinem Vater gesehen habe. So tut ihr, was ihr von eurem Vater gesehen habt.

276. Welchen andern Namen hat dieser Meister der Verführung und Verfolgung?

Er hat auch den aus der hebräischen Sprache stammenden Namen Satan, der Verfolger.

Jesu, hilf siegen, du Fürste des Lebens,
Sieh, wie die Finsternis dringet herein.
Wie sie ihr höllisches Heer nicht vergebens
Mächtig aufführet, mir schädlich zu sein.
Satan der sinnet auf allerlei Ränke,
Wie er mich sichte, verstöre und kränke.

Jesu hilf siegen, wer mag sonst bestehen
Wider den listigen, grimmigen Feind?
Wer mag dem Vater der Lügen entgehen,
Wenn er als Engel des Lichtes erscheint?
Herr, wenn du weichest, so muss ich verirren,
Dann wird die Schlange durch List mich verwirren.

Jesu, hilf siegen im Wachen und Beten!
Hüter, du schläfst ja und schlummerst nicht ein.
Lass dein Gebet mich unendlich vertreten,
Der du verheissen Fürsprecher zu sein.
Wenn mich die Nacht mit Ermüdung will decken,
Woll'st du mich, Jesu, ermuntern und wecken.

Mark. 4, 15. Diese sind es aber, die an dem Wege sind, wo das Wort gesäet wird und sie es gehört haben, so kommt alsbald der Satan und nimmt weg das Wort, das in ihr Herz gesät ward.

Luk. 10, 18. Er sprach zu ihnen: ich sah wohl den Satanas vom Himmel fallen als einen Blitz.

1. Kor. 5, 5. Ihn zu übergeben dem Satan zum Verderben des Fleisches, auf dass der Geist selig werde am Tage des Herrn Jesu.

2. Kor. 11, 14. Und das ist auch kein Wunder, denn er selbst, der Satan verstellt sich zum Engel des Lichtes.

1. Thess. 2, 18. Darum haben wir wollen zu euch kommen, ich Paulus, zwei mal, und Satanas hat uns verhindert.

1. Tim. 1, 20. Unter welchen ist Hymenaeus und Alexander, welche ich habe dem Satan übergeben, dass sie gezüchtigt werden nicht mehr zu lästern.

Offbg. 2, 13. Ich weiss, was du tust und wo du wohnest, da des Satans Stuhl ist, und hältst an meinem Namen und hast meinen Glauben nicht verleugnet und auch in den Tagen, in welchen Antipas, mein treuer Zeuge, bei euch getötet ist, da der Satan wohnet.

Matth. 4, 10. Da sprach Jesus zu ihm: Hebe dich weg von mir, Satan! Denn es steht geschrieben: Du sollst anbeten Gott, deinen Herrn, und ihm allein dienen.

Mark. 1, 13. Und war allda in der Wüste vierzig Tage,

und ward versucht von dem Satan und war bei den Tieren, und die Engel dienten ihm.

Luk. 22, 31. Der Herr aber sprach: Simon, Simon, siehe. der Satan hat euer begehrt, dass er euch sichten möchte, wie den Weizen.

Apgsch. 5, 3. Petrus sprach aber: Ananias, warum hat der Satan dein Herz erfüllet, dass du dem heiligen Geist logest und entwendetest etwas vom Gelde des Ackers.

1. Kor. 7, 5. Auf dass euch der Satan nicht versuche um eurer Unkeuschheit willen.

2. Kor. 2, 11. Auf dass wir nicht übervorteilt werden vom Satan. Denn uns ist nicht unbewusst, was er im Sinn hat.

1. Tim. 5, 15. Denn es sind schon etliche umgewandt, dem Satan nach.

2. Thess. 2, 11. Des, welches Zukunft geschieht nach der Wirkung des Satans mit allerlei lügenhaften Kräften und Zeichen und Wundern und mit allerlei Verführung zur Ungerechtigkeit unter denen, die verloren werden, dafür, dass sie die Liebe zur Wahrheit nicht haben angenommen dass sie selig würden.

Wache, dass dich Satans List
Nicht im Schlaf mag finden.
Er stürzt, wenn du sicher bist,
Dich sehr leicht in Sünden.
Und Gott gibt,
Die er liebt
Oft in seine Strafen,
Wenn sie sicher schlafen.

Wache, dass dich nicht die Welt
Durch Gewalt bezwinge,
Oder, wenn sie sich verstellt,
Wieder an sich bringe.
Wach und sieh,
Dass dich nie
Falsche Brüder fällen,
Die dir Netze stellen.

Wache dazu auch für dich,
Für dein Fleisch und Herze,
Damit es nicht freventlich
Gottes Gnad' verscherze.
Denn es ist
Voller List
Und kann bald sich heucheln
Und in Hoffart schmeicheln.

* * *

So gib dein Wort mit grossen Scharen,
Die in der Kraft Evangelisten sein.
Lass eilend Hülf' uns widerfahren
Und brich in Satans Reich mit Macht hinein.
O breite, Herr, auf weitem Erdenkreis,
Dein Reich bald aus zu deines Namens Preis.

277. Welchen andern Namen hat dieser Weltherrscher?

Er heisst auch der Arge oder Bösewicht.

Matth. 5, 37. Eure Rede sei ja, ja, nein, nein; was darüber ist, das stammt von dem Bösewicht. (Luther: ist vom Uebel).

Matth. 6, 13. Erlöse uns von dem Bösewicht.

Matth. 13, 19. Wenn jemand das Wort vom Reich höret und nicht verstehet, so kommt der Arge und reisst es hin, was da gesäet ist in sein Herz. 38. Das Unkraut sind die Kinder des Argen (Luther: der Bosheit).

Joh. 17, 15. Ich bitte nicht, dass du sie von der Welt nehmest, sondern dass du sie bewahrest vor dem Bösewicht (Luther: vor dem Uebel).

1. Joh. 2, 13. 14. Ich schreibe euch Vätern, denn ihr kennet den, der von Anfang ist. Ich schreibe euch Jünglingen, denn ihr habt den Bösewicht überwunden, — dass ihr stark seid und das Wort Gottes bei euch bleibet und ihr den Bösewicht überwunden habt.

1. Joh. 5, 18. 19. Wir wissen, dass, wer von Gott geboren ist, der bewahret sich und der Arge wird ihn nicht antasten. Wir wissen, dass wir von Gott sind und die

ganze Welt gehört zur Herrschaft des Argen (Luther: liegt im Argen).

Ach bleib mit deiner Gnade
Bei uns, Herr Jesu Christ,
Dass uns hinfort nicht schade
Des bösen Feindes List.

278. Was haben wir uns unter diesem Teufel vorzustellen?

Es ist die Kraft, die in der physischen Welt arbeitet, die Kreatur und unser Körper.

279. Weshalb heisst dieser Körper auch das Grab der Seele?

Weil die Seele, wenn sie aus der oberen Welt herabsteigt und das Kleid von der Materie anlegt, alle höheren Kräfte und Fähigkeiten und das Bewusstsein von der Lichtwelt gänzlich verliert. Sie stirbt und liegt im Körper begraben wie unter einem Leichenhügel, bis sie wieder am letzten Tage aufgeweckt wird.

Matth. 23, 27. Wehe euch, Schriftgelehrte und Pharisäer, ihr Heuchler, die ihr gleich seid wie die übertünchten Gräber, welche auswendig hübsch scheinen, aber inwendig sind sie voller Totengebeine und allen Unflats.

Matth. 27, 52. Und die Erde erbebte und die Felsen zerrissen und die Gräber taten sich auf, und standen auf viele Leiber der Heiligen, die da schliefen.

Joh. 5, 28. Verwundert euch des nicht, denn es kommt die Stunde, in welcher alle, die in den Gräbern sind, werden seine Stimme hören.

Gräber stehen aufgetan.
Rauscht verdorrete Gebeine!
Macht dem Bundesengel Bahn!
Grosser Tag des Herrn erscheine.
Jesus ruft: Es werde Licht,
Jesus hält, was er verspricht.

Sieh, ein weites Totenfeld
Voller dürrer Totenbeine.
Ach, kein Sonnenstrahl erhellt
Diese Nacht mit frohem Scheine.
Hüter, ist die Nacht bald hin?
Wird der Morgen bald erblühn?

Herr, so sprich dein Lebenswort
Ueber alle Totenbeine.
Odem Gottes, wehe fort,
Dass sich alles neu vereine.
Mache alles wieder neu,
Alles Alte geh' vorbei!

* *
*

So sprich dein göttlich „Werde,"
Lass deinen Odem wehn,
Dass auf der finstern Erde
Die Toten auferstehn,

Dass, wo man Götzen fröhnet,
Und vor dem Teufel kniet,
Ein willig Volk, versöhnet,
Zu deinem Tempel zieht.

280. Wie nennt die Bibel das Leben im Körper und im Reich des Teufels deswegen auch noch?

Sie nennt es den geistlichen Tod, das Sterben der Seele, das Hinabsteigen zu den Toten oder in die Hölle.

Joh. 5, 25. Wahrlich, wahrlich, ich sage euch, es kommt die Stunde und ist schon jetzt, dass die Toten werden die Stimme des Sohnes Gottes hören. Und die sie hören werden, die werden leben.

Luk. 15, 24. Denn dieser mein Sohn war tot, und ist wieder lebendig geworden, er war verloren und ist wieder gefunden.

Eph. 2, 5. Da wir tot waren in Sünden, hat er uns samt Christo lebendig gemacht.

Kol. 2, 13. Und hat euch auch mit ihm lebendig gemacht, da ihr tot waret in den Sünden und in der Vorhaut eures Fleisches.

1. Joh. 3, 14. Wir wissen, dass wir aus dem Tode ins Leben gekommen sind, denn wir lieben die Brüder. Wer den Bruder nicht liebet, der bleibet im Tode.

Jak. 1, 15. Darnach, wenn die Lust empfangen hat, gebieret sie die Sünde. Die Sünde aber, wenn sie vollendet ist, gebieret sie den Tod.

Offbg. 1, 18. Ich war tot, und siehe, ich bin lebendig von Ewigkeit zu Ewigkeit und habe die Schlüssel der Hölle und des Todes.

Offbg. 20, 13. Und das Meer gab die Toten, die darinnen waren, und der Tod und die Hölle gaben die Toten, die darinnen waren, und sie wurden gerichtet, ein jeglicher nach seinen Werken.

Jona 2, 3. Ich schrie aus dem Bauche der Hölle.

Matth. 10, 28. Und fürchtet euch nicht vor denen, die den Leib töten, und die Seele nicht mögen töten. Fürchtet euch aber vielmehr vor dem, der Leib und Seele verderben mag in die Hölle.

1. Kor. 15, 55. Der Tod ist verschlungen in den Sieg. Tod, wo ist dein Stachel? Hölle, wo ist dein Sieg?

Wache auf, sonst kann dich nicht
Unser Herr erleuchten.
Wache, sonsten wird sein Licht
Dir noch ferne deuchten.
    Denn Gott will
    Für die Füll'
Seiner Gnadengaben
Off'ne Augen haben.

Der Mensch kann von Natur doch nicht
Sein Elend selbst empfinden,
Ist ohne deines Geistes Licht
Blind, taub und tot in Sünden.

Verkehrt ist Will', Verstand und Tun.
Des grossen Jammers woll'st du nun,
O Vater, mich entbinden.

281. Weshalb heisst das Leben in der Körperwelt eine Hölle?

Weil das irdische Sinnenleben im Grunde voll ist von Kummer, Elend, Verdruss, Sorge und Jammer. Das Leben in der Natur ist ein fortwährendes Kämpfen und Morden. Das Leben der Menschen ist eine grosse Plage, voll Unbeständigkeit und Enttäuschungen.

Was sind dieses Lebens Güter?
Eine Hand voller Sand,
Kummer der Gemüter.
Dort, dort sind die edlen Gaben,
Da mein Hirt
Christus wird
Mich ohn' Ende laben.

282. Was sagt Empedocles von diesem Leben im Körper?

Er nennt es eine Irrfahrt auf der Aue des Schicksals, fern von der Heimat, wo der Geist hingehört. Jammern und klagen muss die Seele, wenn sie den ungewohnten Platz zu sehen bekommt, wo keine wahre Freude zu finden ist, wo Mord und Streit und Scharen von anderen bösen Mächten und gefährliche Krankheiten und Ansteckungen und ein unstetes Leben in der Dunkelheit ihr Spiel treiben. O wie bedauernswert und unglücklich ist doch das Geschlecht der Menschen. Durch was für Kämpfe und Seufzer hat es zu gehen!

283. Weshalb heisst der Körper und das Körperleben ein Gefängnis und ein Kerker?

Weil die Seelen hier wie in einem Gefängnis eingeschlossen sind, ohne einen Ausweg und eine Erlösung zu sehen.

Ach dass die Hülf' aus Zion käme!
O dass dein Geist, sowie dein Wort verspricht,
Dein Volk aus dem Gefängnis nähme.
O würd' es doch nur bald vor Abend licht.
Ach reiss, o Herr, den Himmel bald entzwei,
Und komm herab zur Hilf und mach uns frei.

284. Wie heisst deswegen die Kirche hier in der körperlichen Welt?

Es ist die gefangene Kirche, die zu Babylon gefangen liegt, oder es ist Aegypten, wo das Volk Gottes geknechtet ist.

Ps. 137, 1—3. An den Wassern zu Babel sassen wir und weinten, wenn wir an Zion gedachten. Unsere Harfen hingen wir an die Weiden, die darinnen sind. Denn daselbst hiessen uns singen, die uns gefangen hielten und in unserem Heulen fröhlich sein. Lieber, singet uns ein Lied von Zion. Wie sollten wir des Herrn Lied singen in fremdem Lande?

Sach. 9, 12. Die ihr auf Hoffnung gefangen liegt.

Eph. 4, 8. Darum spricht er: Er ist aufgefahren in die Höhe und hat das Gefängnis gefangen geführt und hat den Menschen Gaben gegeben.

Zion klagt mit Angst und Schmerzen
Zion, Gottes werte Stadt,
Die er trägt in seinem Herzen,
Die er sich erwählet hat.
Ach, spricht sie, wie hat mein Gott
Mich verlassen in der Not

Und lässt mich so harte pressen!
Meiner hat er ganz vergessen.

285. Was bedeutet das pomphafte Wesen des Weltherrschers oder Teufels?

Es ist die phantastische Schönheit und die bestechenden Reize der Natur, die die Sinne betäuben und die Seele bezaubern und einschläfern und zur Wiederverkörperung verlocken. Mit der illusorischen Pracht von bezaubernden Formen, Farben, Tönen und Düften verdeckt die Natur den darunter versteckten Moderduft und die dahinter lauernde Fäulnis und Verwesung. Dazu kommen noch die traurigen Freuden des Körpers, die stets eine Befriedigung versprechen, aber nie eine solche gewähren; obenan steht der Genuss in Essen und Trinken und der fleischliche Geschlechtsverkehr mit der sinnlichen Lust.

Röm. 7, 18. Denn ich weiss, dass in mir, das ist in meinem Fleisch, wohnet nichts Gutes.

Röm. 8, 12. 13. So sind wir nun, liebe Brüder, Schuldner nicht dem Fleisch, dass wir nach dem Fleisch leben. Denn wo ihr nach dem Fleisch lebet, so werdet ihr sterben müssen. Wo ihr aber durch den Geist des Fleisches Geschäfte tötet, so werdet ihr leben.

Gal. 5, 16. 17. Ich sage aber: Wandelt im Geist, so werdet ihr die Lüste des Fleisches nicht vollbringen. Denn das Fleisch gelüstet wider den Geist und den Geist wider das Fleisch. Dieselben sind wider einander, dass ihr nicht tut, was ihr wollt.

Gal. 5, 19—20. Offenbar sind aber die Werke des Fleisches, als da sind: Ehebruch, Hurerei, Unreinigkeit, Unzucht, Abgötterei, Zauberei, Feindschaft, Hader, Neid, Zorn, Zank, Zwietracht, Rotten, Hass, Mord, Saufen, Fressen und dergleichen, von welchen ich euch habe zuvor gesagt, und sage noch zuvor dass, die solches tun, werden das Reich Gottes nicht ererben.

Gal. 5, 24. Welche aber Christo angehören, die kreuzigen ihr Fleisch samt den Lüsten und Begierden.

2. Petri 2, 10. Allermeist aber die, so da wandeln nach dem Fleisch in der unreinen Lust, und die Herrschaft verachten, frech, eigensinnig, nicht erzittern die Majestäten zu lästern.

Leit' mich in dieser Wüsten
Und kreuz'ge mein Begier
Samt allen bösen Lüsten,
Auf dass ich für und für
Der Sündenwelt absterbe
Und nach dem Fleisch verderbe,
Hingegen leb' in dir.

Reinigt euch von euren Lüsten,
Besieget sie, die ihr seid Christen
Und stehet in des Herren Kraft.
Stärket euch in Jesu Namen,
Dass ihr nicht strauchelt wie die Lahmen.
Wo ist des Glaubens Eigenschaft?
Wer hier ermüden will,
Der schaue auf das Ziel:
Da ist Freude,
Wohlan, so seid
Zum Kampf bereit,
So krönet euch die Ewigkeit.

Selig, wer im Glauben kämpfet,
Selig, wer im Kampf besteht,
Wer die Sünde in sich dämpfet
Und die Lust der Welt verschmäht.
Unter Christi Kreuzesschmach
Jaget man dem Frieden nach.
Wer den Himmel will ererben,
Muss zuvor mit Christo sterben.

Schlagt ans Kreuz die Sündenglieder,
Wenn sich die Versuchung regt,
Kämpft die böse Lust darnieder,
Bis sich ihre Macht gelegt.
Was euch hindert, werfet ab,
Was euch ärgert, senkt ins Grab.
Denket stets an Christi Worte:
Dringet durch die enge Pforte.

* * *

Ach bleib' mit deiner Gnade
Bei uns, Herr Jesu Christ,
Dass uns hinfort nicht schade
Des bösen Feindes List.

Ach bleib' mit deinem Schutze
Bei uns, du starker Held,
Dass uns der Feind nicht trutze,
Noch fäll' die böse Welt.

3. Die Welt der Ratlosigkeit, des Zweifels und Widerspruchs.

Beelzebul und die Dämonen.

Das Geistliche der Bosheit.

286. Woraus ist die dämonische Welt, oder das Geistliche der Schlechtigkeit entstanden?

Aus der Ratlosigkeit, dem Zweifel und dem Gegensatz der Achamoth.

287. Wer ist der oberste oder Fürst dieser Dämonenwelt?

Beelzebul.

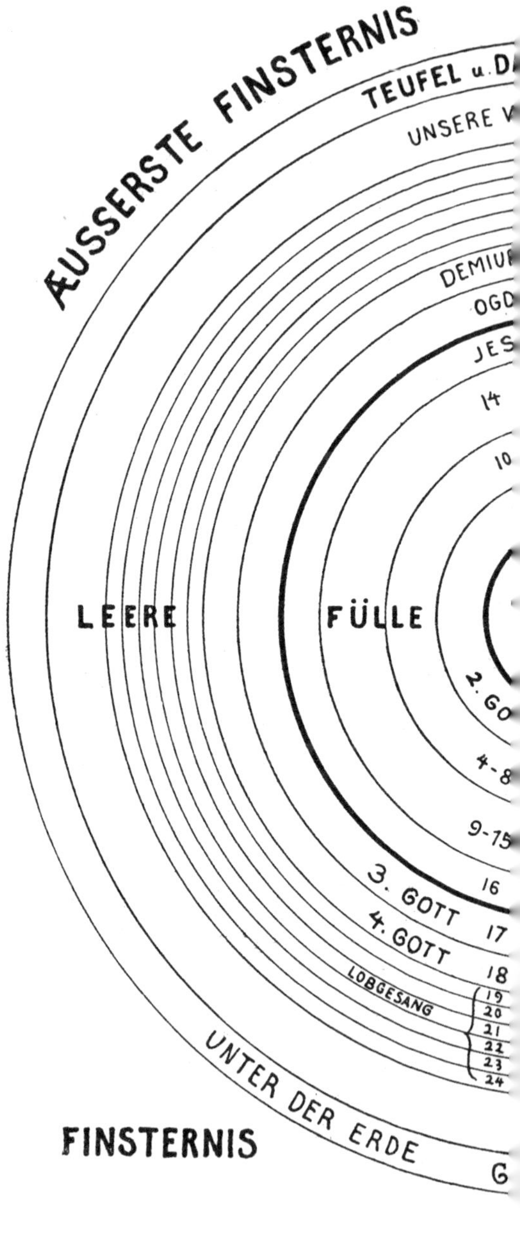
ÄUSSERSTE FINSTERNIS
TEUFEL u.
UNSERE
LEERE
FÜLLE
14
10
3. GOTT
4. GOTT
16
17
18
LOBGESANG
19
20
21
22
23
24
UNTER DER ERDE
FINSTERNIS

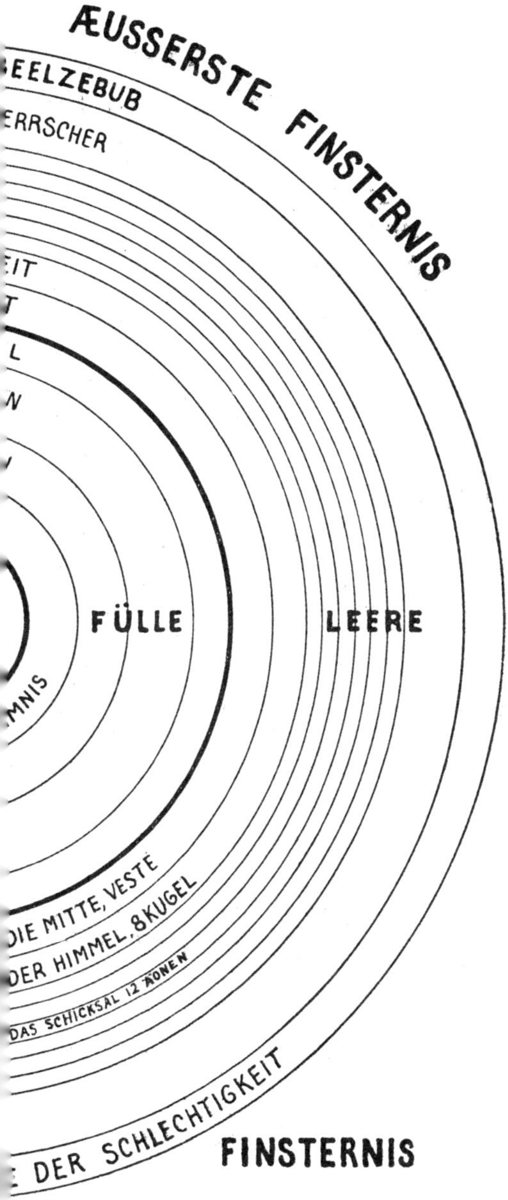
ÆUSSERSTE FINSTERNIS
EELZEBUB
ERRSCHER
EIT
T
L
N
FÜLLE
LEERE
MNIS
DIE MITTE, VESTE
DER HIMMEL, 8 KUGEL
DAS SCHICKSAL 12 ÄONEN
E DER SCHLECHTIGKEIT
FINSTERNIS

288. Was bedeutet das Wort Beelzebul?

Die Bedeutung des Wortes Beelzebul ist: Herr des Schmutzes oder Kotes.

289. Wodurch unterscheidet sich Beelzebul vom Demiurgen?

Beelzebul kennt das, was über ihm ist, weil er der Odem der Bosheit ist, während der Demiurg die obere Welt nicht kennt, da sein Wesen seelisch ist.

290. Wie hat Luther das Wort Dämon oder arger Geist gewöhnlich übersetzt?

Er gebraucht hierfür das Wort Teufel, welches eigentlich den Weltherrscher bezeichnet.

Matth. 8, 31. Da baten ihn die Teufel und sprachen: willst du uns austreiben, so erlaube uns, in die Herde Säue zu fahren.

Mark. 5, 12. Und die Teufel baten ihn und sprachen: Lass uns in die Säue fahren.

Offbg. 16, 14. Und sind Geister der Teufel und tun Zeichen.

Luk. 4, 35. Und Jesus bedrohte ihn und sprach: Verstumme und fahre aus von ihm! Und der Teufel warf ihn mitten unter sie und fuhr von ihm aus und tat ihm keinen Schaden.

Luk. 9, 1. Er forderte aber die Zwölfe zusammen und gab ihnen Gewalt und Macht über alle Teufel und dass sie Seuchen heilen konnten.

Luk. 9, 42. Und da er zu ihm kam, riss ihn der Teufel und zerrte ihn. Jesus aber bedrohte den unsauberen Geist und machte den Knaben gesund und gab ihn seinem Vater wieder.

Luk. 10, 17. Die Siebenzig aber kamen wieder mit Freuden und sprachen: Herr, es sind uns auch die Teufel untertan in deinem Namen.

Luk. 8, 30. Und Jesus fragte ihn und sprach: Wie heissest du? Er sprach: Legion. Denn es waren viele

Teufel in ihn gefahren. 33. Da fuhren die Teufel aus dem Menschen und fuhren in die Säue, und die Herde stürzte sich von dem Abhange in den See und ersoffen.

Matth. 9, 33. Und da der Teufel war ausgetrieben, redete der Stumme. Und das Volk verwunderte sich und sprach: Solches ist noch nie in Israel ersehen worden.

Mark. 7, 29. Und er sprach zu ihr: Um des Wortes willen, so gehe hin. Der Teufel ist von deiner Tochter ausgefahren.

Luk. 8, 2. Dazu etliche Weiber, die er gesund hatte gemacht von den bösen Geistern und Krankheiten, nämlich Maria, die da Magdalena heisst, von welcher waren sieben Teufel ausgefahren.

Matth. 7, 22. Es werden viele zu mir sagen an jenem Tage: Herr, Herr, haben wir nicht in deinem Namen geweissagt? Haben wir nicht in deinem Namen Teufel ausgetrieben?

Luk. 9, 49. Da antwortete Johannes und sprach: Meister, wir sahen Einen, der trieb die Teufel aus in deinem Namen, und wir wehrten ihm, denn er folgte dir nicht mit uns.

291. Womit bewiesen die Dämonen ihre Bekanntschaft mit der geistlichen Welt?

Sie erkannten in Jesus von Nazareth den Christus von oben, den Sohn Gottes, und sie glaubten mit Zittern.

Luk. 4, 41. Es fuhren auch die Teufel aus von vielen, schrieen und sprachen: Du bist Christus, der Sohn Gottes. Und er bedrohte sie und liess sie nicht reden. Denn sie wussten, dass er Christus war.

Mark. 1, 34. Und er half vielen Kranken, die mit allerlei Seuchen beladen waren, und trieb viele Teufel aus und liess die Teufel nicht reden, denn sie kannten ihn.

Jak. 2, 19. Du glaubest, dass ein einiger Gott ist. Du tust wohl daran. Die Teufel glauben auch und zittern.

292. In welchem Zusammenhange wird Beelzebul im neuen Testament erwähnt?

Die Pharisäer beschuldigten Jesum, dass er die Teufel mit Hülfe des Beelzebul, des obersten der Teufel austreibe.

Matth. 12, 24. Aber die Pharisäer, da sie das hörten, sprachen sie: Er treibet die Teufel nicht anders aus, denn durch Beelzebub, der Teufel obersten. 27. So aber ich die Teufel durch Beelzebub austreibe, durch wen treiben sie eure Kinder aus? Darum werden sie eure Richter sein.

Matth. 10, 25. Es ist dem Jünger genug, dass er sei wie sein Meister, und der Knecht wie sein Herr. Haben sie den Hausvater Beelzebub geheissen, wie viel mehr werden sie seine Hausgenossen also heissen.

Mark. 3, 22. Die Schriftgelehrten aber, die von Jerusalem herabgekommen waren, sprachen: Er hat den Beelzebub, und durch den obersten der Teufel treibt er die Teufel aus.

293. Welchen Namen gibt das neue Testament dem Beelzebul an einigen Stellen?

Es wendet auf ihn auch den Namen Satan an.

Mark. 3, 26. Setzt sich nun der Satan wider sich selbst, und ist mit sich selbst uneins, so kann er nicht bestehen, sondern es ist aus mit ihm.

Luk. 11, 18. Ist denn der Satanas auch mit sich selbst uneins, wie will sein Reich bestehen? dieweil ihr saget, ich treibe die Teufel aus durch Beelzebub.

Die äussere Finsternis.

294. Wie heisst der Platz, der ausserhalb der materiellen und der dämonischen Welt liegt, am weitesten entfernt vom Lichtschatz?

Es ist die äussere Finsternis oder einfach die Finsternis.

Matth. 8, 12. Aber die Kinder des Reichs werden ausgestossen in die äusserste Finsternis hinaus. Da wird sein Heulen und Zähneklappen.

Matth. 22, 13. Da sprach der König zu seinen Dienern: Bindet ihm Hände und Füsse und werfet ihn in die äusserste Finsternis hinaus! Da wird sein Heulen und Zähneklappen.

Matth. 25, 30. Und den unnützen Knecht werfet in die äusserste Finsternis hinaus. Da wird sein Heulen und Zähneklappen.

295. Was befindet sich in der äusseren Finsternis?

Hier befindet sich der Drache, dessen Schwanz in seinem Munde ist.

296. Wie viele Gefängnisse gibt es daselbst?

Zwölf Gefängnisse mit Türen und wachenden Engeln.

Uebersicht.

Der Vorhof.

Die Nachgeburt, das Reich der Leere und des Mangels, das Gezeugte, die Fehlgeburt, der Fehltritt, der Stoff, die spezielle Welt, die Welt der Vielheit, das Reich der Sinnestäuschungen.

I. Die acht Geheimnisse des dritten Vorhanges.

Die Not der unteren Weisheit
Jesus, der Helfer von oben.

1) Das 17. Geheimnis: Achamoth, der überhimmlische Platz, die Welt der geistlichen Früchte, die heilige auserwählte Kirche, das verheissene Kanaan. Nach dem Bilde Seths. Symbol: das Christentum. Erkenntnis und freie Gnade.

2) Was im Himmel ist. Die Schicksalswelt, der himmlische Platz, Welt der Furcht, die Wüste, die berufene streitende Kirche. Nach dem Bilde Abels. Symbol: das Judentum. Das Volk mit dem Schleier. Unwissenheit und Gesetz.

a) Das 18. Geheimnis: Der niedere Demiurg Bildner und Vater der niederen Welt, der Haushalter, Abbild des Geistes, der vierte Gott, der siebente Fürst.

Der siebente Himmel sein Wohnplatz.

Seine Erzengel, Engel, Dekane oder Diener.

Seine Propheten: Moses, Jesus Nave, Amos, Habakuk.

Der Weg rechts: Hinwendung.

Der Weg links: Abfall.

b) Das 19. Geheimnis: Jao, der erste Sohn, der sechste Fürst.
Der sechste Himmel sein Wohnplatz.
Seine Engel und Diener.
Seine Propheten: Samul, Nathan, Jona, Micha.

c) Das 20. Geheimnis: Sabaoth, zweiter Sohn, der fünfte Fürst.
Der fünfte Himmel sein Wohnplatz.
Seine Engel und Diener.
Seine Propheten: Elias, Joel, Sacharja.

d) Das 21. Geheimnis: Adoneus, der dritte Sohn, der vierte Fürst.
Der vierte Himmel sein Wohnplatz.
Seine Engel und Diener.
Seine Propheten: Jesajas, Hesekiel, Jeremias, Daniel.

e) Das 22. Geheimnis: Eloeus, der vierte Sohn, der dritte Fürst.
Der dritte Himmel sein Wohnplatz.
Seine Engel und Diener.
Seine Propheten: Tobias, Haggai.

f) Das 23. Geheimnis: Horeus, der fünfte Sohn, der zweite Fürst.
Der zweite Himmel sein Wohnplatz.
Seine Engel und Diener.
Seine Propheten: Micha, Nahum.

g) Das 24. Geheimnis: Astaphaeus, der sechste Sohn, der erste Fürst.
Der erste Himmel sein Wohnplatz.
Seine Engel und Diener.
Seine Propheten: Esra, Zephanja.

II. **Was auf Erden ist.** Unsere Welt, die Welt des Schmerzes, der Zustand des Eigensinnes und der Vergesslichkeit, Aegypten oder der Körper, das Land der Gefangenschaft. Nach dem Bilde Kains. Symbol des Heidentums. Knechtschaft. Die Hölle, das Grab.

Die sieben bösen Weltodem:

1) Der Weltherrscher oder Teufel.
   Seine Engel und Diener.
2) Erster Sohn und seine Diener.
3) Zweiter Sohn und seine Diener
4) Dritter Sohn und seine Diener.
5) Vierter Sohn und seine Diener.
6) Fünfter Sohn und seine Diener.
7) Sechster Sohn und seine Diener.

III. **Was unter der Erde ist.** Die Welt der Ratlosigkeit, der Bestürzung und des Widerspruchs.

Beelzebul, der Oberste der Dämonenwelt.
Die Dämonen oder unsauberen Geister.

IV. **Die äussere Finsternis.**

Der Drache und die 12 Gefängnisse.

Druck von F. E. Baumann, Bitterfeld

Was ist der Mensch?

3. Heft

der

Christlichen Geheimlehre

der ersten zwei (christlichen) Jahrhunderte.

(Gnostischer Katechismus)

Von

Pastor **E. C. H. Peithmann,**

Doktor der Philosophie.

Bad Schmiedeberg und Leipzig.

Verlag von F. E. Baumann.

— 1905 —

Zweites Hauptstück.

Von der Erlösung

oder

Dem Ursprunge und Falle des Menschen und der Niederfahrt des Evangeliums.

I.

Der Mensch und sein Fall.

Der Mensch, ein Leib, den deine Hand
So wunderbar bereitet;
Der Mensch, ein Geist, den sein Verstand
Dich zu erkennen leitet;
Der Mensch, der Schöpfung Ruhm und Preis
Ist sich ein täglicher Beweis
Von deiner Güt' und Grösse.

1. Wie viele Daseinsweisen hat der Mensch?

Die gnostische Kirche kennt den Menschen in einer dreifachen Gestalt oder in drei verschiedenen Daseinsweisen. Es gibt nämlich erstens den seligen oberen Menschen oder Erzmenschen, der auch den mystischen Namen Adamas hat und männlich-weiblich, d. h. geschlechtslos ist, zweitens den sterblichen Menschen hier unten, der auch Geryones heißt, und drittens den wiedergeborenen geistlichen Menschen, den man auch den neuen Menschen nennt und der auch wieder oben steht und geschlechtslos ist. Dies ist der mystische Jesus, der auch Christus heißt.

2. Welches sind die drei geheimen Worte, die den dreifachen Menschen bezeichnen?

Dies sind die drei erhabenen Worte: „Caulacau Saulasau Zeesar." Denn die drei Größen müssen ausgesprochen werden. Würden sie nicht genannt, so könnte die Welt nicht bestehen. Sie müssen aber von allen Eingeweihten so gesprochen werden, daß die da draußen sind, mit hörenden Ohren es nicht hören und mit sehenden Augen es nicht sehen.

3. Was ist die Bedeutung dieser Worte?

Caulacau bezeichnet den oberen Menschen, den seligen Adamas, Saulasau den unteren sterblichen Menschen, und Zeesar den „nach oben" fliessenden Jordan, d. h. den in allen Menschen verborgenen männlich-weiblichen Menschen.

4. Wo ist von dem Auftreten des oberen Menschen in der Bibel in mystischer Weise geredet?

Im ersten Kapitel der Bibel wird von der Erschaffung, d. h. der Emanation des ersten Menschen nach dem Bilde Gottes gesprochen, der männlich-weiblich, d. h. geschlechtslos ist, des Herrn und Vaters der geistlichen Schöpfung.

5. Wo ist der Ursprung des unteren Menschen in der Bibel beschrieben?

Im zweiten Kapitel der Bibel, welches von dem Ursprunge der niederen psychischen Welt handelt, in der wir uns bewegen. Der sterbliche Mensch wurde auf Antrieb des dritten Gottes von dem vierten nicht hervorgebracht, sondern gemacht.

Röm. 5, 12. 14. 15. Derhalben, wie durch Einen Menschen die Sünde ist gekommen in die Welt und der Tod durch die Sünde, und ist also der Tod zu allen Menschen hindurchgedrungen, dieweil sie alle gesündigt haben. Doch herrschte der Tod von Adam an bis auf Moses auch über die nicht gesündigt haben mit gleicher Uebertretung wie Adam, welcher ist ein Bild des, der zukünftig war. Aber nicht hält sichs mit der Gabe wie mit der Sünde. Denn so an Eines Sünde viele gestorben sind, so ist vielmehr Gottes Gnade und Gabe vielen reichlich wiederfahren durch die Gnade des einigen Menschen Jesu Christi. 18. 19. Wie nun durch Eines Sünde die Verdammnis über alle Menschen gekommen ist, also ist durch Eines Gerechtigkeit die Rechtfertigung des Lebens über alle Menschen gekommen. Denn gleichwie durch Eines Menschen Ungehorsam viele Sünder geworden sind, also auch durch Eines Gehorsam werden viele Gerechte.

Röm. 6, 6. Dieweil wir wissen, dass unser alter Mensch samt Ihm gekreuzigt ist, auf dass der sündliche Leib aufhöre, dass wir hinfort der Sünde nicht dienen. Denn wer gestorben ist, der ist gerechtfertigt von der Sünde. Sind wir aber mit Christo gestorben, so glauben wir, dass wir auch mit ihm leben werden, und wissen, dass Christus, von den Toten auferwecket, hinfort nicht stirbt. Der Tod wird hinfort über ihn nicht herrschen.

Röm. 7, 22. Denn ich habe Lust an Gottes Gesetz nach dem inwendigen Menschen.

1. Kor. 15, 21. 22. Sintemal durch Einen Menschen der Tod und durch Einen Menschen die Auferstehung der

Toten kommt. Denn gleichwie sie in Adam alle sterben, also werden sie in Christo alle lebendig gemacht werden. 45. Wie es geschrieben steht: Der erste Mensch Adam ward zu einer lebendigen Seele und der letzte Adam zum Geist, der lebendig macht. 47—49. Der erste Mensch ist von der Erde und irdisch; der andere Mensch ist der Herr vom Himmel. Welcherlei der irdische ist, solcherlei sind auch die irdischen, und welcherlei der himmlische ist, solcherlei sind auch die himmlischen. Und wie wir getragen haben das Bild des irdischen, also werden wir auch tragen das Bild des himmlischen.

2. Kor. 4, 16. Darum werden wir nicht müde, sondern, ob unser äusserlicher Mensch verweset, so wird doch der innerliche von Tag zu Tag erneuert.

2. Kor. 12, 2. Ich kenne einen Menschen in Christo.

Eph. 3, 16. 17. Dass er euch Kraft gebe nach dem Reichtum seiner Herrlichkeit, stark zu werden durch seinen Geist an dem inwendigen Menschen und Christum zu wohnen durch den Glauben in euren Herzen, und durch die Liebe eingewurzelt und gegründet zu werden.

Eph. 4, 22—24. So leget nun von euch ab nach dem vorigen Wandel den alten Menschen, der durch Lüste im Irrtum sich verderbet. Erneuert euch aber im Geist eures Gemütes und ziehet an den neuen Menschen, der nach Gott geschaffen ist in rechtschaffener Gerechtigkeit und Heiligkeit.

Kol. 3, 9. 10. Lüget nicht untereinander. Ziehet den alten Menschen mit seinen Werken aus und ziehet den neuen an, der da verneuert wird zu der Erkenntnis nach dem Ebenbilde des, der ihn geschaffen hat.

1. Tim. 2, 5. Denn es ist ein Gott und ein Mittler zwischen Gott und den Menschen, nämlich der Mensch Christus Jesus.

2. Tim. 3, 17. Dass ein Mensch Gottes sei vollkommen, zu allem guten Werke geschickt.

1. Petr. 3, 4. Sondern der verborgene Mensch des Herzens, unverrückt mit sanftem und stillem Geist, das ist köstlich vor Gott.

Gal. 3, 26—28. Denn ihr seid alle Gottes Kinder durch den Glauben an Christum Jesum. Denn wie viele euer getauft sind, die haben Christum angezogen. Hier ist kein Jude noch Grieche, hier ist kein Knecht noch Freier, hier ist kein Mann noch Weib, denn ihr seid allzumal einer in Christo Jesu.

6. Wie stellten die Samothraker das unbeschreibliche Geheimnis von dem oberen Menschen und dem neuen Menschen bildlich dar?

In ihrem Tempel standen zwei Bildsäulen in der Gestalt von nackten Männern, deren beide Hände zum Himmel erhoben und deren Geschlechtsteile aufwärts gerichtet waren, als Abbild des seligen Erzmenschen und des wiedergeborenen neuen Menschen. Der letztere ist nämlich dem ersteren völlig gleich und sein vollkommenes Ebenbild.

7. Wie symbolisierten die Aegypter diesen neuen Menschen?

Vor der Isis befindet sich in ihren Tempeln der Osiris, wo er steht mit blossem, von unten nach oben gerichteten Geschlechtsteil und geschmückt mit allen Früchten des Gewordenen. Ja er steht nicht nur an erster Stelle in den heiligsten Tempeln, sondern vor aller Augen „wie ein Licht, das nicht unter dem Scheffel verborgen ist, sondern auf den Leuchter gestellt ist“, „eine Predigt, gepredigt auf den Dächern,“ auf allen Wegen und Pfaden und selbst in den Wohnhäusern als Grenze und Ziel für das Haus. Dies geheimnisvolle Bild stellt den Glückbringer, den neuen Menschen, den Guten dar.

8. In welcher Form haben die Griechen die Darstellung dieses unsagbaren Geheimnisses vom neuen Menschen versucht?

Die Griechen, die das Geheimnis von den Aegyptern erhielten, schmückten die öffentlichen Säulen des Hermes mit dem Schamgliede eines Mannes, das von unten nach oben gerichtet ist, um so das unbeschreibliche Geheimnis der geistlichen Zeugung und Wiedergeburt anzudeuten.

9. Womit hat Homer unter anderem auf dies Geheimnis hingewiesen?

Er bezeichnet den Hermes als den Urheber, Führer und Schützer der Seelen, der einen goldenen Stab in seinen Händen trägt, womit er die bezauberten Seelen wieder aus ihrem Schlummer aufweckt.

10. Was bedeutet die Sage der Assyrier von der Verschneidung des Attis?

Es symbolisiert, dass das selige Wesen der überirdischen und ewigen Dinge die männliche Kraft der Seele zu sich emporruft. Denn der wahre Mensch ist männlich-weiblich. [D]Wenn nun der Attis durch die Göttermutter verschnitten wird, so bedeutet dies, dass er abgeschnitten wird von den irdischen niederen Teilen der Schöpfung und als neuer Mensch emporsteigt zu der ewigen Wesenheit, wo es weder Weibliches noch Männliches gibt, sondern eine neue Kreatur, einen neuen geschlechtslosen Menschen.

11. Womit versinnbildlichen die Phrygier und Athener diese Verschneidung des erneuerten Menschen?

Die Phrygier nennen den neuen Menschen die abgeschnittene grüne Aehre und die Athener halten bei der schweigsam stattfindenden Einweihung und Aufnahme ihrer vollkommenen Glieder den Aspiranten eine abgeschnittene Aehre hin als Sinnbild der Entsagung von fleischlicher Zeugung und allem irdischen Wesen. Diese Aehre ist ein Abbild des vollkommenen grossen Lichtträgers oder Idealmenschen, zu dessen Ehren der Geheimpriester nicht buchstäblich verschnitten wird, sondern entmannt wird durch Anwenden von Schierling, so dass er aller fleischlichen Zeugung entsagt.

12. Welches Symbol hat der christliche Geheimdienst angenommen für den wiedergebornen neuen Menschen?

Die Christen verehren die Jungfrau als Symbol des reinen und geistlichen Menschen. Denn alle die durch die Pforte des Himmels als erneuerte Menschen eingehen wollen, müssen ihre Kleider abwerfen und müssen Jungfrauen werden, entmannt durch den jungfräulichen Geist, damit der Christus oder neue Mensch in ihnen geboren werden kann. Dies ist die Jungfrau, die schwanger wird und empfängt und einen Sohn gebiert, nicht einen seelischen, nicht einen körperlichen, sondern die selige Wesenheit der Wesenheit, den Stern der Fülle.

13. Wie wird der untere sterbliche Mensch eingeteilt und beschrieben?

Man teilt den sterblichen Menschen oder Geryones dreifach ein. Der eine Teil ist geistlich, ein Teil ist seelisch und ein Teil irdisch. Die gründliche Erkenntnis des Menschen ist die notwendige Vorbedingung und der Anfang der Erkenntnis Gottes. „Denn der Anfang der Vollkommenheit ist die Erkenntnis des Menschen. Die Erkenntnis Gottes aber ist vollendete Vollkommenheit."

Lies: Die Naassener.

I. Die Entstehung des niederen oder psychischen Menschen.

Edel sei der Mensch, hilfreich und gut!
Denn das allein unterscheidet ihn
Von allen Wesen, die wir kennen.
Nur allein der Mensch vermag das Unmögliche.
Er unterscheidet, wählet und richtet.
Er kann dem Augenblick Dauer verleihen.
Er allein darf dem Guten lohnen,
Den Bösen strafen, heilen und retten,
Alles Irrende, Schweifende nützlich verbinden.
Der edle Mensch sei hilfreich und gut!
Unermüdet schaff' er das Nützliche, Rechte,
Sei uns ein Vorbild jener geahneten Wesen!

14. Woher stammt der sterbliche Mensch?

Der sterbliche Mensch hat seinen Ursprung in den niederen Teilen des Haushaltes oder der unsichtbaren Materie. Der Stoff zum Menschen wurde nicht von dieser uns sichtbaren trockenen Erde genommen, sondern von dem unsichtbaren ausgegossenen und fließenden Teil der Schöpfung, d. h. von der Astralwelt.

15. Wer gab den Anstoss zum Bilden des Menschen?

Der untere Demiurg, Jaldabaoth, der auch der vierte Gott genannt wird. Als er nämlich die sieben Himmel vollendet und ihre Herrscher oder Engel eingesetzt hatte, samt den Gewalten und Kräften und Baumeistern und Dienern, freute er sich über alles, was unter ihm war. Und da er die obere Welt infolge jener ihm eigenen Unwissenheit nicht kannte, sondern sich selbst für das höchste Wesen hielt, so sprach er in ruhmredigem Tone also: Ich bin der Vater und Gott und über mir ist niemand. Aber die Mutter Weisheit hörte dies und rief ihm strafend entgegen: Lüge nicht, Jaldabaoth, denn über dir ist der Allvater oder erste Mensch und der zweite Mensch oder des Menschen Sohn. Ueber diese Worte und göttlichen Benennungen waren alle sieben Herrscher verwundert und verwirrt und forschten begierig nach dem Ursprunge und der Bedeutung jener Stimme. Um nun die ihm untergebenen Schicksalsfürsten von der Erforschung der oberen Welt abzulenken, gab ihnen Jaldabaoth eine Beschäftigung, indem er sie zu sich selbst verführte und sagte: Kommt, lasst uns den Menschen machen nach unserem Bilde.

16. Woher stammte aber der Plan zu diesem Werke?

Die Mutter Weisheit oder der dritte Gott hatte diesen Plan heimlich in seinen Sinn gelegt.

17. Welchen Zweck verfolgte die Weisheit mit der Schöpfung des Menschen?

Sie wollte den Herrschern die göttliche Kraft oder die Benetzung mit Licht rauben, die sie von oben her als Erbteil erhalten hatten. Diese Kraft sollten sie von sich auf den Menschen übertragen, damit sie, besonders der Demiurg, sich nicht infolge des inneren göttlichen Funkens gegen die obere Welt des Lichtes auflehnen könnten.

18. Wer bildete nun den materiellen Menschen?

Die sechs Herrscher oder Söhne Jaldabaoths kamen zusammen und bildeten einen Menschen von gewaltiger Breite und Länge, ohne Intelligenz und höchst unvollkommen. Er lag da ohne Atem, ohne Bewegung, ohne Regung, wie eine tote Bildsäule, nach dem Bilde des oberen Erzmenschen gemacht.

19. Woher hatten die Fürsten das Muster zu diesem Menschen, da sie doch den oberen Menschen nicht kannten?

Die Achamoth zeigte ihnen das Modell von oben auf einen Augenblick und zog es dann wieder zurück, so dass sie nur eine unklare Erinnerung davon im Gedächtnis behielten.

20. Wer vollendete das angefangene Werk der sechs Söhne?

Die Fürsten brachten den Menschen auf Antrieb der Achamoth zu dem Vater Jaldabaoth, damit derselbe seinen eigenen Lebenshauch in ihn hineinblasen sollte. Dieser Hauch ist nun die Seele, der von dem Wesen des Demiurgen stammende Teil in uns Menschen.

1. Mos. 2, 7. Er blies ihm ein den lebendigen Odem in seine Nase. Da wurde der Mensch eine lebendige Seele.

Hiob 10, 12. Dein Aufsehen bewahret meinen Odem.

Psalm 150, 6. Alles, was Odem hat, lobe den Herrn.

21. Welchen Zweck erreichte die Achamoth damit zugleich?

Mit seinem eigenen psychischen Odem blies Jaldabaoth zugleich jenen Geist von oben, den inneren Lichtfunken, die geistliche Kraft mit hinein. Somit verlor er, ohne es zu wissen, jene Benetzung des Lichtes, die er von der Mutter erhalten hatte.

Luk. 2, 40. Aber das Kind wuchs und ward stark im Geist, voller Weisheit, und Gottes Gnade war bei ihm.

Luk. 23, 46. Und Jesus rief laut und sprach: Vater, ich befehle meinen Geist in deine Hände.

Röm. 2, 29. Sondern das ist ein Jude, der's inwendig verborgen hat; und die Beschneidung des Herzens ist eine Beschneidung, die im Geist und nicht im Buchstaben geschieht.

1. Kor. 2, 11. Denn welcher Mensch weiss, was im Menschen ist, ausser der Geist des Menschen, der in ihm ist? Also auch weiss niemand, was in Gott, ausser der Geist Gottes.

1. Kor. 6, 20. Denn ihr seid teuer erkauft. Darum, so preiset Gott an eurem Leibe in eurem Geiste, welche sind Gottes.

1. Thess. 5, 23. Er aber, der Gott des Friedens, heilige euch durch und durch, und euer Geist ganz, samt der Seele und dem Leibe, müssen behalten werden unsträflich auf die Zukunft unseres Herrn Jesu Christi.

Heb. 4, 12. Denn das Wort Gottes ist lebendig nnd kräftig und schärfer, denn kein zweischneidiges Schwert, und durchdringet, bis dass es schneidet Seele und Geist, auch Mark und Bein, und ist ein Richter der Gedanken und Sinne des Herzens.

22. Worin zeigte sich jenes von oben stammende Licht des Menschen?

Dasselbe offenbarte sich in der schöpferischen Kraft seines Gedankens und Willens, oder seines Verstandes und Verlangens, und diese beiden höheren Fähigkeiten allein nehmen an der Erlösung teil, während die niedere Natur mit der Welt vergehen muss. Aber jene höheren Geistesgaben, die den Lichtfunken von oben darstellen, bewirkten in dem Menschen das Streben nach der höheren Welt und leiteten ihn an, dass er seinen Bildnern den Rücken wandte, um dem Ersten Menschen, dem Erzmenschen, Dank darzubringen.

23. Was versteht man unter den beiden Worten „Nach dem Bilde“ und „nach der Gleichheit“ geschaffen?

Nach dem „Bilde“ erstand der materielle Mensch, Gott zwar äusserlich ähnlich, aber nicht wesensgleich. Nach der „Gleichheit“ erstand der seelische Mensch, daher wird dieser auch der Geist des Lebens genannt, da er aus dem geistlichen Ausfluss der Welt des Demiurgen stammt.

24. Welchen Namen trägt der ursrüngliche psychische Mensch, der die göttlichen Kräfte noch in sich hat?

Die Bibel nennt ihn den Adam, der aus dem

Erdenkloß gemacht ist und dem der „Herr" dann seinen lebendigen Odem einblies, so daß er eine lebendige Seele wurde.

25. Wodurch unterschied sich jener Mensch von dem empirischen fleischlichen Menschen, wie wir ihn heute kennen?

Er war ein psychisches Wesen, dessen Körper aus der unsichtbaren ätherförmigen flüssigen Materie bestand, in dem die Seele wohnte, die den Lichtfunken von oben einschloß. Er besaß okkulte Eigenschaften, Gaben und Fähigkeiten, die dem gesunkenen, im Fleisch wohnenden empirischen Menschen als fabelhaft erscheinen müssen.

26. Worin bestand seine geistliche Erkenntnis?

Vermöge der inneren Lichtbenetzung stand er in Beziehung zu dem oberen Lichtfunken, hatte die klare Erinnerung an seine Existenz im Reich der Fülle und besaß dementsprechend eine vollkommene Erkenntnis Gottes und der geistlichen Welt.

27. Welches waren seine psychischen Fähigkeiten?

Statt der stumpfen, schwerfälligen physischen fünf Sinne gebot er über die bewundernswerten Gaben des Hellsehens, Hellhörens und des psychometrischen Gefühles. Der Astralkörper, in dem er wohnte, ermöglichte ihm, in der Ferne direkt wahrzunehmen, seinen Körper durch die blose Kraft des Willens irgendwohin zu versetzen, ihn in die Luft zu erheben, nach Belieben irgendwo zu erscheinen und zu verschwinden, mit den höheren Geistern nach Belieben in Verkehr zu treten.

28. Haben wir nicht Spuren von diesen ursprünglichen menschlichen Fähigkeiten nach dem Sündenfalle aufzuweisen?

Die Heiligen und Propheten aller Zeiten haben jene höheren Kräfte oftmals bewiesen.

29. Was versteht man unter dem Heiligenschein des ursprünglichen Menschen?

Sein Astralkörper, sowie sein geistiger und geistlicher Körper sandten Ausdünstungen und Lichtstrahlen aus, die in den herrlichsten Farben glänzten, die vom lichten Rot zum Gelb und Blau und unbeschreiblichen Weiss reichten und in denen das erhabene Geistesleben sich in fortwährend wechselndem Glanze wiederspiegelte und wie ein Licht besonders das Haupt umleuchtete.

30. Welches sind die Bedeutungen der hauptsächlichsten Farben, in denen das psychische Licht erstrahlt?

Das Denkvermögen erscheint in verschiedenen Schattierungen von Gelb, je nach der Sphäre, in denen sich die Gedanken bewegen. Religiöse Gefühle bringen ein tiefdunkles Blau hervor, das sich ändert je nach der Reinheit und Selbstlosigkeit der religiösen Empfindung. Das helle Blau weist auf einen hohen Grad geistlicher Entwicklung hin. Die Farbe, in dem das höchste menschliche Prinzip, der Geist, erscheint, ist ein reines ungemischtes Weiss von unaussprechlichem Glanz, welches ein menschliches Auge nie gesehen hat.

31. Worin bestand seine Speise?

Er nahm natürlicher Weise keine feste Speise, wie wir, zu sich, sondern existierte von der Lebenskraft des Aethers, die er durch das Atmen vermöge seiner Willenskraft an sich zog.

32. Welches war sein moralischer Zustand?

Er war im Besitz vollkommener Heiligkeit, die er von der höheren Welt mitgebracht hatte, und genoß völligen Frieden, da die Heiterkeit, Klarheit und Ruhe seiner Seele durch keine Leidenschaft getrübt und durch keine Furcht gestört wurde.

33. Welches waren die Geschlechtsbeziehungen jenes Menschen?

Er vereinigte das männliche und das weibliche Geschlecht in sich zu einer harmonischen Einheit, da die Spaltung der Seele in zwei Geschlechter noch nicht stattgefunden hatte. Er hatte also keine geschlechtlichen Beziehungen, sondern führte ein absolut keusches Leben.

34. Warum kann man den ursprünglichen Menschen unsterblich nennen?

Weil es seine Bestimmung war, durch allmähliches Ablegen des psychischen oder astralen Körpers in die Geisterwelt der Vollkommenen zurückzukehren. Leiden, Krankheiten und Tod waren ihm somit unbekannt.

> O Schöpfer, welch ein Ebenbild
> Erschufst du dir aus Erde!

Wie stand dein erster Mensch so mild,
Mit himmlischer Gebärde!
Ganz ohne Sünd', ein Gotteskind,
Geschmückt mit deinem Siegel,
Der Liebe reiner Spiegel.

Dies war dein Bild. Vollkommenheit
Hiess sein erhab'ner Adel;
Er wusste nichts von Sterblichkeit
Und nichts von Fluch und Tadel.
Kraft ohne Druck, das war sein Schmuck,
Sein Odem Lieb und Freude,
Die Unschuld sein Geschmeide.

Auf Lebenspfaden wolltest du
Sanft seine Seele leiten
Und höher führen immerzu
Ins Licht der Ewigkeiten,
Damit sie ganz im hellsten Glanz
Dein Wunderbild der Ehre
Vor allen Himmeln wäre.

35. Welcher Sohn Adams hat jenes ursprüngliche Ebenbild Gottes noch gezeigt?

Seth, der dem ursprünglichen Bilde Adams ähnlich war.

36. Welche Männer des Alten Testamentes haben die ursprüngliche Unsterblichkeit wiedererlangt?

Henoch, Moses und Elias.

II.

Die Störung des ersten Friedens.

37. Wie rächte sich Jaldabaoth an der Empörung des Menschen gegen seinen Dienst und dessen Hinwendung zur höheren Welt des Lichtes?

Er machte aus dem heftigen Verlangen des Menschen ein Weib, um ihn vermittelst dieses Weibes seiner höheren Kraft und seines Strebens nach oben zu berauben. Die schöpferische Kraft des menschlichen Geistes wurde von da an verschwendet und ausgelöst durch die Ablenkung der menschlichen Begierde auf geschlechtliche Vereinigung. Der Mensch war somit in zwei Teile gespalten, die sich hinfort in zwei besonderen Leibern verkörperten, um sich zuletzt nach einer langen Evolution wieder zu vereinigen zu der ursprünglichen Einheit, die sie im Anfang gebildet hatten.

38. Welchen Namen erhielt das Weib, das von der „Rippe," d. h. dem Verlangen gebildet war?

Die Herrscher nannten sie wegen ihrer großen Schönheit Eva, denn sie verkörperte und barg das geistige Licht in sich.

39. Wie verlor aber die Eva hinwiederum jene Kraft von oben?

Die Achamoth nahm das Weib zu sich und nahm die Kraft von ihr fort.

40. Wozu mißbrauchten sie nun die Herrscher?

Sie kamen herbei, bewunderten ihre Schönheit und empfanden ein großes Verlangen nach ihr, so daß sie sich mit ihr geschlechtlich vereinigten und aus ihr Söhne zeugten, die auch Engel wurden.

Lies: I. Mos. Kap. 6.

41. Wie verleitete nun die Achamoth Adam und Eva zur Uebertretung der Gebote Jaldabaoths?

Sie gebrauchte dazu die List der Schlange, welche die Eva zum Ungehorsam verführte.

42. Woher stammt diese Schlange?

Als im Himmel ein Streit entstand zwischen Jaldabaoth und seinen sechs Söhnen um die Oberherrschaft, wurde Jaldabaoth verzweifelt nnd betrübt und blickte in seinem Zorne hinab in den Bodensatz der unter ihm liegenden Materie. Seine Begierde befestigte sich so auf die Materie, daß sie schwanger wurde und einen Sohn hervorbrachte, der die Gestalt einer Schlange hatte. Dies ist der niedere physische Verstand.

43. Wozu verleitete diese Schlange die Eva?

Sie redete der Eva zu, von der vom Jaldabaoth verbotenen Frucht des Baumes der Erkenntnis des Guten und Bösen zu essen. Eva hörte die Rede der Schlange wie von einem Sohne Gottes gesprochen, glaubte leicht und überredete Adam, auch von dem Baume zu essen, davon der Gott gesagt hatte, sie sollten nicht davon essen.

44. Was war die Folge dieser Speise?

Die Menschen erkannten dadurch jene erste und höchste Kraft, die über allem ist und fielen ab von denen, die sie geschaffen hatten.

45. Wer jubilierte über diesen Ausgang?

Als Achamoth sahe, dass die Herrscher von ihrem eigenen Gebilde besiegt waren, bezeugte sie offen ihre Freude und rief laut aus: Während der unvergängliche Vater in der Höhe thront, hat Jaldabaoth früher sich selbst Vater genannt und gelogen. Und nun ist auch die Eva zur Ehebrecherin und Sünderin geworden.

Lies: Die Schöpfungslehre der Naassener und Sethianer.

46. Die Vertreibung aus dem Paradiese und der Fall in die Materie samt der Entartung.

Weh uns! Wie kurz im Erdental
War dieses schöne Leben!
Wie ward des heilgen Bildes Strahl
Von Finsternis umgeben!
Der Tod drang ein in Mark und Bein;
Der Vater kam zu Falle,
Riss nach die Kinder alle.

Drum siegen wir von Adam her,
Drum sterben wir so frühe,
Drum ist das Leben öd' und schwer
Und voller Sündenmühe.
Drum fliehen wir, o Gott, vor dir
Und deines Zornes Drohen,
Wie Adam einst geflohen.

Drum ist kein Frieden im Gebein,
Kein heitrer Blick nach oben.

Stumm bleibt das Herz mit seiner Pein,
Kann dich nicht kindlich loben.
Und soll's nun hin zum Grabe ziehn,
So muss es sich verklagen
Und im Gericht verzagen.

47. Welchen Zweck hat das Hinabsteigen der Seelen in die Materie?

Um die niedere Materie, die an sich ohne jede Form und jegliches Leben ist, für eine Zeit lang zu ordnen, zu gestalten und zu beleben. Wie Gott nämlich das Licht der Seele ist, so soll die Seele das Licht der Materie sein, indem sie sie erleuchtet, entwickelt und emporhebt.

48. Wodurch werden die Seelen verführt, in die Materie hinabzusteigen?

Der Anmaßende oder Ungehorsame, das Oberhaupt unter den niederen Herrschern, der sich weigerte, die Klarheit seines Lichtes zum Wohle anderer leuchten zu lassen, sondern es für sich bewahren und so eine eigene Herrschaft gründen wollte, strahlt eine große Lichtkraft als Wiederspiegelung des oberen Lichtes aus. Die Seelen nun, die das wahre Licht suchen, werden durch dieses Irrlicht verführt, in die unteren Regionen hinabzublicken, und glauben dann dort unten das wahre Licht zu schauen. So steigen sie, von einem falschen Lichte verleitet, in die Materie hinab und treten die große Wanderschaft an.

49. Was geschieht dabei mit dem ursprünglichen göttlichen Lichte, das die Seelen noch in sich haben?

Die materiellen Kräfte löschen alle Lichtkraft

der Seelen aus, verschlingen dieselben und werfen ihren eigenen Stoff wieder aus, hinab ins Chaos. An der Spitze dieser feindlichen Kräfte steht Jaldabaoth selbst.

50. Wie weit führt der Abstieg in die Materie?

Bis die größte Tiefe des Chaos erreicht ist, bis der Pilgerpfad den müden Wanderer an der äußersten Grenze wieder zur Höhe, zurück zum Geiste, führt.

Lies: Empedocles.

51. Was veranlasste den Jaldabaoth dazu, den Adam und die Eva aus dem Paradiese zu verjagen?

Er wollte aus der Eva Söhne zeugen, aber erlangte seinen Wunsch nicht, da ihm die Mutter in allem entgegentrat. Ohne daher auf die frohlockende Rede der Mutter zu hören, warf er beide, Adam und Eva, aus dem Paradiese.

52. Wie bewahrte Achamoth das göttliche Licht im Menschen vor der Teilnahme an dieser Schande?

Achamoth nahm heimlich dem Menschenpaare jene Benetzung mit Licht weg und bewahrte dasselbe so vor dem Fluch und dem Schimpf.

53. Wohin wurden die Menschen getrieben?

Nachdem sie ihr göttliches Wesen verloren hatten, wurden sie verflucht und aus dem Himmel Jaldabaoths, d. h. aus der psychischen Welt vertrieben und in diese unsere materielle oder fleischliche Welt herabgeworfen.

Durch Adams Fall ist ganz verderbt
Menschlich' Natur und Wesen.

Das Gift hat sich auf uns vererbt;
Wir konnten nicht genesen
Ohn' Gottes Trost, der uns erlöst
Hat von dem grossen Schaden,
Darin die Schlang' Evam bezwang,
Den Zorn auf sich zu laden.

54. Was tat Jaldabaoth mit der Schlange?

Weil sie im Dienst der Achamoth gegen den Vater Jaldabaoth gearbeitet hatte, schleuderte derselbe sie ebenfalls in die unterste Welt des Chaos hinab, wo sie nun eine eigene Herrschaft aufrichtete, indem sie „der Fürst dieser Welt" wurde.

55. Welche mystischen Namen trägt diese Schlange?

Ihre Namen sind Michael und Samael.

56. Wie viele Söhne zeugte sie?

Sie zeugte sechs Söhne, mit denen zusammen sie die sieben bösen Weltodem oder die sieben bösen Winde bildet. Dieselben bereiten dem menschlichen Geschlechte fortwährend Feindschaft und Widerstand, weil um der Menschen willen ihr Vater, die Schlange, vom Himmel herabgeworfen wurde. Sie verleiten die Menschen zu aller Vergessenheit und Bosheit, zum Eifer und Neide und endlich zum Tode.

57. Was für einen Einfluß hatte das Herabsinken in die Materie zuerst auf den Menschen?

Der leichte, leuchtende und gewissermaßen geistliche Körper, den Adam und Eva in der himmlischen Welt getragen hatten, veränderte sich hier unten ganz allmählich und wurde dunkler und dichter und träger.

58. Was für einen Einfluß hatte der Fall auf die Seele?

Auch die Seele wurde schlaff und langsam in ihrer Bewegung, denn sie hatte ja von ihrem Bildner nur den irdischen oder psychischen Hauch erhalten.

Ach Gott, es hat mich ganz verderbt
Das böse Gift der Sünden,
Die mir von Adam angeerbt.
Wo soll ich Rettung finden?
Es ist mein Elend viel und gross,
Es ist vor deinen Augen bloss,
Wie tief mein Herz verdorben

Wie schrecklich ist nicht mein Verstand
Mit Finsternis umhüllet.
Der Will' ist von dir abgewandt,
Mit Bosheit angefüllet.
Und die Begierden sind geneigt,
Die Lust, die aus dem Herzen steigt,
Im Werke zu vollbringen.

Mir fehlt die Kraft, dich, höchstes Gut,
Zu kennen und zu lieben.
Hingegen regt sich Fleisch und Blut
Mit sündenvollen Trieben
Dich fürcht' ich und vertrau' dir nicht,
Ich unterlasse meine Pflicht
Und tu', was dir entgegen.

Röm. 3, 10–13. Da ist nicht, der verständig sei, da ist nicht, der nach Gott frage. Sie sind alle abgewichen und allesamt untüchtig geworden. Da ist nicht, der Gutes tue, auch nicht einer. Ihr Schlund ist ein offenes Grab, mit ihren Zungen handeln sie trüglich, Otterngift ist unter ihren Lippen. Ihr Mund ist voll Fluchens und Bitterkeit, ihre Füsse sind eilend, Blut zu vergiessen. In ihren Wegen ist eitel Unfall und Herzeleid, und den Weg des Friedens wissen sie nicht. Es ist keine Furcht Gottes vor ihren Augen. 23. Denn es ist hier kein Unterschied, sie sind allzumal Sünder und mangeln des Ruhmes, den sie vor Gott haben sollten.

Röm. 7, 18. Denn ich weiss, dass in mir, das ist in meinem Fleische, wohnet nichts Gutes. Das Wollen habe ich wohl, aber das Vollbringen fehlet mir. Denn das Gute, das ich will, das tue ich nicht, sondern das Böse, das ich nicht will, das tue ich. 24. Ich elender Mensch, wer will mich erretten von dem Leibe dieses Todes?

Röm. 8, 7. Denn fleischlich gesinnet sein, ist eine Feindschaft wider Gott, sintemal es dem Gesetze Gottes nicht untertan ist, denn es vermag es auch nicht.

Eph. 2, 3. Unter welchen wir auch alle weiland unseren Wandel gehabt haben in den Lüsten unseres Fleisches und taten den Willen des Fleisches und der Vernunft, und waren auch Kinder des Zornes von Natur, gleichwie auch die andern.

59. Kehrte die Benetzung mit Licht nicht wieder zurück zum gefallenen Menschen?

Ja. Die Weisheit nahm sich des gesunkenen und umnachteten Menschenpaares an und gab ihnen den süßen Geruch der Benetzung mit Licht wieder zurück. So kamen sie wieder zum Selbstbewußtsein und wurden gewahr, daß sie nackend waren und ihr Körper von Materie war. Sie erkannten auch, daß sie den Tod bei sich trugen. Aber sie waren getrost, da sie vernahmen, daß ihnen der Körper nur auf eine Zeit lang angelegt war.

60. Was versteht man unter den Röcken von Fellen?

Es ist das sichtbare Fleisch, das den feineren Körper bedeckt.

61. Wozu leitete sie die Weisheit noch an?

Sie gab ihnen Anleitung, daß sie sich Speise suchten, um den fleischlichen Körper zu unterhalten. Gesättigt von der sinnlichen, fleischlichen Speise, vereinigten sie sich dann zum fleischlichen Geschlechtsverkehr.

62. Welchen Einfluß hatte der fleischliche Körper auf die Seele?

Verlockt durch die sinnlichen Freuden des Essens und Trinkens und der niedrigen geschlechtlichen Vereinigung nach tierischer Weise, wurden die Menschen immer mehr in die Materie verstrickt und die Seele wurde zuletzt ein völliger Sklave des Leibes, während das innere Licht immer mehr verdunkelt und vergessen wurde. Der Körper, der ein brauchbares und williges Werkzeug sein sollte, wurde der Tyrann des menschlichen Geistes und seiner Seele, und so wurde aus dem seelischen Menschen der fleischliche Mensch, wie wir ihn heute kennen.

Röm. 6, 16—19. Wisset ihr nicht, welchem ihr euch begebet zu Knechten im Gehorsam, dess Knechte seid ihr, dem ihr gehorsam seid, es sei der Sünde zum Tode, oder dem Gehorsam zur Gerechtigkeit. Gott aber sei gedankt, dass ihr Knechte der Sünde seid gewesen, aber nun gehorsam geworden von Herzen dem Vorbilde der Lehre, welchem ihr ergeben seid. Denn nun ihr seid frei geworden von der Sünde, so seid ihr Knechte geworden der Gerechtigkeit. — Gleichwie ihr eure Glieder gegeben habt zum Dienst der Unreinigkeit und von einer Ungerechtigkeit zu der andern, also begebet auch nun eure Glieder zum Dienst der Gerechtigkeit, dass sie heilig werden.

Röm. 7, 23. Ich sehe aber ein ander Gesetz in meinen Gliedern, das da widerstreitet dem Gesetz in meinem Gemüte und nimmt mich gefangen in der Sünde Gesetz, welches ist in meinen Gliedern. 14. 15. Denn wir wissen, dass das Gesetz geistlich ist, ich aber bin fleischlich, unter die Sünde verkauft. Denn ich weiss nicht, was ich tue. Denn ich tue nicht, was ich will, sondern das ich hasse, das tue ich.

Wie gut ist's, von der Sünde frei!
Wie selig Christi Knecht!
Im Sündendienst ist Sklaverei,
In Christo Kindesrecht.

Im Sündendienst ist Finsternis,
Den Weg erkennt man nicht.
Bei Christo ist der Gang gewiss:
Man wandelt in dem Licht.

Im Sündendienst ist Hass und Leid,
Man plagt sich, wird betrübt.
In Christi Reich ist Freudigkeit:
Man liebt und wird geliebt.

63. Worin besteht die Verwirrung in der Ernährungsweise?

Während der Mensch zuerst von Früchten und Kräutern sich ernährte, verfiel er allmählich in die unnatürliche Angewohnheit des Genusses von toten Tieren, was seine degradierende Rückwirkung nicht verfehlte.

64. Wo hat sich die Entartung des Menschen ausserdem noch in eklatanter Weise geoffenbart?

In seinem Geschlechtsleben.
Lies: Römer, Kap. 1.

65. Woher stammt die Hurerei und der Ehebruch?

Die von dem göttlichen Geiste verlassene Weltseele rächte sich an ihrem entlaufenen Gatten dadurch, daß sie die Babel oder Aphrodite beauftragte, Ehebruch und Hurerei unter den Menschen zu verursachen. Denn damit gedachte sie den in dem Menschen wohnenden göttlichen Geist zu plagen und zu betrüben, indem derselbe eine ähnliche Angst und Sehnsucht erlitt, wie sie selbst.

66. Welchen anderen Engel gebrauchte sie als Geisel gegen das Menschengeschlecht?

Sie gab ihrem dritten Engel, der Schlange, große Gewalt, daß sie den göttlichen Hauch im Menschen mit allen Strafen strafen sollte, um sich auch so an dem nach oben entschwundenen göttlichen Geiste zu rächen.

Lies: Justinus und Simon Magus.

67. Welche Strafen trafen den verwirrten und verblendeten Menschen?

Leiden aller Art, Krankheiten und zuletzt der Tod; Geburt und Verfall, Hunger und Durst, Hitze und Kälte, Ueberschwemmungen, Erdbeben, Feuersbrünste, Feindschaft der wilden Tiere und des Ungeziefers, sowie gegenseitige Kriege und Blutvergießen. Dazu kommt die unersättliche Begierde, Trennung von Dingen und Personen, die wir lieben, Abneigung gegen das, was sich nicht vermeiden läßt, und Verlangen nach dem, was man nicht haben kann. Das moralische Elend ist Schwächung des Willens, Verdunkelung der Vernunft und Verlust des um den Körper strahlenden Glorienscheines.

68. Verursachen im Grunde diese Dinge selbst unser Elend?

Nein, sondern die Tatsache, daß wir unseren Geist dadurch beeinflussen und beherrschen lassen. Unsere Unwissenheit und geistliche Verblendung legt Wert auf Dinge, die keinen Wert haben, trauert um das, was man nicht betrauern sollte, hält für wirklich das, was keine Wirklichkeit hat, sondern auf der Täuschung unserer Sinne beruht. So verbringen wir unser Leben im Jagen nach wertlosen, schattenhaften Zielen, während wir das Wichtigste und Notwendigste, das wahre und ewige Leben, versäumen.

69. Haben denn diese Leiden nicht auch einen höheren Zweck?

Gewiß! Sie dienen dazu, den Menschen zum Nachdenken und zum Suchen nach dem Einen, was not ist, anzutreiben und um den wahrhaftigen und ewigen Gütern einen Wert zu verleihen.

Jes. 26, 16. Wenn Trübsal da ist, so suchet man dich.

Apg. 14, 22. Dass wir durch viele Trübsal in's Reich Gottes gehen müssen.

Röm. 5, 3—5. Nicht allein aber das, sondern wir rühmen uns auch der Trübsale, dieweil wir wissen, dass Trübsal Geduld bringet; Geduld aber bringet Erfahrung, Erfahrung aber bringet Hoffnung. Hoffnung aber lässt nicht zu Schanden werden.

Röm. 8, 18. Denn ich halte es dafür, dass dieser Zeit Leiden der Herrlichkeit nicht wert sei, die an uns soll offenbaret werden.

2. Kor. 4, 17. Denn unsere Trübsal, die zeitlich und leicht ist, schaffet eine ewige und über alle Massen wichtige Herrlichkeit.

2. Kor. 8, 2. Denn ihre Freude war da überschwänglich, da sie durch viele Trübsal bewährt wurden.

Psalm 34, 20. Der Gerechte muss viel leiden, aber der Herr hilft ihm aus dem allen.

Sprüche 15, 33. Ehe man zu Ehren kommt, muss man zuvor leiden.

1. Petri 5, 10. Der Gott aber aller Gnade, der uns berufen hat zu seiner ewigen Herrlichkeit in Christo Jesu, derselbe wird euch, die ihr eine kleine Zeit leidet, vollbereiten, stärken, kräftigen, gründen.

70. Fasst die gnostische Kirche die Leiden als eine von Gott verhängte Strafe auf?

Nein. Sie sind vielmehr das Mittel zur Reinigung und Befreiung des Geistes.

71. Wo ist der Fall der Seele aus der psychischen in die materielle Welt in seinen verschiedenen Abstufungen beschrieben?

In den ersten vorsündflutlichen und patriarchalischen Geschichten der Bibel, in denen wir sehen, wie die Menschheit von Generation zu Generation fällt und sich zum Götzendienst verführen läßt.

72. Wie erklärt sich die grosse Unvollkommenheit der alttestamentlichen oder mosaischen Religion, an der edlere Naturen stets Anstoss und Aergernis genommen haben?

Die alttestamentliche Religion stammte nicht aus der Offenbarung des höchsten guten Gottes, sondern ist auf den unteren Demiurgen, den Gott der mittleren oder gesetzlichen Gerechtigkeit zurückzuführen und ist daher voll von Torheit und Unvollkommenheit. Doch kann der geistliche Mensch einen tieferen geheimen Sinn darin entdecken, der den Propheten des Jaldabaoth indes nicht zum Bewußtsein kam.

73. Welches waren die ersten Nachkommen von Adam und Eva?

Der erste war Kain, den die Schlange mit ihren Söhnen gleich zu sich nahm, um ihn zu verderben, mit irdischer Vergessenheit zu erfüllen und ihn zur Torheit und Frechheit zu verleiten, sodaß er durch die Ermordung seines Bruders Abel zuerst den Neid und den Tod offenbarte. Demnächst wurde gemäß der Vorsehung der Achamoth der Seth geboren, dann Norea, von dem die Menge der übrigen Menschen abstammt.

74. Worauf war die Schlange stets bedacht?

Die Schlange und die untere Siebenheit waren immer beschäftigt, die Menschen zu aller Bosheit und zum Abfall von der himmlischen Siebenheit, d. h. von Jaldabaoth und seinen Söhnen, zum Götzendienst und zu aller anderen Schande zu verführen. Doch leistete ihnen die Mutter im Verborgenen kräftigen Widerstand und bewahrte das Eigentum, nämlich die Benetzung mit Licht.

75. Wie strafte Jaldabaoth oder Jehovah die ungehorsamen und götzendienerischen Menschen?

Voll Zornes darüber, daß die Menschen ihm nicht dienen und ihn nicht als Vater und Gott verehren wollten, ließ Jaldabaoth die Sündflut kommen, um sie alle auf einmal zu vernichten.

76. Wem verdankte Noah dabei seine Rettung?

Noah und seine Familie wurde von der Weisheit vermittels der Arche gerettet. Dies geschah infolge der Benetzung mit jenem Lichte, das aus der Achamoth stammte, die dem Jaldabaoth stets in den Weg trat. Von der Arche aus füllte sich die Welt wieder mit Menschen.

77. Welchen Bund machte Jaldabaoth mit Abraham?

Jaldabaoth wählte sich den Abraham unter allen Völkern aus und traf mit ihm ein Abkommen, dass wenn Abrahams Same treu im Dienste bliebe, er ihm die Erde zum Erbteil geben würde. Später führte er die Nachkommen Abrahams durch die Hand Mosis aus Aegypten, gab ihnen das Gesetz und machte sie zum Volke der Juden. Jeder von den sieben Herrschern wählte sich dann seine Propheten oder Herolde, die ihn rühmen und als Gott verkündigen sollten. Diese Propheten predigten und ermahnten ein jeder das Volk, ihrem Gotte Ehre und Dienst zu erweisen.

78. Wie haben die heidnischen Weisen diesen stufenweisen Abstieg in die Materie symbolisiert?

In der Sage von den vier Zeitaltern. In dem goldenen Zeitalter wurde das Recht und die Treue aus freiem Willen gepflegt und völliger Friede herrschte in der Natur. Es war das Zeitalter des Gottes Saturn. Im folgenden silbernen Zeitalter regierte Jupiter, der mit verkürztem Frühling, mit Hitze und Kälte der Urheber der Unvollkommenheit der Natur wurde und die Menschen zur Arbeit zwang. Das dritte Zeitalter wird das eherne genannt, indem die Leidenschaften und die Liebe zu den Waffen zur Erscheinung kamen, während aber das Laster noch nicht herrschte. Zuletzt brach das vierte Zeitalter herein, in dem wir leben, das eiserne, voll von Ungerechtigkeit, Betrug, List, Habsucht und Leidenschaft. Wenn die Schlechtigkeit aber den äußersten Punkt erreicht hat, so führt die Entwickelung das Menschengeschlecht wieder empor zum ehernen, silbernen und zum goldenen Zeitalter. Darauf hoffen alle Frommen.

Lies: Die Schöpfungslehre.

III.

Die gegenwärtige Natur und der Zustand des Menschen.

Bestandteile des Menschen.

Zwei Seelen wohnen, ach, in meiner Brust;
Die eine will sich von der andern trennen.
Die eine hält in derber Liebeslust
Sich an die Welt mit klammernden Organen,
Die and're hebt gewaltig sich vom Dust
Zu den Gefilden hoher Ahnen.

79. Welches sind die verschiedenen Faktoren, die den heutigen empirischen Menschen ausmachen?

Der Mensch ist das Resultat von fünf Hauptprinzipien; diese sind: 1) die Lichtkraft, 2) die Seele,

3) der nachgeahmte Geist, 4) der Körper, und 5) das Schicksal.

80. Was versteht man unter der Lichtkraft?

Es ist der innere Lichtfunke, der aus der geistlichen Welt der Achamoth oder Lichtjungfrau herrührt. Diese Kraft hat ein naturgemäßes Streben nach der Höhe und ist die Ursache aller edleren Empfindungen im Menschen, als da sind: Menschlichkeit, Freundlichkeit, Gerechtigkeit, Mitleid, Barmherzigkeit, selbstlose Liebe, wahre religiöse Empfindung, das Gefühl menschlicher Verbrüderung und Verwandtschaft. Aus dieser Quelle stammt auch alle Eingebung und Begeisterung der wahren Dichter, Maler, Bildhauer, Schriftsteller, Redner, Prediger und Erfinder. Es ist die Ursache des idealen und höheren Strebens, das alle Menschen mehr oder weniger und von Zeit zu Zeit emporhebt. Von dieser Lichtkraft zeugte Empedocles, wenn er sagte: Von was für einem Ehrenplatze und was für einer Größe des Glückes bin ich gefallen. Denn die Seelen nach ihrem inneren Lichtbestandteile sind aus der glückseligen oberen Welt hier heruntergebracht worden, damit sie dem Bildner dieser Schöpfung, dem feurigen vierten Gotte, Knechtsdienste leisten sollen. Aber ihre Sehnsucht geht zurück nach ihrer Heimat im Licht.

Hin nach oben möcht' ich ziehen,
Hin nach meines Vaters Haus.
Wo die ew'gen Höhen glühen,
Wo die Himmelsblumen blühen,
Ruhte meine Seele aus,
Ruhte meine Seele aus.

Meine Seele gleicht der Taube,
Die sich birgt im Felsenstein,
Wird der Erde nicht zum Raube;
In den Himmel dringt der Glaube,
:/: Meine Lieb' und Sehnsucht ein. :/:

Ich will streben nach dem Leben,
Wo ich selig bin.
Ich will ringen, einzudringen
Bis dass ichs gewinn.
Hält man mich, so lauf ich fort,
Bin ich matt, so ruft das Wort:
Fortgerungen, durchgedrungen
Bis zum Kleinod hin!

Jesu richte mein Gesichte
Nur auf jenes Ziel;
Lenk' die Schritte, stärk' die Tritte,
Wenn ich Schwachheit fühl',
Lockt die Welt, so sprich mir zu,
Schmäht sie mich, so tröste du.
Deine Gnade führ' gerade
Mich aus ihrem Spiel.

* * *

Was ist das Göttlichste auf dieser Welt?
Was hält uns anfrecht im Gewand von Staube?
Was ist's, das hier schon Engel uns gesellt?
Es ist das geistig Herrlichste, der Glaube.

Wodurch sind wir dem Schöpfer selbst verwandt?
Wie nennen wir den göttlichsten der Triebe?
Was ist der Zukunft Freuden sichres Pfand?
Es ist des Herzens Seligkeit, die Liebe.

Was mahnt im Leiden sanft uns zur Geduld?
Wodurch sehn wir schon hier den Himmel offen?
Was ist des ew'gen Vaters höchste Huld?
Es ist der Seele reinste Labung, Hoffen.

* * *

81. Was ist mit dem Worte Seele gemeint?

Das Wesen der Seele ist äußerst schwer zu erforschen und auszudenken. Denn sie verbleibt nicht immer in derselben Gestalt, Form und Leidenschaft, um sie entweder bildlich genau zu beschreiben oder ihrem Wesen nach zu erfassen. Die Frage ist, ob sie einfach oder mehrfach ist, ob sie aus dem Vorherexistierenden oder dem Selbstgezeugten oder dem ausgegossenen Gemisch stammt.

82. Wie haben die Assyrier die Seele beschrieben?

Die Assyrier waren die ersten, die das Wesen der Seele als zugleich dreifach und einfach bezeichneten.

83. Zu welchem Zwecke wurde die Seele dem von oben herabgekommenen grossen Menschen beigegeben?

Damit der erhabene Mensch, von dem jedes Geschlecht stammt im Himmel und auf Erden, in seinem Abbilde durch die Seele leiden sollte und durch Knechtung gezüchtigt würde.

84. Woher stammt die Seele?

Die Seele stammt aus der Region der gemischten Rechtlichkeit, der Region der Mischung von Licht und Materie, und ihre Empfindungen sind dem Charakter des Demiurgen entsprechend, so daß sie gleich dem Demiurgen eine Neigung nach beiden Richtungen hin hat und ihr Uebergewicht nach links oder nach rechts erhalten kann.

85. Weshalb wird die Seele einfach und auch mehrfach genannt?

Der Begriff des Wortes Seele kann im weiteren oder engeren Sinne genommen werden. Im engeren Sinne umfaßt die Seele das Gedankenleben des Menschen, das aus dem Reich des Demiurgen kommt, im weiteren Sinne umfaßt die Seele noch ein höheres und ein niederes Prinzip, die Lichtkraft und den nachgeahmten Geist.

86. Was versteht man unter der dreifachen und der siebenfachen Einteilung des Menschen?

Nach der ersteren Einteilung besteht der Mensch aus Geist, Seele und Leib, nach der zweiten genaueren Einteilung umfaßt er einen Geist, drei Seelen und drei Leiber.

87. Aus welchen Regionen stammen diese verschiedenen Bestandteile?

Der Geist oder der Funken von dem unnennbaren Feuer stammt aus der göttlichen Welt des Lichtes, dem Pleroma. Das Lichtgewand oder die Lichtkraft, die erste Seele, stammt aus der Welt der Achamoth, die zweite Seele, die auch allein den Namen Seele trägt, kommt vom Demiurgen; die dritte Seele oder der nachgeahmte Geist kommt vom Weltherrscher, und die drei Leiber kommen aus der körperlichen Welt.

88. Welche Beziehung hat der Geist zu den drei Seelen und drei Körpern?

Der Geist ist das positive, wirkende Element.

Die Seelen sind das Resultat der direkten Kraft des Geistes, die Leiber sind das Produkt der reflektierten Geisteskraft, die auf das negative oder materielle Element einwirkt. Die drei Seelen und die drei Leiber sind als die Hüllen des Geistes anzusehen. Die Seelen oder Ideen sind Kristallisationen der Geisteskraft; sie sind Geist auf der Stufe der Form oder des Gedankens, die sich dann durch Anziehung mit negativen Atomen bekleiden und so sichtbar erscheinen.

89. Was ist der Zweck der Seele?

Damit der Geist von oben im Menschen völlig geknechtet werde, wird ihm eine Seele gegeben, die weder aus dem vorherexistierenden seligen Wesen noch aus der selbstgezeugten Kraft, sondern aus dem ausgegossenen Gemisch stammt. Durch diese Seele soll das Abbild des schönsten und vollkommensten Menschen, des Adamas, leiden und durch Knechtung geplagt werden. Wie aber die Seele in den Menschen einzieht, ihn belebt und so das Abbild des Erzmenschen knechtet und züchtigt, ist eins von den tiefsten Geheimnissen des Daseins.

90. Welche bedeutende Rolle spielt die Seele?

Alle Dinge im Himmel und auf Erden und unter der Erde sehnen sich nach der Seele, die bei den Alten den Namen Adonis, Endymion oder Attis trägt. Adonis nun wird entweder zu niederen oder höheren Zwecken gebraucht. Wenn Venus den Adonis liebt, so deutet dies auf Zeugung hin. Die Liebe der Proserpina zum Adonis bedeutet, daß die Seele sterblich ist, wenn sie von der Venus, d. h. von der Zeugung getrennt ist. Wenn die Mondgöttin sich in Endymion verliebt, so bezeichnet dies, daß die Natur selbst eine erhabene Seele begehrt. Wenn die Mutter der Göttin ihren Liebling, den Attis, entmannt, so bedeutet dies, daß die obere Kraft die männliche Kraft der Seele zu sich selbst zurückruft. Dann wird Attis von den niederen Teilen der Schöpfung abgeschnitten und steigt empor zu der ewigen Wesenheit, wo es weder Weibliches noch Männliches gibt, sondern eine neue Kreatur, einen neuen Menschen, der männlich und weiblich zu gleicher Zeit ist. Denn der neue Mensch ist geschlechtslos.

91. Durch welche Tätigkeit wird die Seele in erster Linie repräsentiert?

Durch Denken, Fühlen und Wollen.

92. Welches sind die Gesetze des menschlichen Gedankenlebens?

Die menschlichen Gedanken zeigen sich als Ausströmungen des feinsten Stoffes, die in ununterbrochenen Wogen von dem Menschen ausfließen, wie das Licht von der Sonne, oder die Wärme vom Feuer, oder der Duft von der Blume ausgeht. Diese Gedankenwellen erfüllen die ganze Atmosphäre, in der sie erscheinen, und geben oft Plätzen und Gegenden ihren eigentümlichen geistigen Anstrich, einen eigenartigen Charakter, den jeder fühlt, der dahinkommt.

93. Sind denn die Gedanken wirkliche Dinge?

Gedanken sind gerade so wirklich wie Licht, Hitze oder Elektrizität. Sie bestehen aus dem feinsten psychischen Stoffe. Das psychische Auge kann sie sehen, der entwickelte sensitive Mensch kann sie fühlen, und wenn es entsprechende Instrumente gäbe, so könnte man sie wiegen. Ein von Menschen ausgegangener Gedanke hat die Erscheinung eines feinen Dampfes, ähnlich einer Wolke, gefärbt je nach der Stimmung und dem Charakter dessen, der ihn ausgeschickt hat.

94. Wodurch erhalten die Gedanken eine besondere Kraft?

Wenn ein Gedanke mit einer besonderen, bestimmten Absicht, mit einem starken lebhaften Wunsch unter einer starken Gemütsbewegung oder Leidenschaft ausgeschickt wird, so eilt er mit unbeschreiblicher Schnelligkeit und Sicherheit zu dem für ihn bestimmten Ziele. Ein solcher Gedanke trägt etwas von der eigenen Lebenskraft seines Urhebers und Schöpfers an sich und erhält dadurch eine vermehrte Energie, und bringt dann oftmals ganz erstaunliche Wirkungen hervor. Ein solcher mit der Lebenskraft seines Urhebers beseelter Gedanke wird oft geradezu zu einem lebenden Wesen, das auf Befehl hinausgeht und den Auftrag ausrichtet, mit dem es ausgeschickt wird; besonders wenn es von seinem Meister längere Zeit vermittelst des Willens am Leben erhalten wird.

95. Was versteht man unter positiven Gedanken?

Ein Mensch, dessen Willenskraft stark entwickelt ist und der die okkulten Gesetze des Gedankenlebens versteht, kann Gedanken zu einem bestimmten Zwecke aussenden, indem er den positiven Willen als treibende Kraft verwendet. Ein solcher positiver Gedanke geht unbedingt wie ein Geschoß zu seinem Ziele. Ein derartiger, von einem selbstbewußten und zielbewußten Denker stammender Gedanke überwindet alle schwachen, planlosen Gedanken, die von negativen oder ungeschulten Personen ausgehen. Ein starker positiver Gedanke erschlägt alle gegen ihn kämpfenden negativen Gedanken.

96. Wie kann ein positiver Denker Einfluß auf seine Umgebung ausüben?

Ein paar energische Denker senden in ihrem täglichen Leben so kräftige Gedankenwellen aus, daß sie in kurzer Zeit die ganze Atmosphäre des betreffenden Ortes färben, wodurch sie bald ähnliche Gedanken in anderen erwecken, die unbewußt von den positiven Gedanken beeinflußt werden.

97. Welchen Einfluß hat ein starker Gedanke auf den, der ihn hegt oder ausschickt?

Ein lange festgehaltener positiver Gedanke leitet den betreffenden Menschen mit der Zeit in solche Verhältnisse und Umstände, daß er die Gedanken, die er so lange beherbergt und genährt hat, zur Tat und Ausführung bringen kann.

98. Was versteht man unter dem magnetischen Charakter der Gedanken?

Es bedeutet die Neigung der Gedanken, andere Gedanken von ähnlicher Art gleich einem Magneten an sich zu ziehen und sich so zu verstärken. Gleichartige Gedanken scharen sich wie Vögel zusammen, um sich zu vereinigen und zu verschmelzen. Auch zieht ein Mensch durch seine Gedanken gleichgesinnte oder für ihn brauchbare Personen an sich zu gegenseitiger Hülfe und gemeinschaftlicher Arbeit. Ja, der Mensch zieht sogar mit seinen lebhaften Gedanken Dinge und Verhältnisse an sich, die er wünscht.

99. Welche Gedanken haben die größte schöpferische Kraft?

Gute Gedanken, die sich gründen auf Liebe, Gerechtigkeit und Wahrheit, gewinnen zuletzt den Sieg über jene kurzlebigen Gedankenformen, deren Grundlage Selbstsucht, Haß und Leidenschaft ist.

100. Was versteht die gnostische Kirche unter dem nachgeahmten Geiste?

Der nachgeahmte Geist ist das niedere Prinzip der menschlichen Seele, das allen Lastern, Begierden und Sünden nachgeht. Es ist die tierische Natur im Menschen.

101. Welchen Teil der menschlichen Seele umfaßt der nachgeahmte Geist?

Der nachgeahmte Geist, oder Instinkt, umfaßt den untersten oder dritten Teil des weiteren Seelenbegriffes. In diesem Teile der Seele wohnen die tierischen Triebe und niederen Empfindungen und Gefühle, als da vornehmlich sind: Hunger und Durst, fleischliche Begierden, geschlechtliche Liebe niedrigster Art, Hass, Neid, Eifersucht, Tücke, Rachsucht, mit einem Worte: Fleischeslust, Augenlust und hoffärtiges Leben.

Mth. 15, 18--20. Was aber zum Munde herausgehet, das kommt aus dem Herzen und das verunreinigt den Menschen. Denn aus dem Herzen kommen arge Gedanken: Mord, Ehebruch, Hurerei, Dieberei, falsche Zeugnisse, Lästerung. Das sind die Stücke, die den Menschen verunreinigen.

Mark. 7, 20—23. Und er sprach: Was aus dem Menschen gehet, das macht den Menschen gemein. Denn von innen, aus dem Herzen des Menschen gehen heraus böse Gedanken: Ehebruch, Hurerei, Mord, Dieberei, Geiz, Schalkheit, List, Unzucht, Schalksauge, Gotteslästerung, Hoffart, Unvernunft. Alle diese böse Stücke gehen von innen heraus und machen den Menschen gemein.

Röm. 1, 29—31. Voll alles Ungerechten, Hurerei, Schalkheit, Geizes, Bosheit, voll Hasses, Mords, Haders, List, giftig, Ohrenbläser, Verleumder, Gottesverächter, Frevler, Hoffärtige, Ruhmredige, Schädliche, den Eltern Ungehorsame, Unvernünftige, Treulose, Störrige, Unversöhnliche, Unbarmherzige.

Gal. 5, 19—21. Offenbar aber sind die Werke des Fleisches, als da sind Ehebruch, Hurerei, Unreinigkeit, Unzucht, Abgötterei, Zauberei, Feindschaft, Hader, Neid, Zorn, Zank, Zwietracht, Rotten, Hass, Mord, Saufen, Fressen und dergleichen, von welchem ich euch habe zuvor gesagt und sage noch zuvor, dass die solches tun, werden das Reich Gottes nicht ererben.

1. Kor. 6, 9—10. Wisset ihr nicht, dass die Ungerechten werden das Reich Gottes nicht ererben? Lasst euch nicht verführen! Weder die Hurer, noch die Abgöttischen, noch die Ehebrecher, noch die Weichlinge, noch die Knabenschänder, noch die Diebe, noch die Geizigen, noch die Trunkenbolde, noch die Lästerer, noch die Räuber werden das Reich Gottes ererben.

102. Was ist des Menschen Aufgabe gegenüber diesen Leidenschaften?

Es ist die Pflicht des höheren Menschen, jene Ueberbleibsel der tierischen Natur in uns zu bekämpfen und auszurotten. Ein jeder kann somit ein Tierbändiger werden. Die höhere Natur im Menschen wird in diesem Kampfe immer den Sieg davontragen, wenn man Geduld, Ausdauer und festen Glauben dabei beweist.

Auf, auf, mein Geist, ermüde nicht,
Dich von der Macht der Finsternis zu reissen.
Was sorgest du, dass dir's an Kraft gebricht?
Bedenke, was für Kraft uns Gott verheissen!
Wie gut wird sich's doch nach der Arbeit ruhn!
Wie wohl wird's tun! Wie wohl wird's tun!

103. Welches sind die Kräfte und Fähigkeiten des menschlichen Körpers?

Der Körper hat keine eigene Empfindung, außer dem unbewußten Streben, Kraft aus der Materie an sich zu ziehen.

104. Wie viele verschiedene Körper hat der Mensch?

Drei Körper werden unterschieden: der sichtbare Leib, der ätherische Doppelleib und der Astralleib.

105. Was ist der sichtbare Leib?

Es ist das Fell von Fleisch, der gröbste Teil des menschlichen Wesens. Der Leib repräsentiert eine Kolonie von Zellen, oder unendlich kleinen lebenden Körperchen, die sich in Gruppen zu gemeinschaftlicher Arbeit vereinigen und die Funktionen des Körpers gemeinschaftlich verrichten.

106. Was ist der Doppelleib?

Eine genaue Nachbildung des physischen Körpers

aus ätherischer Substanz, der bis zum Tode mit dem Körper vereinigt bleibt.

107. Was versteht man unter dem Astralleibe?

Der Astralleib ist ebenfalls ein genaues Ebenbild des physischen Körpers, der sich aber unter Umständen von demselben trennen kann bis auf einen dünnen Faden, der die Verbindung herstellt. Im Schlafe schwebt er gewöhnlich in der Luft über dem ruhenden Leibe und kann von dem hellsehenden Menschen beobachtet werden.

108. Wird der Astralleib dem gewöhnlichen Menschen nie sichtbar?

Der Astralleib eines Sterbenden wird zuweilen vermöge eines innigen lebhaften Wunsches projiziert und wird dann von Freunden und Verwandten vielfach gesehen, besonders, wenn sie mit dem Sterbenden in sympathischer Verbindung standen. Auch von lebenden Personen kann der Astralleib projiziert und unter günstigen Umständen von Freunden und Bekannten gesehen werden. Aber der geistige Zustand beider Teile hat viel mit dem Erfolg zu tun. Der geschulte und entwickelte Gnostiker kann seinen Astralleib auch anderen sichtbar machen.

109. Welche Beziehung hat das Schicksal zur Seele?

Das Schicksal bleibt von der Seele getrennt. Aber es folgt ihr beständig, und seine einzige Aufgabe ist, den Menschen zu dem für ihn bestimmten Tode zu führen. Wenn dieser Zweck erreicht ist, kehrt das Schicksal zu seinem eigenen Platze zurück.

110. In welchem Zustande befinden sich die vier Prinzipien bei der Geburt des Kindes?

Alle vier Bestandteile sind bei der Geburt des Kindes sehr schwach. Keines hat noch Kraft zu irgend welcher Arbeit, sei es im Guten oder im Bösen, wegen der schwer drückenden Last der Vergessenheit.

111. Wie entwickeln sich nun jene Faktoren allmählich?

Das Kind nährt sich an der Weltlust, die den Herrschern untergeordnet ist, und zwar saugt die Lichtkraft die edleren Bestandteile aus diesen Lüsten, die Seele eignet sich die darin weilenden Seelenteile an, der nachgeahmte Geist nimmt einen Teil aus dem Bösen in diesen Lüsten, und der Körper zieht unsichtbare Teile aus der Lustsubstanz für sich heran.

112. Wie entwickelt sich das Schicksal?

Das Schicksal bleibt von dem Augenblicke an, da es zur Welt kommt, unverändert und entnimmt keine Nahrung aus dem Bereiche der Begierden.

113. Welche Beziehung hat die Seele zur Lichtkraft und zum nachgeahmten Geiste?

Beide suchen die eigentliche Seele zu beeinflussen. Die Seele erhält von der Lichtkraft im Inneren den Anstoß, nach der Lichtregion und der Gottheit zu suchen. Der nachgeahmte Geist aber zieht die Seele herab und zwingt sie fortwährend, allerhand Uebeles, Schlimmes und Sündhaftes zu tun, und er bleibt immer der Seele fremd und ist ihr Feind und Widersacher und bringt sie zu allem Bösen und zu aller Sünde. Er spielt dieses Böse gegen die Seele aus auf Grund dessen, was die Seele in der Vergangenheit begangen hat. Ja noch mehr: er spornt für die Zukunft die Empfänger oder Arbeiter des Zornes an gegen die Seele Zeugnis abzulegen für alle Sünden, zu denen er selbst die Seele zwingen wird.

114. Wie beeinflußt der nachgeahmte Geist die Seele während des Schlafes?

Selbst im Schlafe, bei Tage wie bei Nacht, plagt er den Menschen mit Träumen von weltlichen Begierden und flößt immer von neuem der Seele ein Begehren nach allen Dingen der Welt ein. Mit einem Worte, er bindet die Seele an die Taten, die der Weltherrscher ihr auflegt und ist der geschworene Feind der Seele, indem er sie zwingt, das zu tun, was sie nicht will.

Auf, Christenmensch, auf, auf zum Streit!
Auf, auf zum Ueberwinden!
In dieser Welt, in dieser Zeit
Ist keine Ruh zu finden.
Wer nicht will streiten, trägt die Kron'
Des ew'gen Lebens nicht davon.
Gedenke, dass du zu der Fahn'
Dein's Feldherrn hast geschworen.
Gedenke, dass du als ein Mann
Zum Streit bist auserkoren.
Ja denke, dass ohn' Streit und Sieg
Noch niemand zum Triumph aufstieg.

Wie schmählich ist's, wenn ein Soldat
Dem Feind den Rücken kehret.
Wie schmählich, wenn er seine Statt
Verlässt und sich nicht wehret;

Wie sträflich, wenn er gar mit Fleiss
Aus Zagheit wird dem Feind zum Preis.

Es kostet viel, ein Christ zu sein
Und nach dem Sinn des reinen Geistes leben.
Denn der Natur geht es gar sauer ein,
Sich immerdar in Christi Tod zu geben,
Und ist hier gleich ein Kampf wohl ausgericht'.
Das machts noch nicht!

Man muss hier stets auf Schlangen gehn,
Die leicht ihr Gift in unsre Fersen bringen.
Da kostet's Müh', auf seiner Hut zu stehn,
Dass nicht das Gift kann in die Seele dringen.
Wenn man's versucht, so spürt man mit der Zeit
Die Wichtigkeit.

115. Was ist gemeint mit der Besiegelung der Sünden?

Der nachgeahmte Geist ist nicht nur Urheber aller Sünden und gibt über jede einzelne Sünde ein Zeugnis ab an den Arbeiter des Zornes, sondern er besiegelt auch jede einzelne Sünde, damit sie der Seele deutlich aufgeprägt werde. So können diejenigen, welche die Strafen der Sünden nach dem Tode regeln, gleich wissen, daß er die Seele eines Sünders ist, und zugleich beim ersten Anblick erfahren, wie viele Sünden sie begangen hat nach der Zahl der Siegel, die ihr der nachgeahmte Geist aufgedrückt hat.

116. Was steht hinter und über diesen drei Körpern und drei Seelen?

Das wahre Selbst, der Funken aus Gott, der Tropfen aus dem großen Ozean. Es ist die Seele der Seelen, das siebente Prinzip, ein Teil des heiligen Feuers, der Erste und Letzte, der Unbegreifliche.

117. Kann der Mensch in seinem gegenwärtigen Zustande zu diesem höchsten Wesen in Beziehung treten?

Wenn der auf seinem Pfade beträchtlich fortgeschrittene, innerlich entwickelte Mensch tief religiöse Betrachtungen anstellt, wenn er voll Andacht ein erhebendes Gedicht liest, zur Zeit tiefer Trauer oder Demütigung, wenn alles verloren zu sein scheint, wenn nirgendwo sich Trost zeigt, wenn der menschliche Geist sich nach Hülfe aus der unsichtbaren Welt sehnt, — dann vernimmt er die stille Stimme in seinem Inneren, die ihm den Trost reicht, um den ihm so bange ist, die ihm den Frieden bringt, der höher ist als alle Vernunft. Wer diese Stimme je gehört hat, kann in keiner Lage verzweifeln; er weiß, daß alle wahre Hülfe von innen kommt.

Psalm 46. Gott ist unsere Zuversicht und Stärke, eine Hülfe in den grossen Nöten, die uns getroffen haben. Darum fürchten wir uns nicht, wenn gleich die Welt unterginge und die Berge mitten ins Meer sänken. Wenn gleich das Meer wütete und wallete und von seinem Ungestüm die Berge einfielen.

Ich hab' von ferne,
Herr, deinen Thron erblickt,
Und hätte gerne
Mein Herz vorausgeschickt;
Und hätte gern mein armes Leben,
Schöpfer der Geister, dir hingegeben.

118. Wie nennt man die selige Erfahrung einiger Beglückter, die das wahre Selbst gesehen haben?

Es ist die Illumination oder Erleuchtung, die Einweihung in das letzte Geheimnis des Daseins.

Dieses Aufleuchten des Weltbewußtseins bringt den Menschen in Berührung mit dem Urquell alles Lebens und alles Seins. Damit verbunden ist ein Bewußtsein der Allwissenheit, Allgegenwart und Allmacht, die Gewißheit der Unsterblichkeit, die Befreiung von aller Furcht und das Gefühl völligen Vertrauens und unerschütterlicher Zuversicht. Sodann erhebt sich in dem Bewußtsein die Empfindung unendlicher Liebe zu allen Wesen, hoch oder niedrig, gut oder böse, und zuletzt das Gefühl einer unbeschreiblichen Freude und eines unaussprechlichen seligen Vergnügens.

Ach, ich habe schon erblicket
Diese grosse Herrlichkeit.
Jetzo werd' ich schön geschmücket
Mit dem weissen Himmelskleid.
Mit der güld'nen Ehrenkrone
Steh ich da vor Gottes Throne,
Schaue solche Freude an,
Die man nicht beschreiben kann.

a) Der Mensch.

1. Der Geist. —	Der Funken aus Gott (1.)
2. Die Seele.	Die Lichtkraft (2.) Die eigentliche Seele (3.) Der nachgeahmte Geist (4.)
3. Der Leib.	Der astrale Leib (5.) Der ätherische Leib (6.) Der physische Leib (7.)

119. Inwiefern ist der Mensch ein Abbild der obersten Kraft und der Wesenheiten im Pleroma?

Die eine Quelle, die den Unnennbaren darstellt hat ihren Sitz im Gehirn. Von da fließen vier Kräfte aus nach dem Bilde der obersten Vierheit, nämlich das Gesicht, das Gehör, der Geruch und der Geschmack. Die obere Achtheit ferner wird durch die zwei Ohren, zwei Augen, zwei Geruchsöffnungen und den zwiefachen Geschmack dargestellt. An seinen Händen trägt er in seinen Fingern das Symbol der heiligsten Zehnheit und in den zwölf Gliedern des Körpers offenbart er die heiligste Zwölfheit. Denn der menschliche Körper wird in zwölf Glieder eingeteilt nach dem Vorbilde des Körpers der Wahrheit. Die unnennbare und unsichtbare Achtheit wird auch durch die Eingeweide in verborgener Weise angedeutet und kann daselbst nur mit der Vernunft wahrgenommen werden.

120. Wie zeigt sich im menschlichen Gehirn das Abbild der höchsten Welt?

Das obere oder große Gehirn gleicht dem Vater, weil es unbewegt ist. Das kleine Gehirn aber stellt den Sohn dar, weil es sich bewegt und schlangenförmig ist. Das Kleingehirn nun zieht in schweigsamer, unbemerkter Weise vermittelst der Zirbeldrüse die aus dem oberen Gewölbe herabfließende geistliche zeugende Kraft an sich und nimmt sie in sich auf. Wie nun der Sohn in geheimnisvoller Weise der Materie die Ideen mitteilt, so läuft der Same und die Art des Gezeugten das Rückgrat hinab im Bereich der irdischen Zeugung.

121. Welches sind die vier Wahrnehmungen, die in mystischer Sprache die vier Hauptwasser aus Eden genannt werden?

Das Gesicht, das Gehör, der Geruch und der

Geschmack, die alle vier zusammengefaßt und wiederholt werden in dem Gefühl. Dies ist das Gesetz, das Moses in seinen vier Büchern nebst der Wiederholung im fünften Buche niederlegte.

122. Was stellt das erste Buch Moses, genannt Genesis oder Entstehung dar?

Die Entstehung bedeutet das Gesicht oder den ersten Fluß, denn die Welt wird durch das Gesicht erblickt.

123. Was wird im zweiten Buche Moses, genannt Exodus oder Auszug, angedeutet?

Das gezeugte Kind muß durch das Rote Meer (Blut) ziehen und muß in die Wüste kommen und das bittere Wasser kosten. Mit diesem bitteren Wasser ist der Weg der Erkenntnis während des Lebens gemeint, der durch mühevolle und bittere Erfahrungen hindurchgeht. Aber wenn dies Wasser von Moses, d. h. dem lebendigen Worte, verwandelt wird, so wird das Bittere süß.

124. Wie hat Homer schon diese Verwandlung des Bitteren in Süßes angedeutet?

Homer spricht von jenem Heilkraut, dessen Wurzel schwarz, aber dessen Blüte der Milch ähnlich war. Moly nennen es die Götter. Aber dem sterblichen Menschen wird es schwer, es auszugraben, doch die Götter können alles. Wer nun diesen Kraut des Homer genoß, wurde nicht von der Zauberin (Kirke) in ein Tier verwandelt, ja er konnte mit Hülfe dieses Gewächses auch die schon in Tiere verwandelten Gefährten wieder zu ihrer ursprünglichen Natur und Gestalt zurückbringen.

125. Was stellt das dritte Buch Moses, genannt Leviticus oder Priestergesetz, dar?

Dieses Buch bedeutet den Geruch oder das Atmen. Denn es handelt ausschließlich von Opfern und Rauchwerken. Wo nämlich ein Opfer stattfindet, da entsteht ein süßer Geruch wegen des Rauchwerkes. Und durch den Geruch wird der süße Duft wahrgenommen.

126. Was können wir im vierten Buch Moses wahrnehmen?

Das vierte Buch heißt Numeri oder Zahlen und bezeichnet den Geschmack, der im Munde ist, wo das Wort wirkt.

127. Was bedeutet das fünfte Buch Moses?

Das fünfte Buch Moses heißt Deuteronomium oder Gesetzes-Wiederholung und bezeichnet das Gefühl. Denn wie das Gefühl das von den anderen Sinnen Wahrgenommene durch die Berührung wiederholt und bestätigt, so ist das fünfte Gesetzbuch eine Zusammenfassung der vorigen Bücher.

128. Wovon ist das menschliche Auge ein Abbild?

Das Auge des Menschen, das dunkel ist infolge des darunter liegenden Wassers, aber erhellt ist durch den Geist, ist ein Sinnbild des oberen Lichtes, welches seinen Funken hineinsendet in die darunter liegende Finsternis, die auch das schreckliche Wasser genannt wird.

129. Wie verwandelt sich das ursprüngliche Feuer der Zeugung beim Manne und beim Weibe?

In dem Manne verwandelt sich das feurige Blut in den Samen zur Zeugung der Frucht, und im Weibe verwandelt es sich in Milch zur Ernährung der Frucht.

130. Welche Bedeutung legt die gnostische Kirche dem Heiraten und dem geschlechtlichen Leben bei?

Das fleischliche Geschlechtsleben gehört der niederen Welt an, die im Bösen liegt. Die Ehe, die von der Kirche zu einer heiligen Handlung, ja zu einem Sakrament nach dem Vorbilde der heidnischen Völker gemacht ist, ist eine Institution des Demiurgen und Weltherrschers. Die gnostische Kirche weiß und lehrt, daß das Heiraten und Kinderzeugen vom Demiurgen eingerichtet ist, und durch nichts kann der Mensch dem Demiurgen einen schmerzlicheren Schaden zufügen, als durch ein enthaltsames und keusches Leben, wenn man sich nämlich von dem, was der Fürst dieser Welt angeordnet hat, fernhält.

b) Tod und Wiederverkörperung.

Tausendmale werd' ich schlafen gehen,
Wandrer ich, so müd' und lebenssatt;
Tausendmale werd' ich auferstehen,
Ich Verklärter, in der sel'gen Stadt.

Tausendmale werd' Vergessen trinken,
Wandrer ich, an des Vergessens Strom;
Tausendmale werd' ich niedersinken,
Ich Verklärter, in dem sel'gen Dom.

Tausendmale werd' ich von der Erden
Abschied nehmen durch das finstre Tor;

Tausendmale werd' ich selig werden,
Ich Verklärter, in dem sel'gen Chor.

131. Was für Vorgänge finden beim Tode des Leibes statt?

Das Schicksal führt den Menschen zu dem für ihn bestimmten Ende. Dann erscheinen die Einsammler des Zornes, um ihn aus dem Körper hinauszuführen. Während „dreier Tage" wandern sie mit der Seele durch alle Regionen und schleppen sie durch die Aeonen der Welt. Der nachgeahmte Geist aber und das Schicksal folgen der Seele, während die Lichtkraft sich von ihr trennt und zu ihrem eigenen Platze zur Lichtjungfrau geht.

132. Was geschieht mit den drei Körpern?

Sobald die Seele aus dem sichtbaren, groben Leibe herausgeschlüpft ist, löst sich derselbe allmählich in seine physischen Elemente auf und wird wieder zur Erde, davon er genommen ist. Innerhalb einiger Stunden wirft die Seele dann auch den ätherischen Doppelleib ab und derselbe vermodert gleichfalls, indem er sich in seine, unserm Auge nicht sichtbaren Elemente auflöst. Nachdem die Seele eine kürzere oder längere Zeit in dem Astralkörper gelebt hat, wirft sie endlich auch diesen, den letzten materiellen Rock ab, damit er seine elementaren Bestandteile naturgemäß an die Astralwelt abgebe und dann selbst vermodere. Die Seele aber geht ihren Weg weiter.

Nicht des Menschen Bestes wird begraben.
Nur des müden Leibes schaler Rest

Schlummert in dem Grabe schwer und fest,
Um sich an der Ruhe satt zu laben.

Karge Reste darf das Grab nur haben,
Aber wonniglich im Laubgeäst
Wiegen in dem lauen Frühlingswest
Sich die Teile, die sich wegbegaben.

133. Welches ist das Los des physischen Körpers bei seiner Trennung von der Seele?

Wenn der Mensch „stirbt", beim Ende eines Lebensabschnittes, so trennen sich die Zellen des Körpers, zerstreuen sich und lösen sich in ihre Atome auf. Wie eine Herde ohne Hirten, wie ein Haus, das mit sich selbst uneins ist, so zerfallen die Körperzellen, wenn der beherrschende und ordnende Einfluß der Seele beseitigt ist. Der Körper wird mit sich selber uneins und kann daher nicht bestehen, sondern wird verwüstet und zerfällt in seine Elemente.

134. Wie trennt sich der Astralleib von dem physischen Körper?

Der Astralleib erhebt sich wie eine dünne leuchtende Dampfwolke über den sterbenden Körper, aber bleibt noch mit einer dünnen seidenen Schnur damit verbunden. Diese Schnur wird dünner und dünner, bis zuletzt auch der geübte Hellseher nichts mehr davon unterscheiden kann, und bricht schließlich in Stücke. Dieser losgelöste Astralleib erscheint manchmal lebenden Personen, die mit dem Verstorbenen in Verbindung standen, und wird dann ein Gespenst genannt.

135. Wo wird der tote Astralleib öfters gesehen?

Er wird oft von dem physischen Körper wie ein Freund angezogen und hält sich dann in der Nähe des im Grabe verwesenden Körpers auf, während die Seele schon aus ihm entflohen ist. Normale oder durch Furcht erweckte psychische Sehkraft unterscheidet diese leblosen abgelegten Astralkörper oft in der Nähe von Kirchhöfen Schlachtfeldern u. s. w.

136. Was bewirkt dieser von der Seele zurückgelassene Astralleib oft bei spiritistischen Sitzungen?

Derselbe kann in solchen Sitzungen momentan galvanisiert und scheinbar zum Leben gebracht werden durch Berührung mit dem Lebensmagnetismus eines Mediums, so dass er sogar in unzusammenhängender Rede sprechen kann. Er redet aber nur als ein Automat und ist weit davon, den Geist der betreffenden Person vorzustellen.

137. Welches ist das bedeutendste Erlebnis der Seele beim Verlassen des irdischen Körpers?

Während die Seele sich langsam aus dem sterbenden Körper herauszieht, zieht ihr ganzer Lebenslauf von Kindheit bis zum Alter an ihrem inneren Auge vorüber. Das Gedächtnis bringt die längst vergessenen kleinsten Erlebnisse getreulich wieder hervor, und ein Bild nach dem andern erscheint in rascher Folge vor dem staunenden Blicke der Seele. Manche Sachen werden dann dem scheidenden Menschen klar, die Ursache für viele Dinge wird offenbar und die Seele sieht ein, was das Ganze zu bedeuten hat, denn sie sieht dann ihr Leben als ein abgerundetes vollendetes Ganzes. Dieser panoramaartige Ueberblick über das vollbrachte Leben bietet sich der Seele als ein lebhafter Traum dar und hinterläßt einen tiefen Eindruck, der der Seele späterhin von Nutzen ist.

138. Warum ist das Weinen und Klagen der umstehenden Freunde im Sterbezimmer nicht wünschenswert?

Die Verwandten des Sterbenden sollten sich ruhig und still verhalten, damit die Seele in diesem feierlichen und ernsten Momente Zeit hat, durch einen kurzen Ueberblick in einer Art von Repetition oder Zusammenrechnung ihren Lebenslauf abzuschließen. Sie sollte nicht durch die beunruhigenden Gemütserregungen und die verwirrenden Klagen der Zuschauer gestört werden. Man sollte dem Scheidenden Gelegenheit geben, in Frieden seine Straße zu ziehen, und ihn nicht durch sinnlose Wünsche oder laut gesprochene Klagen zurückhalten und seinen Abschied verzögern.

139. In was für einen Zustand geht die vom Körper getrennte Seele alsbald über?

Vorausgesetzt, daß die Seele nicht durch eindringliche Rufe der Angehörigen gestört wird, oder durch laute Aeußerungen der Klage und des Schmerzes von Seiten der Umstehenden abgelenkt wird, so fällt sie in einen halbbewußten Zustand nach der Art eines Traumes. Während dieses Zustandes wird sie von den dazu ernannten Dienern von einer psychischen Region zur andern getragen, bis sie die Grenze ihres Auffluges erreicht hat und es für sie heißt: Bis hierher und nicht weiter!

140. Welche Veränderungen gehen während dessen mit der Seele vor?

Zunächst wirft sie den Astralleib ab, der, nachdem er eine kurze Zeit in der Astralwelt umhergeschwebt hat, alsbald in seine Elemente zerfällt. Die Seele schwebt dann in einem feineren Gewande, das aus der niederen Gedankenwelt stammt, weiter. Aber auch diese Hülle fällt allmählich ab und sie behält nur die höheren Bestandteile ihres Gedankenlebens. Daher kommt es, daß der Mensch, welcher hier auf Erden stets nur in den niedrigsten Sphären des psychischen Lebens sich bewegt hat, bald das Ziel seiner Reise erreicht und zurückgetrieben wird. Der geistlich hochentwickelte Mensch dagegen gebraucht eine viel längere Zeit, um diejenige Region zu erreichen, bis zu der er sich während seines Lebens im Körper emporschwingen konnte.

141. Welches ist in der Regel der höchste Platz, den die Durchschnittsmenschen erreichen?

Die meisten Seelen werden emporgetragen bis zur Region der Lichtjungfrau oder Achamoth, denn über diese Grenze kann keine Seele emporsteigen, wenn sie nicht hiernieden während ihres Erdenlebens in die gnostischen Geheimnisse der Achamoth eingeweiht worden ist.

142. Wodurch werden manche Seelen unter dem Einflusse der irdischen Welt festgehalten?

Eine von dem Körper schon geschiedene Seele, die entweder noch etwas auf dem Gewissen hat, das sie mitteilen möchte, oder die durch die Trauer und das Klagegeschrei der Hinterbliebenen in ihrem Fortgange gestört wird, macht ernste Versuche, zu den Ihrigen zurückzukehren. Die das Gewissen belastenden Wünsche und die lauten oder verschwiegenen Forderungen der Hinterbliebenen verursachen ihr den tiefsten Schmerz und die größte Unruhe. So muß sie den Schmerz des Sterbens unzählige Male wiederholen. Daher äusserte sich auch Sokrates in dem letzten Gespräch mit seinen Schülern dahin, sie sollten wegen seines Todes nicht weinen, denn eine Seele solle in Frieden sterben.

143. Wie kann sich eine Seele gegen diese unangenehmen Einflüsse schützen?

Eine Seele, die während ihres Erdenlebens schon die beim Tode sich zutragenden Ereignisse kennen gelernt hat, wird sich vermöge ihres starken Willens weigern, die irdischen Beziehungen aufrecht zu erhalten oder dem Rufe der Hinterbliebenen Gehör zu schenken.

144. In welchem Zustande befinden sich die durch einen Unglücksfall gestorbenen oder ermordeten oder hingerichteten Personen nach dem Sterben?

Solche bedauernswerten Seelen, die plötzlich vom Körper getrennt werden, bleiben für längere Zeit bei völligem Bewußtsein und können sich in die plötzliche Veränderung nicht schicken. Sie sind sich oft gar nicht bewußt, daß sie gestorben sind, und können sich nicht erklären, was eigentlich mit ihnen vorgeht. Sie bleiben oft längere Zeit mit allem in Berührung, was auf Erden vorgeht und können vermittelst ihrer Astralsinne alles hören und sehen, was hier unten passiert, ohne doch selbst in die Handlungen eingreifen zu können. Sie befinden sich somit in der größten Verlegenheit und Verwirrung.

145. Wie wird diesen unglücklichen Seelen Hülfe gebracht?

Die helfenden Empfänger oder Diener unterrichten sie vorsichtig und allmählich von ihrem wahren Zustande und stehen ihnen mit Trost und Rat zur Seite. Diese dienenden Geister nehmen sich ihrer mit großer Sorgfalt an und verwahren sie, bis sie in den natürlichen Zustand der Abgeschiedenen fallen. Ganz unparteiisch, getreu und pflichtgemäß verwalten die helfenden Empfänger ihren Dienst und vernachlässigen keine einzige Seele, die plötzlich aus dem Körper gerissen ist.

146. Was ist das Schicksal solcher Seelen, die während ihres Erdenlebens auf einer sehr niedrigen Stufe sich bewegt haben?

Sie bleiben gewöhnlich nur sehr kurze Zeit im Jenseits. Ihre große Liebe zur Welt und zu den irdischen Angelegenheiten zieht sie ganz naturgemäß wieder kräftig an, und sie haben eine große Sehnsucht, zu den irdischen Dingen zurückzukehren, um unerfüllten Wünschen von neuem nachzugehen. Sie werden gar behende zur Lichtjungfrau gebracht und zur Rückkehr in den Körper versiegelt.

147. Wie verhalten sich die zu den höheren Stufen entwickelten Seelen?

Diese nehmen längere Ruhepausen zwischen dem soeben vollbrachten und dem nachfolgenden Erdenleben. Sie lieben und genießen den Aufenthalt in der höheren psychischen und geistlichen Welt, wo sie ihre Zeit in der Betrachtung und dem Studium der höheren gnostischen Lehren und philosophischen Probleme zubringen. Hierzu haben sie dort eine bessere Gelegenheit, da sie von dem hinderlichen materiellen Körper frei sind und für die Hülfe und Ermunterung aus der geistlichen Welt der Achamoth um so empfänglicher sind. So bleiben sie oft Jahrhunderte lang im Jenseits, indem sie stetig an ihrer geistlichen Entwickelung arbeiten und sich auf eine neue Wiederverkörperung vorbereiten.

148. Welches ist die Gemeine der Erstgeborenen oder älteren Brüder?

Es sind solche, welche anderen in der moralischen und intellektuellen Entwikelung unendlich weit voraus sind und die sich aus Mitleid mit der menschlichen Unwissenheit freiwillig der Wiederverkörperung unterziehen, um die Menschen über die Ursachen des Elendes im körperlichen Dasein zu unterrichten und ihnen den Weg zur Rettung zu zeigen.

149. Was ist das gemeinsame schließliche Los aller Seelen, die noch nicht in die Geheimnisse der Gnosis eingeweiht sind?

Früher oder später werden sie alle von dem Strome wieder ergriffen, der sie zur Wiederverkörperung treibt. Sie werden schläfrig und fallen wieder in jenen traumartigen Zustand, scheiden „sterbend" von der höheren Region, die sie auf kürzere oder längere Zeit bewohnt haben, und kehren in die physische Welt als Kinder zurück. Bei ihrer Geburt erwachen sie nicht plötzlich aus ihrem Schlummer, sondern befinden sich zuerst während ihrer Kindheit noch in einem traumartigen Zustande, aus dem sie nur ganz allmählich erwachen, wobei das physische Gehirn in seiner Entwickelung gleichen Schritt hält mit dem Erwachen des Bewußtseins.

150. Wo erduldet die Seele ihre Strafen?

Der nachgeahmte Geist wird beim Tode zum Empfänger der sündigen Seele und verfolgt sie und höhnt sie und schilt sie noch für die Sünden, zu denen er sie selbst gezwungen hat, da er eine ungemein starke Feindschaft gegen die Seele hegt. So wird die Seele in die Strafen Ariels gebracht und von da den Qualen Amentis übergeben. Darauf wird sie in das große Chaos Jaldabaoths und seiner 49 Dämonen getragen. Diesen Strafen des nachgeahmten Geistes unterliegt die Seele gemäß ihres Schicksals, bis sie zum Herrscher des Weges der Mitte und zu seinen Dienern gelangt. Dieser Herrscher heißt auch die Lichtjungfrau.

Ach Gott, wie bist du so gerecht!
Wie strafest du den bösen Knecht
So hart im Pfuhl der Schmerzen.
Auf kurze Lüste dieser Welt
Hast du so schwere Pein gestellt.
O Mensch, nimm dies zu Herzen.
Bekehr' dich in der Gnadenzeit,
Eh' dich der schnelle Tod erreicht.

Wach auf, o Mensch, vom Sündenschlaf.
Ermuntre dich, verlornes Schaf
Und bessre bald dein Leben!
Wach auf, es ist sehr hohe Zeit,
Es kommt heran die Ewigkeit,
Dir deinen Lohn zu geben.
Vielleicht ist heut der letzte Tag!
Wer weiss doch, wie man sterben mag.

151. Wohin wird die Seele nach Büßung der Strafen gebracht?

Der nachgeahmte Geist führt die Seele nun hin zum Richter, der Lichtjungfrau im Sonnenraume oder Aetherkreise, gemäß des Gebotes des ersten Menschen. Die Lichtjungfrau versiegelt die Seele und übergibt sie sogleich ihren Empfängern oder Dienern. Dieselben tragen sie zu den großen Herrschern oder Aeonen der Sphäre, und deren Arbeiter bringen sie in den See der Sphäre. Alsdann reichen ihr die Empfänger des Sabaoth Adamas den Trank der Vergessenheit und sie wird so in einen neuen Körper geleitet.

Ist dein Blick noch nie hindurchgedrungen?
Hat dein Ohr die Kunde nie erlauscht,
Dass das Sein, bei Alten wie bei Jungen,
Stets und ewig nur die Hülle tauscht?

Dass das Leben, das da ging verloren,
Dass das Schöne, das man trug hinaus,

Nur in andren Formen, andren Toren
Wieder eintritt in das Vaterhaus?

152. Was ist der Trank der Vergessenheit?

Es ist der Saatkeim aller Verworfenheit, gefüllt mit allerlei Begierden und mit dem Vergessen. Dieser tödliche Trank wird zu einem Körper, der außerhalb der Seele steht, in jeder Hinsicht aber der Seele ähnlich und ihr vollkommenes Ebenbild ist, und daher der nachgeahmte Geist genannt wird.

153. Was treibt uns zur Wiederverkörperung?

Das unbefriedigte Verlangen nach Dingen, die dem persönlichen Leben in der materiellen Welt angehören. Dieser ungelöschte Durst nach physischem Dasein besitzt eine so starke schöpferische Kraft, daß er die Menschen unbewußt ins irdische Dasein zurückzieht.

154. Welcher zweite Faktor beeinflußt unser Wiederkommen auf Erden?

Unsere persönlichen Verdienste oder Verschuldungen.

155. Ist es denn wahr, daß der Mensch durch seine Werke gerechtfertigt und nach seinen Werken gerichtet wird?

Dies ist gewiß und natürlich.

156. Welchen Einfluß haben unsere Verdienste?

Wenn wir einen Ueberschuß an guten Werken haben, so wird unser nächstes Leben sich so viel glücklicher gestalten. Ist unsere Schuld im Uebergewicht, so wird unser nächstes Dasein um so viel beklagenswerter und elender.

157. Was ist unter einem wahren Verdienst zu verstehen?

Das wahre Verdienst besteht nicht in äußeren Handlungen, sondern in dem hinter der Handlung verborgenen Motiv oder Beweggrund. „Si duo faciunt idem, non est idem.“

158. Welches sind die Ketten der Materie, die den Menschen hauptsächlich mit dem Irdischen verflechten und seine Seele binden?

Wer in dieser Welt kauft und verkauft, wer von der eigenen Materie ißt und trinkt, wer in seinen eigenen Sorgen und allen seinen eigenen Beziehungen und Verbindungen lebt, der häuft fortwährend frisches Material auf für ein wiederholtes Dasein. Denn die Welt und alles, was darin ist und alle ihre geschäftlichen, wirtschaftlichen und geschlechtlichen Beziehungen sind eine äußerst niedrige und materielle Reinigungsform, und sie prüfen die Reinheit eines jeden aufs äußerste.

159. Welcher Grundsatz liegt dem Gesetze der Reïnkarnation zugrunde?

Der Grundsatz absoluter Gerechtigkeit, völligen Gleichgewichts und genauer Wiedervergeltung.

160. Wonach richtet sich die Art des neuen Körpers, den die Seele beziehen muss?

Der neue Körper, in den die Seele geleitet wird,

ist eine genaue Wiedergabe der Taten und Sünden, die sie früher begangen hat.

161. Welches sind die beiden Hauptfaktoren, die die Wiederverkörperung beinflussen?

Erstens die vorwiegenden Wünsche und Neigungen, die die Seele in den vergangenen Perioden sich angeeignet hat, und zweitens der Einfluß des Geistes, der die Seele dirigiert und überwacht. Die Seele würde nämlich ihren Begierden blindlings folgen und nie aus dem Wirrwarr herauskommen, wenn nicht der Geist, der weiß, was der Seele not tut, sie fortwährend ablenkte, um sie in Verhältnisse zu bringen, die ihrer allmählichen Befreiung von den niederen Trieben günstig sind.

162. Kann sich also irgend eine Seele über ihr gegenwärtiges Erdenlos beklagen?

Nein. Jede Seele befindet sich in solchen Umständen, die ihren früheren Begierden entsprechen und die für ihren geistlichen Fortschritt absolut notwendig sind. Jede einzelne Seele hat ihren Platz da, wo sie ihrem Entwickelungsgrade entsprechend hinpaßt und hingehört und wo sie die denkbar beste Gelegenheit hat, sich weiter zu entwickeln.

163. Welche drei allgemeinen Klassen unter den jetzt verkörperten Seelen sind für die gnostischen Lehren empfänglich?

1) Diejenigen Seelen, welche eine klare Erinnerung eines früheren Daseins haben, die aber ihr Wissen meistens aus Ehrfurcht und heiliger Scheu ge-

heim halten. 2) Diejenigen, welche in früheren Lebensläufen genügend Fortschritte gemacht haben, um während ihres gegenwärtigen Lebens zum höheren Bewußtsein zu erwachen. Diese lernen die okkulten Lehren schnell und mit großer Begier, aber sie fühlen sich mehr oder weniger als Fremdlinge in einer ihnen unsympathischen materialistischen Welt. Sie erscheinen den Weltkindern als seltsame und wunderliche Menschen. 3) Diejenigen, welche in früheren Perioden wenigstens schon einzelne Brocken von dem Tische der gnostischen Kirche empfangen haben. Diese Bruchstücke von Lehren haben einen tiefen bleibenden Eindruck gemacht und sind wie Saatkörner, die auf einen fruchtbaren Boden gefallen sind und zu seiner Zeit gewißlich Keime und Stengel, Blätter und Blüten und zuletzt Erüchte bringen werden. Dies sind meistens unruhige Naturen, unzufrieden mit der gewöhnlichen materialistischen Weltauffassung und der populären Bibelerklärung und der landläufigen Gottesverehrung. Unstät und flüchtig, laufen sie von einem Lehrer zum andern, um die von diesen angepriesene Wahrheit zu finden. Wenn ihre Zeit gekommen ist, werden auch sie den gnostischen Hafen finden, wo sie ihren Glaubensanker auswerfen und ausruhen können; denn „wenn der Schüler gänzlich bereit ist, dann ist auch der Lehrer bereit.“

164. Wie lange wird die Rückkehr der Seele in neue Körper fortgesetzt?

Die Seele kann der Transmigration in neue Körper nicht eher entgehen, als bis sie alle Sünden abgebüßt, alle notwendigen Erfahrungen gemacht und durch alle Handlungen hindurchgegangen ist, d. h. bis sie gemäß den Aufzeichnungen ihrer Fehler und Sünden dem Ende des Kreislaufes ihrer Wanderungen nahe ist.

165. Was ist das Schicksal des Gerechten, d. h. einer Seele, die den Kreislauf der Verkörperungen beendet hat und in die Gnosis eingeweiht ist?

Wenn die Seele eines Gerechten, d. h. eines Menschen, der die Geheimnisse der Gnosis empfangen hat, sich anschickt, den Körper zu verlassen, geleitet von dem Empfänger des Zornes, so schwingt sie sich ohne Zögern zur Höhe empor, indem der nachgeahmte Geist und das Schicksal ihr auf dem Wege folgen. Aber alsobald spricht sie das Geheimnis von der Lösung der Siegel und Banden aus, mit denen der Herrscher den nachgeahmten Geist an die Seele fesselt. Und sogleich werden die Empfänger des Zornes entlassen und die Empfänger des Lichtes nehmen die Seele in Empfang aus den Händen der Empfänger des Zornes. Alsdann spricht die Seele den Schutzspruch gegen die Herrscher der Mitte aus und das Schicksal verläßt die Seele und geht an seinen Platz. Und bei den Aeonen der Schicksalssphäre angekommen, äußert die Seele den Schutzspruch gegenüber jenen Herrschern, und der nachgeahmte Geist wird entlassen und geht an seinen eigenen Platz. Die Seele aber setzt ihren Weg fort nach oben. Demnächst passiert sie die Regionen aller Herrscher zur Linken und sagt die betreffenden Sprüche, um dann in das Reich der Lichtjungfrau und ihrer sieben dienenden Jungfrauen einzutreten, die den geistlichen Taufen vorstehen. Hier wird nun die Seele versiegelt und getauft und gesalbt, und steigt alsdann empor zu dem Vater der Regionen zur Rechten und wird wieder versiegelt. Und sie schwingt sich alsbald empor zu Melchisedek, dem großen Empfänger des Lichtes zur Rechten und wird von ihm gleichfalls versiegelt. Alsdann tritt die Seele ein in den Lichtschatz und wird zum letzten Male versiegelt, um in der Region des Erbteiles ihren Ruheplatz zu finden.

O schöner Tag
Und noch viel schön're Stund',
Wann wirst du kommen schier,
Da ich mit Lust,
Mit freiem Freudenmund
Die Seele geb' von mir
In Gottes treue Hände
Zum auserwählten Pfand,
Dass sie mit Heil anlände
In jenem Vaterland.

Im Augenblick
Wird sie erheben sich
Hoch über's Firmament,
Wenn sie verlässt
So sanft, so wunderlich,
Die Stätt' der Element';
Fährt auf Eliä Wagen
Mit heilger Engel Schar,
Die sie auf Händen tragen,
Umgeben ganz und gar.

O Ehrenburg
Sei nun gegrüsset mir!
Tu' auf der Gnaden Pfort'!
Wie lange schon
Hat mich verlangt nach dir,
Eh' ich bin kommen fort
Aus jenem bösen Leben,
Aus jener Nichtigkeit,
Und mir Gott hat gegeben
Das Erb' der Ewigkeit!

Druck von F. E. Baumann, Bitterfeld

Motto: Wer Ohren hat zu hören,
Der höre!

Zweites Hauptstück.

Von der Erlösung

II.

Der untere Jesus.

oder

Die Niederfahrt des Evangeliums und Verkündigung der Gnosis.

I. Einleitung.

Die Sach' ist dein, Herr Jesu Christ,
Die Sach', an der wir stehn.
Und weil es deine Sache ist,
Kann sie nicht untergehn.
Allein das Weizenkorn, bevor
Es fruchtbar sprosst zum Licht empor,
Muss sterben in der Erde Schooss
Zuvor vom eignen Wesen los,
Durch Sterben los
Vom eignen Wesen los.

Du gingst, o Jesu, unser Haupt,
Durch Leiden himmelan,
Und führest jeden, der da glaubt,
Mit dir die gleiche Bahn.

Wohlan, so nimm uns allzugleich
Zum Teil am Leiden und am Reich.
Führ uns durch deines Todes Tor
Samt deiner Sach' zum Licht empor,
Zum Licht empor,
Durch Nacht zum Licht empor.

Du starbest selbst als Weizenkorn
Und sankest in das Grab.
Belebe denn, o Lebenskorn,
Die Welt, die Gott dir gab.
Send Boten aus in jedes Land,
Dass bald dein Name werd' bekannt,
Dein Name voller Seligkeit;
Auch wir stehn dir zum Dienst bereit
In Kampf und Streit,
Zum Dienst in Kampf und Streit.

166. Was schließt die Lehre von der Erlösung in sich als Hauptbestandteil?

Die Lehre von der Erlösung ist im Grunde unsichtbar und unfaßbar, da sie den Mittelpunkt der heiligen Gnosis darstellt. Darum kann man sie nicht einfach mit einem Worte wiedergeben. Jedoch ist diese Erlösung notwendig für alle, welche die völlige Erkenntnis empfangen, damit sie so in die über alles erhabene Macht wiedergeboren werden. Denn ohne diese Erlösung ist es unmöglich, ins Reich der Fülle einzuziehen. Sie ist es vielmehr, die die Vollkommenen in die Tiefe einführt.

167. Welche beiden Taufen gehören zu der Erlösung?

Die Taufe des erscheinenden Jesus dient zur Vergebung der Sünden, aber die Taufe des auf ihn herunterkommenden Christus zur Vollendung. Die eine Taufe ist seelisch, die andere ist geistlich. Die Taufe wurde von Johannes verkündigt zur Sinnesänderung, die Erlösung aber wurde von Jesus gebracht zur Vollendung. Und hierauf bezieht sich das Wort: Und ich habe eine andere Taufe, womit ich getauft werden soll, und ich sehne mich sehr darnach. Aber auch den Söhnen des Zebedäus, da ihre Mutter bat, daß sie mit ihm im Reiche sitzen möchten, einer zur Rechten und einer zur Linken, legte Jesus diese Erlösung vor, da er sagte: Könnt ihr mit der Taufe getauft werden, mit der ich getauft werden soll? Auch Paulus hat oftmals diese Erlösung in Christo Jesu angedeutet. Und dies ist die von den Gnostikern in mannigfaltiger Form in ihrem geheimen Gottesdienst feierlich begangene und bildlich dargestellte Erlösung.

1. Tim. 3, 16. Und kündlich gross ist das gottselige Geheimnis: Gott ist geoffenbaret im Fleisch, gerechtfertigt im Geist, erschienen den Engeln, gepredigt den Heiden, geglaubt von der Welt, aufgenommen in die Herrlichkeit.

168. Welche Bücher besitzt die öffentliche Kirche zum Studium der Lehre von der Erlösung?

Sie kennt und verehrt als einzig zuverlässige und untrügliche Quellen die betreffenden Bücher der Bibel, besonders die vier Evangelien, die Apostelgeschichte und die Briefe des Neuen Testaments. Daneben stützt sie sich auf die betreffenden Bekenntnisschriften aus den verschiedenen Jahrhunderten unserer Zeitrechnung.

169. Was hält die gnostische Kirche von den vier Evangelien, wie wir sie jetzt haben?

Die Herausgeber unserer jetzigen vier Evangelien lebten mehrere Menschenalter nach der Zeit und den Ereignissen, die angeblich darinnen beschrieben sind. Die drei synoptischen Evangelien stammen wahrscheinlich aus der Mitte des zweiten Jahrhunderts, das Evangelium Johannes aus dem Ende des zweiten Jahrhunderts. Diese Evangelien hatten aber ursprünglich eine andere Gestalt und sind vielfach überarbeitet, verkürzt oder erweitert worden. Die jetzige Form zeigt augenscheinlich eine Verschmelzung von Worten des Herrn, Einweihungsgebräuchen, symbolischen Gedichten und Sonnenfesten. Die letzten Herausgeber aber waren wahrscheinlich nicht eingeweiht in die gnostischen Geheimnisse. Dasselbe gilt von dem Herausgeber der Apostelgeschichte.

170. Was urteilt die gnostische Kirche von der epistolischen Literatur des Neuen Testaments, besonders den Paulinischen Briefen?

Sie sind in erster Linie Gelegenheitsschriften persönlichen Inhalts mit moralischen Ermahnungen, an exoterische Gemeinden oder an einzelne Schüler gerichtet, aber sie enthalten viele versteckte Andeutungen auf die gnostischen Geheimnisse der ursprünglichen Kirche. Die Briefe des Apostels Paulus, welche vielleicht den ältesten Bestandteil des neutestamentlichen Canons darstellen, beweisen jedoch deutlich, dass die ursprüngliche Predigt sich weniger mit einem historischen Jesus als mit einem mystischen Jesus oder Christus befaßte, der sich den Eingeweihten offenbarte und von ihnen gesehen wurde. Von der Umgestaltung und Verdrehung dieses mystischen Erlösers, von dem wir noch klare und deutliche Spuren in der Ueberlieferung der ältesten Predigt finden, zu einem persönlichen historischen Heilande legen die jetzigen Evangelien ein erstaunliches Zeugnis ab. — Die Briefe des Apostels Paulus in ihrer jetzigen Gestalt sind jedoch nach dem Zeugnis der gnostischen Kirche in grober Weise entstellt, verkürzt oder mit groben Einschiebseln versehen und so dem Verständnis des unentwickelten Zuhörers und des Weltmenschen näher gebracht.

171. Welches Buch des neutestamentlichen Canons hat den größten Wert als mystisches Lehrbuch?

Die Offenbarung Johannis, welche von der öffentlichen Kirche entweder außer Acht gelassen oder als zweideutig und apokryph angesehen wird und deren Verehrer meistens für Schwärmer gehalten werden.

172. Weshalb haben also die neutestamentlichen Schriften in ihrer gegenwärtigen Gestalt fast sämtlich an Wert und Bedeutung für die Entwickelung der Lehre vom Erlöser eingebüßt?

Weil sie voll sind von Mißverständnissen, Verdrehungen und falschen Zusätzen, die von Herausgebern und Bearbeitern herstammen, welche dem gnostischen Geheimdienst fernstanden.

173. Welches ist der ursprüngliche Bestandteil des synoptischen Evangeliums?

Die sogenannten Herrenworte oder Weisheitssprüche, die der obere Jesus sagt.

174. Welchen Wert haben die christlichen Bekenntnisse?

Die öffentlichen Glaubensbekenntnisse sind in späteren Zeiten, nicht vor dem vierten Jahrhunderte verfaßt und stammen von Vertretern der populären Kirche her, die die gnostischen Lehren der ursprünglichen Kirche nicht mehr verstanden. Die Reformation hat das Bekenntnis der mittelalterlichen Kirche ohne Kritik und ohne jede Prüfung einfach übernommen und hat in Uebereinstimmung damit ihr eigenes Bekenntnis verfaßt. Aber die christlichen Bekenntnisse machen aus den ursprünglichen mystischen Lehren grobe historische Tatsachen. Doch kann der in den gnostischen Lehren geschulte Leser die ursprüngliche gnostische Bedeutung jener Glaubenslehren selbst in der gegenwärtigen kirchlichen Gestalt noch leicht unterscheiden und kann beim Lesen den tieferen Sinn damit verbinden.

175. Welches sind die hauptsächlichsten Bekenntnisschriften der öffentlichen Kirche?

1) Das sogenannte apostolische Glaubensbekenntnis, das aber in seiner jetzigen Gestalt aus dem 5. Jahrhundert stammt; 2) das nicenische Bekenntnis; 3) das athanasianische Bekenntnis. Aus der Zeit der Reformation sind noch das Augsburgische Glaubensbekenntnis, die Concordienformel und die Katechismen zu nennen.

176. Welche Geheimschriften der gnostischen Kirche geben über das wahre Wesen und den Ursprung des Erlösers und die Bedeutung der Erlösung nähere Auskunft?

Die hauptsächlichsten Geheimschriften der gnostischen Kirche sind:

1. Die Offenbarung Adams,
2. Die sieben Bücher Seths und der Söhne Seths,
3. Das Buch Noria,
4. Das Buch Jaldabaoth,
5. Die Offenbarung Abrahams,
6. Die Bücher Mosis,
7. Die Verzückung Jesaias,
8. Die Geschichten des Andreas, Thomas und Johannes,
9. Das Evangelium der Eva oder das Evangelium der Vollkommenheit,
10. Das Evangelium nach Thomas,
11. Das Evangelium nach Philippus,
12. Das Evangelium nach den Aegyptern,
13. Das Buch Baruch,
14. Das Buch der Vorstädter,
15. Das Buch der Auswärtigen,
16. Die Offenbarung Simons,
17. Die großen Fragen der Maria,
18. Die kleinen Fragen der Maria,
19. Die Geburt Mariae,
20. Die Verzückung Pauli,
21. Die große Symphonie,
22. Die kleine Symphonie.

II. Die Hülfe aus Zion.

Ach, dass die Hülf' aus Zion käme!
Ach dass dein Geist, so wie dein Wort verspricht,

Dein Volk aus dem Gefängnis nähme!
Ach würd' es doch nur bald vor Abend Licht.
Ach, brich, o Herr, den Himmel bald entzwei
Und komm herab zur Hülf und mach uns frei.

177. Wie wurde dem in dem Menschen wohnenden Hauche zuerst Hülfe geschickt?

Der dritte unter den guten Engeln, dessen Name Baruch ist, wurde zuerst zum Moses geschickt, und er redete durch ihn zu den Kindern Israel, daß sie sich dem allein Guten zuwenden sollten. Aber der dritte unter den bösen Engeln wohnte ebenfalls vermittelst der Seele in Moses, wie er in allen Menschen wohnt. Derselbe verdunkelte die Gebote des Baruch und verkündete statt dessen seine eigenen Gebote und Ideen. Denn die Seele gelüstet wider den Geist und den Geist wider die Seele, und diese beide sind in allen Menschen, weiblichen wie männlichen zugegen. So also wurde die Mission des Moses vereitelt.

178. Zu wem wurde der Engel Baruch dann geschickt?

Baruch wurde demnächst zu den Propheten geschickt, damit der in den Menschen wohnende Hauch seine Predigt durch die Propheten hörte und aus der schlechten niederen Welt davonflöge. Aber mit derselben Absicht verführte der böse Engel, die Schlange, durch die mit dem Geiste im Menschen wohnende Seele auch die Propheten, so daß sie alle abfielen und den Worten des Baruch nicht gehorchten.

179. Welches war der Prophet aus der Vorhaut?

Zuletzt wurde der Prophet aus der Vorhaut, nämlich Herkules, gesandt, damit er die zwölf bösen Engel im Kampfe darniederwerfe. Dies sind die zwölf Arbeiten des Herkules, die er der Reihe nach verrichtete, indem er den Löwen, die Wasserschlange, den Eber u. s. w. besiegte.

180. Wie wurde sein Werk zuletzt vereitelt?

Als Herkules schon glaubte, den Sieg errungen zu haben, umgarnte ihn die Omphale, das ist der böse Engel Babel oder Aphrodite und verführte ihn. Sie zog ihm seine Kraft, die göttlichen Befehle und Gebote, aus und tat ihm ihr eigenes Kleid, die Kraft der niederen bösen Macht an. Somit blieb auch das Prophetentum des Herkules erfolglos und seine Werke waren umsonst.

181. Wer war der letzte Prophet?

Zuletzt wurde Baruch „in den Tagen des Königs Herodes" ausgesandt. Als er nun nach Nazareth kam, fand er Jesus, den Sohn Josephs und der Maria, der die Schafe hütete. Ihm verkündigte Baruch alles, was von Anfang her geschehen war und sprach: Alle Propheten vor dir sind abgefallen. Versuche daher, Jesus, du Menschensohn, nicht abzufallen, sondern verkündige diese Rede den Menschen und predige ihnen die Erkenntnis des Vaters, des allein Guten Dann fahre auf zum Guten und setze dich dort wieder neben Elohim, der der Vater ist von uns allen. Und Jesus gehorchte dem Engel und sprach: Herr, ich werde alles tun! So fing er an zu predigen.

182. Welchen Versuch machte die Schlange wiederum mit ihm?

Die Schlange wollte ihn auch verführen. Aber Jesus blieb dem Baruch getreu. Da wurde die Schlange zornig, daß sie ihn nicht verführen konnte und ließ ihn kreuzigen. Er aber ließ den Körper am Holze und fuhr auf zu dem Guten, indem er zur Weltseele sprach: Weib, da hast du deinen Sohn, d. h. den seelischen und irdischen Menschen. Den Geist aber gab er in die Hände des Vaters, des allein Guten.

Da jammert Gott in Ewigkeit
Mein Elend übermassen.
Er dacht' an sein' Barmherzigkeit,
Er wollt' mir helfen lassen.
Er wandt' zu mir das Vaterherz,
Es war bei ihm fürwahr kein Scherz,
Er liess's sein Bestes kosten.

Er sprach zu seinem lieben Sohn:
Die Zeit ist hier, zu 'rbarmen;
Fahr hin, meins Herzens werte Kron',
Und sei das Heil dem Armen
Und hilf ihm aus der Sündennot,
Erwürg für ihn den bittren Tod
Und lass ihn mit dir leben.

Der Sohn dem Vater g'horsam ward,
Er kam zu mir auf Erden
Von einer Jungfrau rein und zart;
Mein Bruder sollt' er werden.
Gar heimlich führt er sein' Gewalt,
Er ging in meiner armen G'stalt,
Den Teufel wollt' er fangen.

Er sprach zu mir: Halt dich an mich,
Es soll dir jetzt gelingen.
Ich geb mich selber ganz für dich,

Da will ich für dich ringen.
Denn ich bin dein und du bist mein,
Und wo ich bleib', da sollst du sein,
Uns soll der Feind nicht scheiden.

III. Die Niederfahrt des Evangeliums.

183. Was versteht die gnostische Kirche unter der Erlösung?

Es ist die Mitteilung der wahren und gründlichen Erkenntnis von den überweltlichen Dingen im Reich der Fülle, die den Menschen zurückführt zum unnennbaren Vater.

184. Wie kam das Evangelium oder die frohe Botschaft herunter in unsere Welt?

Als nach Beendigung der Herrschaft des Demiurgen die Zeit gekommen war, daß die Kinder Gottes, die vollkommenen Gnostiker, sollten offenbar werden, um deretwillen die Kreatur seufzte und in Geburtswehen lag, wartend auf die Offenbarung, da kam das Evangelium in die Welt. Es stieg herab aus der obersten Welt des Lichtes und ging hindurch durch die mittlere psychische Welt, durch jedes Fürstentum und alle Gewalt und Herrschaft und jeden Namen, der genannt wird, bis es herabgelangte zu unserer Welt.

185. Welche Erkenntnis schliesst diese Gnosis in sich?

Die Gnosis weiß, weshalb Licht und weshalb Finsternis besteht, Chaos und Lichtschatz, Urteilsspruch und Lichterbe, Strafe der Sünder und Ruhe der Gerechten, Sünde und Taufe, Feuer der Strafe und Siegel des Lichtes, Verwünschungen und Lobgesänge, Tod und Leben. Es ist die Gnosis der Mitleidlosigkeit und des Mitleids, der Zerstörung und des ewigen Werdens, die Gnosis von den Tieren, dem Gewürm, den Metallen, Meeren und Weltteilen, Wolken und Regen, die Gnosis, die vom Menschen zur umgebenden Natur herabsteigt und dann wieder zu den allerhöchsten Dingen hinaufgeht.

186. Wie war eine solche Mitteilung aus der oberen Welt möglich?

Das Evangelium kam wesentlich und wörtlich, obschon sich nichts von oben loslöste und herunterkam, noch die glückselige Sohnschaft aus jenem undenkbaren und seligen Gotte aus der nicht seienden Welt hervortrat. Der Vorgang läßt sich vielmehr in folgender Weise denken. Wie nämlich das indische Brennöl das Feuer an sich zieht, sobald es nur aus weiter Entfernung gesehen wird, geradeso eilen von unten, von dem Haufen der Gestaltlosigkeit die Kräfte nach oben bis zur Sohnschaft. Denn wie ein Häscher, nach Art des indischen Haschöls, erhascht und ergreift der Sohn des großen Fürsten der Achtheit zunächst die Gedanken von der seligen Sohnschaft, die hinter dem angrenzenden Hauche sich befinden. Denn die in der Mitte des heiligen Odems auf der Grenzscheide der Sohnschaft sich befindende Kraft teilt die herabfließenden und herübergetragenen Gedanken von der Sohnschaft zuallererst dem Sohne des großen Fürsten mit.

187. Was lernte nun der große Fürst der Achtheit von seinem beisitzenden Sohne?

Als das Evangelium der Gnosis durch den beisitzenden Sohn dem großen Fürsten mitgeteilt wurde, lernte dieser Fürst, daß er nicht der höchste Gott war, sondern daß er gezeugt war und daß er über sich den niedergelegten Schatz des unaussprechlichen und unnennbaren Nichtseienden und die Sohnschaft hatte. Er bekehrte sich aber und erschrak, als er vernahm, in was für einer Unwissenheit er sich befand. Und dies ist ausgesprochen in dem Schriftworte: Die Furcht des Herrn ist der Weisheit Anfang. Denn der Fürst fing an, weise zu werden, als er von dem neben ihm sitzenden Christus unterrichtet wurde. Er lernte nämlich, wer der Nichtseiende sei, was die selige Sohnschaft und der heilige Hauch und die Zubereitung des Alls sei und was das Ziel der Wiederherstellung aller Dinge sei. Dies ist die Weisheit, die im Geheimnis ausgesprochen wird, von der die Schrift sagt: Nicht in gelehrten Worten menschlicher Weisheit, sondern in Belehrung des Geistes.

188. Wie tat der große Fürst Buße?

Als der obere Demiurg also unterrichtet und belehrt und erschreckt war, legte er ein Bekenntnis ab wegen der Sünde, die er beging, da er sich selbst erhöhte. Dies ist nämlich die Bedeutung der Schriftstelle: Meine Sünde habe ich erkannt und meine Missetat verstehe ich, um derselben willen werde ich bekennen in die Ewigkeit.

189. Worin bestand die Freude des grossen Fürsten?

Das Evangelium ist die Erkenntnis der überirdischen Dinge im Reiche der Fülle, die dem großen Fürsten verschlossen waren. Als es ihm nun geoffenbart wurde, daß auch der heilige Hauch oder das angrenzende Wesen da ist, und die selige Sohnschaft und der gute Gott, der Urheber von allem, der Nichtseiende, da freute er sich über dio Maßen über das, was ihm gesagt war, und jauchzte laut. Und daher erhielt jene Kunde den Namen Evangelium oder die frohe Botschaft.

190. Wer wurde nach dem grossen Fürsten zunächst unterrichtet?

Nachdem der große Fürst belehrt war, wurde auch die ganze Schöpfung der Achtheit in dem Evangelium unterrichtet und aufgeklärt, und alle himmlischen Bewohner des Sonnenkreises erkannten das Geheimnis.

191. Wie gelangte das Evangelium nun zur nächsten Weltabteilung?

Nun mußte das Evangelium zunächt zur Siebenheit kommen, damit in ähnlicher Weise auch der Fürst der Siebenheit belehrt und von dem Evangelium erleuchtet würde. Daher zündete der Sohn des großen Fürsten dem beisitzenden Sohne des Fürsten der Siebenheit zunächst das Licht der Gnosis an, welches ihm selbst von der seligen Sohnschaft her angezündet war. So wurde der Sohn des Fürsten der Siebenheit erleuchtet, und durch ihn wurde dann das Evangelium dem Fürsten der Siebenheit selbst geoffenbart.

192. Warum hatte der Demiurg der Siebenheit nicht von den Prophezeiungen der Propheten über den Erlöser schon etwas gelernt?

Da der Fürst der Siebenheit die oberen Dinge durchaus nicht kannte, so wurde er zwar bewegt und überrascht von dem, was da prophezeit wurde, aber er achtete es gering und konnte den tieferen Sinn nicht verstehen. Er fand den Grund für jene Prophezeiungen bald in diesem und bald in jenem, entweder in dem prophetischen Hauche, der auch selbst seine eigene Bewegung hat, oder in dem psychischen Menschen selbst, oder in etwas Schlechterem. Und so verharrte er in Unwissenheit bis zur Ankunft des Erlösers. Als aber der Christus kam, lernte er von ihm alles und er kam mit seiner ganzen Macht freudig zu ihm.

193. In welcher symbolischen Geschichte des Neuen Testaments ist er abgebildet?

Er ist dargestellt unter dem Bilde jenes Hauptmannes, der zum Erlöser sagte: Und ich habe Soldaten und Knechte unter meiner Gewalt, und was ich ihnen auftrage, tun sie. Auch der alte Simeon im Tempel stellt den Demiurgen dar.

194. Welche Folgen hatte diese Erleuchtung beim unteren Demiurgen?

Auch der Fürst der Siebenheit erschrak und

verwunderte sich und bekannte seinen Hochmut und seine Torheit.

195. Zu wem gelangte die frohe Botschaft von der Gnosis demnächst?

Es wurden alsbald alle die zahllosen Kreaturen der niederen Abstufungen, die man Siebenheit nennt, samt ihren Fürstentümern und Mächten und Herrschaften und den 365 Himmeln des großen Fürsten Abrasax, dessen Namen die Tage des Jahres darstellen, unterrichtet und durch die Gnosis erleuchtet.

196. Welches war der letzte Schauplatz für die Offenbarung und Predigt der Gnosis?

Nachdem alles soweit geschehen war, mußte zuletzt auch noch die Gestaltlosigkeit der untersten Weltstufen bei uns erleuchtet werden. Denn es mußte auch der in der Gestaltlosigkeit zurückgebliebenen Sohnschaft, wie einer Fehlgeburt, das Geheimnis geoffenbart werden, ein Geheimnis, welches den früheren Geschlechtern nicht bekannt gemacht war, wie geschrieben steht: Durch Offenbarung wurde mir das Geheimnis kundgetan. Und an einer andern Stelle heißt es: Ich hörte unaussprechliche Worte, die ein Mensch kein Recht hat zu sagen.

197. Zu wem kam das Evangelium aus der Siebenheit herunter?

Das Licht des Evangeliums kam aus der Siebenheit herunter auf Jesus, den Sohn der Maria, und er wurde ebenfalls erleuchtet und angezündet mit dem Lichte der Erkenntnis, das auf ihn schien.

198. Was bedeuten die Worte: Heiliger Hauch wird auf dich kommen?

Hiermit ist die von der seligen Sohnschaft durch den angrenzenden Hauch, durch die Achtheit und Siebenheit bis zur Maria herabgekommene Hauch der Erleuchtung gemeint.

199. Was bedeutet der Satz: Die Kraft des Höchsten wird dich überschatten?

Es ist die Kraft, die von oben, von der Spitze, durch den Weltbildner oder den Höchsten bis zur Schöpfung und der untersten Sohnschaft herniedersinkt.

Luk. 8, 1. Und es begab sich darnach, dass er reiste durch Städte und Märkte und predigte und verkündigte das Evangelium vom Reich Gottes; und die Zwölf mit ihm

Luk. 7, 22. Und Jesus antwortete und sprach zu ihnen: Gehet hin und verkündiget Johannes, was ihr gesehen und gehört habt: Die Blinden sehen, die Lahmen gehen, die Aussätzigen werden rein, die Tauben hören, die Toten stehen auf und den Armen wird das Evangelium gepredigt. 9, 6. Und sie gingen hinaus und durchzogen die Märkte, predigten das Evangelium und machten gesund an allen Enden. 16, 16. Das Gesetz und die Propheten weissagen bis auf Johannes. Und von der Zeit an wird das Reich Gottes durch das Evangelium gepredigt, und jedermann dringet mit Gewalt hinein.

Röm. 1, 1. Paulus, ein Knecht Jusu Christi, berufen zum Apostel, ausgesondert zu predigen das Evangelium Gottes. 16. Denn ich schäme mich des Evangeliums von Christo nicht, denn es ist eine Kraft Gottes, die da selig macht alle, die daran glauben, die Juden vornehmlich und auch die Griechen. 15, 20. Und mich sonderlich beflissen, das Evangelium zu predigen, wo Christi Name nicht bekannt war, auf dass ich nicht auf einen fremden Grund bauet.

1. Cor. 4, 15. Denn obgleich ihr zehntausend Zuchtmeister

hättet in Christo, so habt ihr doch nicht viele Väter. Denn ich habe euch gezeuget in Christo Jesu durch das Evangelium.

2. Cor. 4, 3. 4. Ist nun unser Evangelium verdeckt, so ist es in denen, die verloren werden, verdeckt; bei welchen der Gott dieser Welt der Ungläubigen Sinne verblendet hat, dass sie nicht sehen das helle Licht des Evangeliums von der Klarheit Christi, welcher ist das Ebenbild Gottes.

Gal. 1, 6—9. Mich wundert, dass ihr euch so bald abwenden lasset von dem, der euch berufen hat in die Gnade Christi, auf ein anderes Evangelium; so doch kein anderes ist, ohne dass etliche, die euch verwirren, und wollen das Evangelium Christi verkehren. Aber so auch wir, oder ein Engel vom Himmel euch das Evangelium anders predigen würde als wir es euch gepredigt haben, der sei verflucht. Wie wir jetzt gesagt haben, so sagen wir abermal: So jemand euch das Evangelium predigt anders, denn das ihr empfangen habt, der sei verflucht.

Eph. 6, 15. Und an den Beinen gestiefelt, als fertig zu treiben das Evangelium des Friedens. 19. Und für mich, auf dass mir gegeben werde das Wort mit freudigem Auftun meines Mundes, dass ich möge kund machen das Geheimnis des Evangeliums.

1. Thess. 2, 8. 9. Also hatten wir Herzenslust an euch, und waren willig, euch mitzuteilen nicht allein das Evangelium Gottes, sondern auch unser Leben, darum, dass wir euch lieb haben gewonnen. Ihr seid wohl eingedenk, liebe Brüder, unserer Arbeit und unserer Mühe. Denn Tag und Nacht arbeiteten wir, dass wir niemand unter euch beschwerlich wären und predigten unter euch das Evangelium Gottes.

1. Tim. 1, 11. Nach dem herrlichen Evangelium des seligen Gottes, welches mir vertrauet ist.

IV. Jesus.

Die Erscheinung des Neuen Menschen.

Jesus, Jesus, nichts als Jesus
Soll mein Wunsch sein und mein Ziel.
Jetzund mach ich ein Verbündnis,
Dass ich will, was Jesus will.
Denn mein Herz, mit ihm erfüllt,
Rufet nur: Herr, wie du willt!

Einer ist es, dem ich lebe,
Den ich liebe früh und spat.
Jesus ist es, dem ich gebe,
Was er mir gegeben hat.
Ich bin in dein Blut verhüllt:
Führe mich, Herr, wie du willt.

Scheinet, was es sei, mein Glücke,
Und ist doch zuwider dir,
Ach, so nimm es bald zurücke.
Jesu, gib, was nütze mir.
Gib dich nur, Herr Jesu mild,
Nimm mich dir, Herr, wie du willt.

Und vollbringe deinen Willen
In mir, durch mich, an mir, Gott!
Deinen Willen lass erfüllen
Mich im Leben, Freud' und Not,
Sterben als dein Ebenbild,
Herr, wann, wo und wie du willt.

---

a) Seine Namen.

100. Wer ist der wahre Erlöser?

Der wahre Erlöser ist ungezeugt und gestaltlos und körperlos. Zum blosen Scheine ließ er sich als

Mensch sehen. Denn da der Vater die sieben Engel oder Fürsten stürzen wollte, kam Christus zum Sturze des Judengottes und seiner Söhne und zur Erlösung derer, die ihm gehorchten, und das sind diejenigen, die den Lebensfunken in sich tragen. Denn zwei Arten von Menschen wurden von den Engeln gebildet, die eine Art ist böse und die andere ist gut. Und da die Dämonen den Bösen helfen, so kam der Erlöser zur Stürzung der bösen Menschen und der Dämonen und zur Errettung der Guten.

201. Weshalb nahm jener gestaltlose Erlöser eine Scheingestalt an?

Da die Engel die Welt infolge ihrer Herrschaft und Ehrsucht schlecht geordnet und in Unwissenheit gehalten hatten, so erschien der Erlöser, um die Welt durch die Mitteilung der Erkenntnis zu erlösen und zu befreien. Als er nun zur Wiederaufrichtung kam, nahm er eine andere Gestalt an und erschien den Gewalten und Herrschaften und Engeln gleich. Er erschien daher auch als Mensch, ohne ein wirklicher Mensch zu sein und litt scheinbar in Judäa, da er doch in Wirklichkeit nicht litt. Und den Juden erschien er als Sohn, in Samaria als Vater und den übrigen Völkern als heiliger Hauch. Er nimmt aber jeglichen Namen an, den die Leute ihm beilegen wollen.

202. Was bedeutet der Name Jesus?

Das Wort Jesus klingt für den natürlichen Menschen bedeutungslos, da er nur den äußeren Klang, aber nicht die innere Bedeutung und Kraft des Namens vernimmt. Denn Jesus (Jesous) ist ein gezeichneter Name mit 6 Buchstaben, der von allen denen erkannt wird, die zur Zahl der Berufenen gehören. Derjenige Name aber, der als Jesus bei den Wesenheiten der Fülle mit vielen Teilen besteht, hat eine andere Gestalt und ein anderes Bild und wird von jenen Genossen des Erlösers erkannt, deren Größen immer bei ihm sind. Und zwar besteht der nennbare Name des Erlösers aus 6 Buchstaben, aber der unnennbare Name aus 24 Buchstaben.

203. Wodurch ist der Name Jesus entstanden?

Der Jesusname hat folgende Entstehung. Von der Mutter des Ganzen, nämlich der ersten Vierheit, kam in der Eigenschaft einer Tochter die zweite Vierheit, und es entstand so die Achtheit, aus welcher die Zehnheit hervorging. Wenn nun die Zehnheit zur Achtheit tritt und sie verzehnfacht, so ergibt sie die Zahl achtzig, und wenn sie die Achtzig abermals verzehnfacht, so hat sie die Zahl achthundert erzeugt. Und wenn die Zahlen in dieser Weise zusammengezählt werden, so entwickelt sich die Zahl achthundert achtundachtzig, welche Jesus bedeutet.

204. Inwiefern stellt das griechische Alphabet den Namen Jesus dar?

Gemäß dem überhimmlischen Ursprung des Namens Jesu hat auch das griechische Alphabet acht Einer, acht Zehner und acht Hunderter.

205. Welchen Namen hat Jesus infolgedessen auch noch?

Deswegen heißt er auch das A und das O, um seine Entstehung aus allem zu offenbaren.

206. Was ist noch mit dem A und O angedeutet?

Er wird das A und das O genannt, damit er so die Zahl der Taube darstelle, denn die Taube enthält die Zahl von dem A und O.

207. Was ist in dem Anfangsbuchstaben des Namens Jesus enthalten?

Zählt man die erste Vierheit in der Zahlenreihe zusammen, so erscheint die Zahl zehn. Denn eins und zwei und drei und vier sind zehn. Und diese Zahl ist gleich dem Anfangsbuchstaben des Wortes Jesus.

208. Worauf deutet das Wort Christus hin?

Auch das Wort Christus, welches aus acht Buchstaben beteht, deutet die erste Achtheit an, welche mit der Zehnheit verflochten den Namen Jesus wieder erzeugt. Doch hat das Wort Christus auch einen unaussprechlichen Klang in der Gestalt von 30 Buchstaben.

209. Welchen andern Namen hat der Erlöser auch noch?

Er wird auch Yios Christos, oder Sohn Christus genannt und stellt dadurch die Zwölfheit dar. Denn die Buchstaben der beiden Worte Yios und Christos zusammengezählt ergeben die Zahl der Zwölfheit.

210. Welche Bedeutung hat der Jesusname für die Menschheit?

Bevor die gezeichnete Zahl des Jesusnamens den

Söhnen erschien, befanden sich die Menschen in großer Unwissenheit und im Irrtum. Als aber jener Name mit den sechs Buchstaben offenbart wurde, der Fleisch an sich nahm, um zur Sinneswahrnehmung des Menschen herabzusteigen, da er die sechs, wie auch die vierundzwanzig Buchstaben in sich schließt, da wurden sie durch die Erkenntnis seines Wesens von ihrer Unwissenheit befreit. Sie drangen auf diese Weise vom Tode zum Leben hindurch. Denn dieser Name wurde ihnen zum Führer zum Vater der Wahrheit. Denn der Allvater wollte die Unwissenheit lösen und den Tod aufheben. Die Erkenntnis des Namens wurde nun die Lösung der Unwissenheit. Und deswegen wurde nach seinem Willen der Mensch erwählt, der nach dem Vorbilde des oberen Menschen eingerichtet war.

211. Wie war Jesus der Repräsentant der drei Doppelkräfte oder der sechs Erzwesenheiten?

Die Frucht des überweltlichen Haushaltes, genannt Jesus, erschien im Gleichnis des Bildes. Denn Jesus ist derjenige, der nach sechs Tagen als Vierter auf den Berg stieg und dort der Sechste wurde. Derselbe stieg in die Siebenheit hinab und wurde erniedrigt, obwohl er in der Gestalt der gezeichneten Sechsheit war und die ganze Zahl der Laute in sich enthielt, die sich damals offenbarte, als er zur Taufe ging, durch das Herunterkommen der Taube, die das A und O ist. Und deswegen sagt Moses, daß der Mensch am sechsten Tage geworden ist. Und den Haushalt hat der letzte Mensch Jesus am sechsten Tage, am Rüsttage, zur Wiedergeburt des ersten Menschen geoffenbart. Ferner ist der Anfang und das Ende dieses Haushaltes ebenfalls die sechste Stunde, in welcher er ans Holz genagelt wurde. Denn der vollkommene Verstand, der die Zahl sechs kennt, die die Kraft der Geburt und der Wiedergeburt in sich hat, hat den Kindern des Lichts geoffenbart, dass die Wiedergeburt durch denjenigen geschehen ist, der die gezeichnete Zahl sechs in sich offenbarte.

Mth. 1, 21. Und sie wird einen Sohn gebären, des Namen sollst du Jesus heissen, denn er wird sein Volk selig machen von ihren Sünden. 23. Siehe, eine Jungfrau wird schwanger werden und einen Sohn gebären, des Namen werden sie Immanuel heissen, das ist verdolmetscht: Gott mit uns!

Mth. 18, 20. Denn wo zwei oder drei versammelt sind in meinem Namen, da bin ich mitten unter ihnen.

Mth. 19, 29. Und wer verlässt Häuser oder Brüder oder Schwestern oder Vater oder Mutter, oder Weib oder Kinder oder Aecker um meines Namens willen, der wird es hundertfältig nehmen und das ewige Leben ererben.

Mth. 24, 9. Alsdann werden sie euch überantworten in Trübsal und werden euch töten. Und ihr müsset gehasset werden um meines Namens willen von allen Völkern.

Mark. 9, 39. 41. Jesus aber sprach: Ihr sollt es ihm nicht verbieten. Denn es ist niemand, der eine Tat tue in meinem Namen und möge bald übel von mir reden. Wer aber euch tränket mit einem Becher Wassers in meinem Namen, darum dass ihr Christo angehöret, wahrlich, ich sage euch: es wird ihm nicht unvergolten bleiben.

Joh. 1, 12. Wie viele ihn aber aufnahmen, denen gab er Macht Gottes Kinder zu werden, die an seinen Namen glauben

Joh. 2, 23. Da er aber zu Jerusalem war, in den Ostern auf dem Fest, glaubten viele an seinen Namen, da sie die Zeichen sahen, die er tat.

Joh. 3, 18. Wer an ihn glaubet, der wird nicht gerichtet. Wer aber nicht glaubet, der ist schon gerichtet, denn er glaubet nicht an den Namen des eingeborenen Sohnes Gottes.

Joh. 14, 13. Und was ihr bitten werdet in meinem Namen, das will ich tun, auf dass der Vater geehrt werde in dem

Sohne. 16, 24. Bisher habt ihr nichts gebeten in meinem Namen. Bittet, so werdet ihr nehmen, dass eure Freude vollkommen werde. 26. An demselbigen Tage werdet ihr bitten in meinem Namen.

Apgesch. 2, 38. Petrus sprach: Tut Busse und lasse sich ein jeglicher taufen auf den Namen Jesu Christi zur Vergebung der Sünden, so werdet ihr empfangen die Gabe des heiligen Geistes.

Apg. 3, 6. Petrus aber sprach: Silber und Gold habe ich nicht; was ich aber habe, das gebe ich dir: Im Namen Jesu Christi von Nazareth stehe auf und wandle.

Apg. 4, 12. Und ist in keinem andern Heil, ist auch kein anderer Name den Menschen gegeben, darinnen wir sollen selig werden.

Apg. 5, 41. Sie gingen aber fröhlich von des Rats Angesicht, dass sie würdig gewesen waren, um seines Namens willen Schmach zu leiden.

Apg. 9. 28. Und er war bei ihnen und ging aus und ein zu Jerusalem und predigte den Namen Jesu Christi frei.

Apg. 19, 5. Da sie das hörten, liessen sie sich taufen auf den Namen des Herrn Jesu.

1. Cor. 6, 11. Aber ihr seid abgewaschen, ihr seid geheiligt, ihr seid gerecht geworden durch den Namen des Herrn Jesu und durch den Geist unseres Gottes.

Phil. 2, 9. Darum hat ihn auch Gott erhöht und hat ihm einen Namen gegeben, der über alle Namen ist, (10) dass in dem Namen Jesu sich beugen sollen alle derer Kniee, die im Himmel und auf Erden und unter der Erde sind, und (11) alle Zungen bekennen sollen, dass er der Herr ist, zur Ehre Gottes des Vaters.

Col. 3, 17. Und alles, was ihr tut mit Worten oder Werken. das tut alles in dem Namen des Herrn Jesu, und danket Gott und dem Vater durch ihn.

2. Tim. 2, 19. Aber der feste Grund Gottes bestehet und hat dieses Siegel: Der Herr kennet die Seinen, und: Es trete ab von der Ungerechtigkeit, wer den Namen Christi nennt

Ebr. 13, 15. So lasst uns nun opfern durch ihn das Lobopfer Gotte allezeit, das ist die Frucht der Lippen, die seinen Namen bekennen.

b. Seine Geschichte.

212. Was ist die mystische Bedeutung des Lebens Jesu.

Die Geschichte Jesu ist eine dramatische Darstellung der letzten Schritte zur Befreiung der Seele durch die Vereinigung mit dem oberen Jesus aus dem Reich der Fülle. Der untere Jesus stellt den Typus und das Bild einer fortgeschrittenen und in der Welt des Demiurgen und der Achamoth völlig entwickelten Seele dar, die sich anschickt, die letzten Schritte zur völligen Befreiung zu tun und in die heilige Gnosis eingeweiht zu werden.

213. Was berichten die römischen, griechischen und jüdischen Geschichtsschreiber von einem persönlichen historischen Jesus?

Die großen Geschichtsschreiber sind mit einer solchen Erscheinung unbekannt.

214. Wann wurde das Dogma von dem stellvertretenden Opfertode des historischen Gottesmenschen ausgearbeitet?

Im 11. Jahrhundert.

215. Sind die Evangelien denn nicht als Geschichtsbücher anzusehen?

Nein. Sie sind vielmehr Andachts- und Moralbücher.

216. Finden sich Spuren auch bei den Vertretern der öffentlichen Kirche von einer mystischen Auffassung des Lebens Jesu?

Alle tiefer angelegten Naturen, besonders die Religionsphilosophen und religiösen Dichter haben oftmals den Gedanken ausgesprochen, daß das menschliche Herz mit der Krippe im Stalle zu Bethlehem gemeint, daß Jesus sich ein Bettlein in dem Schrein des menschlichen Herzens machen will, und daß es nichts nütze, wenn Jesus tausendmal in Bethlehem geboren wäre, so lange er nicht in unserm Herzen geboren ist.

217. Wer hat auf Erden zuletzt von dem mystischen Christus, dem oberen Jesus gepredigt?

Die Weisheit selbst hat oftmals durch die Propheten der sieben Herrscher geredet von dem ersten Menschen und der unvergänglichen Wesenheit, und auch von jenem Christus, der droben ist. Sie hat die Menschen in dieser Weise ermahnt und erinnert an das ursprüngliche Licht, an den ersten Menschen und an das Herabsteigen des Christus und die Mitteilung der Gnosis bei der Einweihung.

218. Wie stellten sich die großen Fürsten oder Herrscher zu jener Predigt?

Die Fürsten, die in völliger Unwissenheit lebten, erschraken darüber und wunderten sich über die unerhörten Worte, welche die Propheten äußerten und welche sie nicht begreifen konnten.

219. Welche zwei Menschen wurden zuletzt geboren?

Als die Zeit erfüllet war, wurden zwei Menschen nach der Vorsehung geboren, einer von der unfruchtbaren Elisabeth und einer von der Jungfrau Maria.

220. Wer hatte den Lichtfunken in den Schoß der Maria geschickt, der sich als Johannes verkörperte?

Von dem Erlöser selbst ging aus dem Reich der Fülle eine Kraft aus zum Johannes, der mit Wasser zur Sündenvergebung taufen sollte. Und die Seele dieses Johannes war zugleich die des Elias, die in ihm wiedergeboren war. Dies hat der untere Jesus erklärt, als er sagte: Wenn ihr es empfangen wollt, so ist Johannes der Täufer Elias, der, sagte ich, euch wieder erscheinen mußte.

221. Was schickte der obere Demiurg in den Schoß der Maria?

In den Schoß der Maria, seiner Mutter, hatte er auch eine Kraft hineingesetzt, die aber höher als alle anderen war, nämlich den Körper, den er in der Höhe trug, und noch eine andere Kraft anstatt der Seele. Und so wurde der untere Jesus geboren.

222. Auf wessen Hülferuf wurde der Christus heruntergeschickt?

Da die Weisheit weder im Himmel noch auf Erden Ruhe hatte, rief sie in ihrer Trauer ihre Mutter, die obere Weisheit um Hülfe an, und jenes erste Weib hatte Mitleid mit der Reue ihrer Tochter und bat selbst den ersten Menschen, ihr den Christus zur Hülfe zu schicken. Derselbe stieg auch herab, ausgesandt zu seiner Schwester und zu der Benetzung mit Licht.

223. Wie bereitete die Weisheit die Ankunft jenes Christus vor?

Als die untere Weisheit vernahm, daß ihr Bruder zu ihr herabstieg, kündigte sie seine Ankunft an durch Johannes den Täufer und setzte die Taufe zur Buße ein. Außerdem bereitete sie den Menschen Jesus zu, damit, wenn der Christus herunterkäme, er ein reines Gefäß vorfinde, und ließ auch das Weib Maria durch ihren Sohn Jaldabaoth in Kenntnis setzen von dem Heruntersteigen des Christus.

224. In welcher Weise wurde der niedere oder seelische Jesus von Maria geboren?

Er reiste durch die Maria hindurch, wie das Wasser durch eine Röhre fließt ohne eine innerliche Berührung oder Vermischung.

225. Inwiefern war der untere Jesus eine Darstellung der obersten Vierheit?

In der ursprünglichen Vierheit, aus der die Wesen, heiten der Fülle hervorgingen, befand sich der Mensch- die Kirche, das Wort und das Leben. Von diesen flossen nun Kräfte aus, die den auf Erden erscheinenden Jesus hervorbrachten. Und zwar füllte den Platz der Rede der Engel Gabriel aus, den Platz des Lebens der heilige Hauch, den Platz des Menschen die Kraft des Höchsten, und den Platz der Kirche bezeichnete die Jungfrau. So wird nach dem Haushalte durch die Maria der Mensch erzeugt, den der Allvater vermittelst der Rede zu der Erkenntnis seines verborgenen Wesens auserwählte, nachdem er durch die Gebärmutter hindurchgegangen war.

226. Inwiefern war der untere Jesus ein Repräsentant der drei Teile des Weltalls?

Da in der Welt das Gesetz der Mitteilung Geltung hat, so kam von oben, von dem ungezeugten und ersten Teile der Welt in den Tagen des Königs Herodes der Idealmensch mit drei Naturen, drei Körpern und drei Kräften herunter. Derselbige wird Christus genannt und enthält in sich alle Mischungen und Kräfte von den drei Teilen der Welt. Daher sagt die Schrift von ihm: In ihm strahlte die ganze Fülle leibhaftig, und in ihm wohnte die ganze Göttlichkeit der so geteilten Dreiheit. Denn von den zwei Welten, nämlich von der ungezeugten und der selbstgezeugten, sind die Samen von mancherlei Kräften in diese Welt, wo wir wohnen, hinabgetragen. Christus kam nun von oben, von der ungezeugten Welt herunter, damit durch seine Niederfahrt alles das, was dreifach geteilt ist, gerettet würde. Denn was von oben nach unten heruntergebracht ist, soll durch ihn wieder hinaufgehen.

227. Welcher Teil der Welt ist blos der Erlösung bedürftig und fähig?

Nur der mittlere Teil des Weltalls bedarf der Erlösung und ist der Erlösung zugleich fähig. Es gibt nämlich drei Abeilungen in der Welt. Die unterste Abteilung ist das Materielle oder Fleischliche, welches auch das Linke genannt wird und welches notwendiger Weise umkommen muss, da es infolge seiner Natur keine Realität besitzt und keinen Hauch der Unsterblichkeit aufnehmen kann. Die oberste Abteilung der Welt ist das Geistliche, das zu dem Zwecke ausgeschickt ist, damit es hier unten in Verbindung mit der mittleren Welt und mit diesem Seelischen in dem irdischen Wechsel erzogen werde. Und dieses Geistliche ist das Salz und das Licht der Welt. Zwischen beiden nun liegt das Seelische, welches die Mitte bildet zwischen dem Geistlichen und Materiellen, und welches nach derjenigen Weltabteilung hingeht, wohin es die Neigung und das Uebergewicht gewinnt. Und dieses Seelische bedarf der Erziehung im Sinnlichen oder der Welt der Illusion und Nichtigkeit.

228. Wie trat nun der erscheinende Jesus in Verbindung mit dieser psychischen mittleren Welt, um sie zu erlösen?

Die Welt wurde darauf zubereitet, und der Erlöser kam herunter in das Reich des Seelischen, welches frei und selbstständig ist, um es zu retten. Denn was er erlösen wollte, davon nahm er die Erstlingsfrucht an sich, nämlich von der Weisheit zog er das Geistliche an sich, von dem Demiurgen legte er den seelischen Christus an, von dem Haushalt legte er endlich den astralen Körper um, der daher eine seelische Natur trägt, mit unsäglicher Kunst zubereitet, so dass er sichtbar und tastbar und leidensfähig wurde. Von dem Materiellen aber nahm er nichts an sich. Denn die Materie ist ja der Erlösung nicht fähig. Was daher dem von oben heruntergetragenen Samen in feindlicher Weise nachstellt, wird fallen gelassen und, nachdem es gezüchtigt ist, verworfen.

229. Wie deutet die Schrift hin auf diesen erlösungsfähigen Teil der Welt?

Daher heißt es: Des Menschen Sohn ist nicht in die Welt gekommen, um die Welt zu vernichten, sondern damit die Welt durch ihn gerettet werde. Welt bedeutet an dieser Stelle die beiden oberen Teile der Welt, die geistliche und seelische Abteilung, von denen die erstere durch ihre Natur und die zweite durch Gnade gerettet wird. Wenn aber die Schrift sagt: Damit wir nicht mit der Welt gerichtet werden, so spricht sie von dem untersten Teile der speziellen Welt. Denn der dritte Teil, der im besonderen Sinne Welt genannt wird, muß zugrunde gehen und in das Nichts zurückkehren, dem sie ihr Dasein verdankt. Die beiden oberen Teile jedoch werden von dem Verderben ausgesondert.

2. Cor. 1, 10. Welcher uns von solchem Tode erlöset hat und noch täglich erlöset, und hoffen auf ihn, er werde uns auch hinfort erlösen.

Gal. 3, 13. Christus aber hat uns erlöset von dem Fluch des Gesetzes, da er ward ein Fluch für uns. Denn es stehet geschrieben: Verflucht ist jedermann, der am Holz hängt.

Gal. 4, 4. 5. Da aber die Zeit erfüllet ward, sandte Gott seinen Sohn, geboren von einem Weibe und unter das Gesetz getan, auf dass er die, so unter dem Gesetz waren, erlöste, dass wir die Kindschaft empfingen.

Luk. 2, 38. Dieselbe trat auch herzu zu derselben Stunde und pries den Herrn und redete von ihm zu allen, die auf die Erlösung zu Jerusalem warteten.

Röm. 3, 24. Und werden ohne Verdienst gerecht aus seiner Gnade durch die Erlösung, so durch Christum Jesum geschehen ist.

Eph. 1, 6. 7. Zu Lobe seiner herrlichen Gnade, durch welche er uns hat angenehm gemacht in dem Geliebten, an welchem wir haben die Erlösung durch sein Blut, nämlich die Vergebung der Sünden nach dem Reichtum seiner Gnade. Ebr. 9, 12. Auch nicht durch der Böcke oder Kälber Blut, sondern er ist durch sein eigenes Blut einmal in das Heilige eingegangen und hat eine ewige Erlösung erfunden.

O Liebe, die den Himmel hat zerrissen,
Die sich zu mir ins Elend niederliess!
Was für ein Trieb hat dich bewegen müssen,
Der dich zu mir ins Jammertal verwies?
Die Liebe hat es selbst getan,
Sie schaut als Mutter mich
In meinem Jammer an.

In ihm wird nun die Menschheit ausgesöhnet,
Die Reinigkeit der Seelen wiederbracht,
Sie wird vom Vater selbst mit Huld gekrönet,
Da sie der Himmel selbst so angelacht.
Die Menschheit wird nun ganz erneut
Und als ein reiner Thron
Der Gottheit eingeweiht.

230. Was geschah beim Herunterkommen des Christus aus dem Reich der Fülle?

Der obere Christus stieg herunter durch die sieben Himmel, indem er sich den Herrschern derselben gleich machte, um sie so unbemerkt ihrer Kraft zu berauben. Denn die ganze Benetzung mit Licht strömte auf ihn zu und ließ die großen Fürsten und ihre Diener leer.

231. Wo blieb seine Herrlichkeit und sein Lichtglanz bei seinem Heruntersteigen?

Die Herrscher in der Höhe wären nicht imstande gewesen, die Fülle der überweltlichen Herrlichkeit zu ertragen, und hätten sie ihn in seiner himmlischen Natur und Gestalt erblickt, so wären sie durch seine

Größe, Herrlichkeit und Macht in größte Verwirrung geraten, hätten für ihr Bestehen gefürchtet und sich gesorgt. Deshalb verschloß der Erlöser seine Herrlichkeit in seinem Inneren, gleich als hätte er den mächtigsten der Blitze in den allerkleinsten Körper verborgen. Er ließ sein Licht verlöschen, wie es verlischt, wenn man plötzlich die Augen schließt, und also stieg er zum Himmelsgewölbe herab. Als er nun den Sternengürtel daselbst erreichte, verschloß er wieder seine Herrlichkeit in seinem Inneren, denn der geringste Lichtspender daselbst ist wie eine den Raum durchleuchtende Sonne. Als er dann in das Reich der Sphären gelangte, verhüllte er nochmals seine Herrlichkeit und trat zuletzt sogar in die Finsternis ein, d. h. er erhielt einen Körper und wurde Fleisch.

232. Was versteht die gnostische Kirche unter dem Bräutigam und der Braut?

Der heruntersteigende Christus vereinigte sich in dieser Welt zuerst mit seiner Schwester, der Weisheit, und beide frohlockten und kamen in gegenseitiger Umarmung zur Ruhe: und dies ist der Bräutigam und die Braut.

Joh. 3, 29. Wer die Braut hat, der ist der Bräutigam. Der Freund aber des Bräutigams stehet und höret ihm zu und freuet sich über des Bräutigams Stimme. Dieselbe meine Freude ist nun erfüllet. Er muss wachsen, ich aber muss abnehmen. Der von oben her kommt, ist über alle. Wer von der Erde ist, der ist von der Erde, und redet von der Erde. Der vom Himmel kommt, der ist über alle, und zeuget, was er gesehen und gehöret hat, und sein Zeugnis nimmt niemand an.

Offenb. 21, 2. 9. Und ich, Johannes, sahe die heilige Stadt

das neue Jerusalem, von Gott aus dem Himmel herabfahren, zubereitet als eine geschmückte Braut ihrem Manne. Und es kam zu mir einer von den sieben Engeln, welche die sieben Schalen voll hatten der letzten sieben Plagen, und redete mit mir und sprach: Komm, ich will dir das Weib zeigen, die Braut des Lammes.

Offbg. 22, 17. Und der Geist und die Braut sprechen: Komm! Und wer es höret, spreche: Komm! Und wen dürstet, der komme, und wer da will, der nehme das Wasser des Lebens umsonst.

Wie schön ist unser's Königs Braut,
Wenn man sie nur von ferne schaut!
Wie wird sie nicht erst herrlich sein,
Wenn sie mit ihm einst bricht herein!
Triumph! Wir sehen dich, wir folgen dir!
Wohl dem, der mit dazu gehört schon hier!

* * *

O wie selig sind die Seelen,
Die mit Jesu sich vermählen,
Die sein Lebenshauch durchweht,
Dass ihr Herz mit heissem Triebe
Stündlich nur auf seine Liebe
Und auf seine Nähe geht.

Wenn die Seraphim mit Schrecken
Sich vor seinem Glanz bedecken,
Spiegelt sich sein Angesicht
In der Seele, die ihn kennet
Und von seiner Liebe brennet
Hier schon mit enthülltem Licht.

Nach Jehovahs höchsten Ehren
Wird in allen Himmelschören
Nichts, das herrlicher, geschaut,
Als ein Herz, das er erlesen
Und mit dem das höchste Wesen
Sich zu einem Geist vertraut.

* * *

Seelenbräutigam!
Jesu, Gottes Lamm!

Habe Dank für deine Liebe,
Die mich zieht mit reinem Triebe
Aus dem Sündenschlamm,
Jesu, Gottes Lamm!

Deiner Liebe Glut
Stärket Mut und Blut.
Wenn du freundlich mich anblickest
Und an deine Brust mich drückest,
Macht mich wohlgemut
Deiner Liebe Glut.

233. Wodurch unterschied sich der von der Weisheit vorbereitete psychische Jesus von allen anderen Menschen?

Jesus, der durch die Hülfe des Gottes aus der Jungfrau geboren war, war allen anderen Menschen völlig gleich. Aber im Leben war er weit von ihnen verschieden, nämlich an Besonnenheit und Tugend und Gerechtigkeit des Lebens. Er war viel weiser und reiner und gerechter, als alle Menschen. Und seine Seele war wohlgespannt und rein, mehr als bei allen anderen Menschen.

234. Wie stand er mit dem Reich der Fülle in direkter Beziehung?

Vermöge der Reinheit seiner Seele erinnerte er sich alles dessen, was er oben gesehen hatte, als er sich in der Umgebung des unbekannten Vaters befand. Und daher wurden seiner Seele auch von diesem Vater Kräfte zugeschickt, damit sie sich des oben Gesehenen wieder erinnere und, dadurch gestärkt, den weltbildenden Engeln entfliehen könne.

235. Wodurch wurde seine Seele von den Fesseln der Welt befreit?

Er mußte durch alle Dinge in der Welt und durch alle von den Menschen vollführten Handlungen und alle unziemlichen und frevelhaften Werke unbekümmert hindurchgehen, damit seine Seele, durch alle Handlungen befreit, zu dem unbekannten Vater emporsteigen könnte. Denn so stieg er naturgemäß hinauf zu dem, der ihr von oben die Kräfte zugesandt hatte, damit sie, durch alle Handlungen geduldig und unentwegt hindurchgehend, befreit zu ihm emporkommen konnte.

236. Wie stellte sich Jesus zu den Gesetzen und Einrichtungen des Demiurgen?

Obwohl die Seele Jesu mit den Sitten der Juden und den Gesetzen Jaldabaoths genährt war, verachtete sie dieselben und gewann hierdurch Kräfte, durch welche sie die den Menschen zur Züchtigung anhaftenden Leidenschaften entkräften und so den Weltbildern entrinnen konnte.

237. Können nicht andere Seelen dasselbe Ziel erreichen?

Jesus ist der Bahnbrecher und Vorläufer. Aber nicht blos er, sondern alle Seelen, die ihm gleich sind und dieselben Ideale haben, sollen in derselben Weise befreit emporfliegen zu dem unbekannten Vater. Denn indem sie alle Handlungen vollführen, werden sie zugleich von allem losgelöst und befreit. Denn nicht blos die Seele Jesu, sondern jede Seele, die durch alle Handlungen mit Gleichmut hindurchschreiten, und die weltbildenden Engel verachten kann, ist imstande, von oben Kräfte an sich zu ziehen, den Gewalten und Herrschern zu entrinnen und dasselbe erhabene Ziel zu erreichen, wie Jesus.

238. Können denn Menschen wirklich Jesu ähnlich werden?

Manche sind Jesu ähnlich und manche sind in gewisser Beziehung noch mächtiger und tun nach Jesu Ausspruch noch größere Taten, als er selbst, und sind seinen Jüngern, z. B. dem Petrus und Paulus und den andern Aposteln weit überlegen. Diese hohe Stellung haben sie erreicht infolge der Ueberschwenglichkeit ihrer Erkenntnis und infolge des überfließenden Maßes der Ausführung unterschiedlicher Durchgänge. Manche Seelen unterscheiden sich daher durch nichts von Jesus. Sie stammen aus derselben Umgebung des unbekannten Vaters und üben dieselbe Verachtung aller Dinge. Und alle diese Seelen sind der Mitteilung derselben Macht gewürdigt, deren Jesus gewürdigt wurde. Daher gehen dieselben frei und unerschüttert durch alle Handlungen hindurch, wie auch Jesus unbekümmert hindurchging. Wenn aber jemand Jesus in der Verachtung des Irdischen übertreffen kann, so ist er vortrefflicher als Jesus.

239. Wie lange müssen die Seelen ihren Einzug in neue Körper fortsetzen?

Die Seelen müssen solange wieder in Körper einziehen, bis sie alle Sünden erfüllen. Wenn dann nichts mehr abzubüßen übrig ist, so werden sie, wie

Jesus, befreit und emporgelassen zu jenem Gott, der über allen weltbildenden Engeln erhaben thront. Und so werden zuletzt alle Seelen gerettet. Manche aber werden überaus schnell, oft in einem einzigen Erdenleben, wofern sie das Ende der Kreisläufe erreicht haben, mit der Büßung aller Sünden fertig und kehren dann nicht mehr in einen Körper zurück. Sie bezahlen auf einmal alle Schulden ab, werden befreit und erscheinen nicht mehr im Körper.

240. Was geschah bei der Taufe des psychischen Jesus?

Auf den psychischen Jesus stieg bei der Taufe der mit der Weisheit verflochtene Christus, d. h. jener Erlöser herab, der aus dem Reich der Fülle stammte und aus allen Wesenheiten zusammengestellt war und zwar in der Gestalt einer Taube, und somit entstand der Jesus Christus oder der untere Jesus. Bei seiner Taufe aber ging es in folgender Weise zu: Er wusch sich im Jordan, dem nach oben fließenden Strome, und erhielt nach dieser Reinigung einen geistigen Körper, der ein Abdruck oder ein Abbild des von der Jungfrau geborenen astralen Körpers war.

141. Ist der von oben herabgekommene Christus durch die Verbindung mit dem Jesus selbst Mensch geworden?

Christus, der Sohn des Guten, womit der inwendige Mensch gemeint ist, erschien als Mensch und war doch kein Mensch, erschien als Fleischgewordener, ohne es zu sein. Nur dem Scheine nach trat er als Mensch auf.

242. Wie viele verschiedene Bestandteile hat demnach der untere Jesus?

Der untere Jesus hatte vier Bestandteile in sich und stellte dadurch das Abbild jener ursprünglichen und obersten Vierheit dar, die im Reich der Fülle weilt. Er bestand nämlich

1) aus dem geistlichen Samen von der Achamoth,
2) aus dem seelischen Teile, der vom Demiurgen herrührte,
3) aus dem vom Haushalte genommenen künstlichen Körper,
4) aus dem oberen Erlöser in Gestalt jener Taube, die auf ihn herabkam.

243. Wußten die Jünger etwas von dem auf ihn herniedergekommenen Christus?

Viele von Jesu Jüngern wußten nichts von dem Herabsteigen des Erlösers auf den Jesus bei der Taufe.

244. Wodurch offenbarte sich der Christus in dem Jesus?

Als der Christus sich auf den psychischen Jesus bei der Taufe herabgelassen hatte, fing er gleich an kräftige Taten zu tun: zu heilen, den unbekannten Vater zu verkündigen und sich öffentlich als den Sohn des ersten Menschen zu bekennen.

245. Welche Kraft und welcher Hauch war in diesem Christus von oben enthalten?

In dem Erlöser in Gestalt einer Taube war der Same der mit ihm gesäten und mit ihm herabgestiegenen und nachher mit ihm emporgestiegenen Genossen oder Engel enthalten. Diese auf ihn herabsteigende Kraft enthielt zugleich den Samen des Vaters, der den Vater und den Sohn in sich hatte und die durch diese beiden allein erkannte unnennbare Kraft des Schweigens und auch alle Wesenheiten der Fülle. Und dies war der Hauch, der aus Jesus gesprochen hat, der sich als des Menschen Sohn, d. h. als den Sohn des Erzmenschen der Fülle bekannte und den Vater offenbarte. Dieser Hauch kam auf Jesus herab und vereinigte sich mit ihm.

246. Wen stellte also der untere Jesus im Abbilde dar?

Der Jesus, der aus dem Haushalte kam, um als Mensch und Erlöser den Tod hinwegzunehmen und in dem Christus den unnennbaren Vater bekannt zu machen, wurde hingestellt zur Nachbildung und Gestaltung jenes höheren Menschen im Reich der Fülle. Denn als er den Christus in sich aufgenommen hatte, enthielt er den Menschen, das Wort, den Vater und den Unnennbaren, wie auch das Schweigen und die Wahrheit und die Kirche und das Leben.

247. Wie hat Jesus als Knabe schon einen Beweis von seiner Erinnerung an das Reich der Fülle gegeben?

Als Jesus als Knabe zur Schule ging, und der Lehrer ihn, wie es Sitte ist, aufforderte: „Sage a," antwortete er „a". Dann hieß ihn der Lehrer „b" sagen. Da erwiderte Jesus: Sage du mir erst, was das „a" ist, und dann werde ich dir sagen, was das „b“ ist. Damit wollte er sagen, daß er allein das Unbekannte kenne, das er mit dem Bilde des „a“ bezeichnete.

248. Wie hat der zwölfjährige Jesus seine Bekanntschaft mit dem großen Geheimnisse bezeugt?

Der zwölfjährige Jesus im Tempel antwortete seiner Mutter: Wisset ihr nicht, daß ich sein muß in dem, das meines Vaters ist? Hier verkündigte er ihnen den Vater, den sie nicht kannten. Aber sie verstanden das Wort nicht, das er mit ihnen redete.

249. Welchen Auftrag gab er daher auch später seinen Jüngern?

Er sandte seine Jünger zu den zwölf Stämmen mit dem Befehl, ihnen den unbekannten Gott zu verkündigen.

250. Wo hat Jesus selbst in seiner Lehrtätigkeit den unbekannten Gott verkündigt?

Jenem, der zu ihm sagte: Guter Meister, bekannte er den allein wahrhaft guten Gott, da er ihm antwortete: Was nennst du mich gut? Einer ist gut, der Vater in den Himmeln. Unter den Himmeln verstand er die ewigen Wesenheiten.

Und als er denen, die ihn fragten, aus welcher Gewalt tust du dies, nicht antwortete, sondern sie durch eine Gegenfrage in Verwirrung setzte, weigerte er sich durch sein Schweigen, das Unsagbare des Vaters anzuzeigen.

Und als er ferner einst sagte: Oft habe ich gewünscht, einen aus diesen reden zu hören, und ich fand keinen, der ihn nannte, deutete er mit dem einen auf den einen wahrhaftigen Gott hin, den sie nicht kannten.

Und als er sich Jerusalem näherte, weinte er über die Stadt und sprach: Wenn auch du heute die Dinge wüßtest, die zu deinem Frieden gehören, nun aber ist es vor dir verborgen, bezeichnete er mit dem Worte „verborgen" das Verborgene der Tiefe.

Und wiederum, als er sagte: Kommet her zu mir alle, die ihr mühselig und beladen seid, und ich werde euch Ruhe geben, und lernet von mir, verkündigte er damit den Vater der Wahrheit.

Aber am klarsten spricht er von diesem unaussprechlichen Vater in den folgenden Worten: Ich gebe dir Recht, Vater, Herr von Himmel und Erde, daß du es den Weisen und Verständigen verborgen hast und hast es den Unmündigen geoffenbaret. Ja, mein Vater, weil es vor dir ein Wohlgefallen war. Alles ist mir von meinem Vater übergeben. Und niemand kennet den Vater, ausgenommen der Sohn, und niemand kennet den Sohn, ausgenommen der Vater, und wem es der Sohn mag offenbaren. In dieser Stelle hat er es ausdrücklich ausgesprochen, daß vor seinem Erscheinen niemals jemand den Vater der Wahrheit erkannt hat. Der Weltbildner und Schöpfer ist freilich von allen erkannt worden. Aber Jesus sprach von dem allen unbekannten Vater.

251. Wo hat der Evangelist Johannes bezeugt, daß der Erlöser den Unbekannten und alle oberen Wesenheiten offenbarte in sich?

Wenn Johannes im ersten Kapitel nach der Beschreibung der obersten Achtheit seine Erörterung über den Erlöser anfängt und sagt, daß alles außerhalb des Pleroma durch ihn gestaltet sei, nennt er ihn die Frucht des ganzen Pleroma. Denn er nennt ihn das Licht, das in der Finsternis scheint und von ihr nicht begriffen wird, da er alles, was aus der Leidenschaft entstanden war, durch Gestaltung zusammenfügte, ohne von ihr erkannt zu werden. Dazu nennt er ihn auch den Sohn und die Wahrheit und das Leben und das Fleisch gewordene Wort. Und wir sahen seine Herrlichkeit, schreibt er, und seine Herrlichkeit war wie die des Eingeborenen vom Vater, voll von Gnade und Wahrheit.

252. Welchen Sinn haben die Worte Jesu?

Da sich das Geistliche, Seelische und Irdische in Jesus vereinigte, so redeten aus ihm zu gleicher Zeit die drei Menschen, das ist, der geistliche, seelische und irdische Mensch, indem ein jeder von seinem Eigenen zu seinen Eigenen sprach. Auch muß man bei den Reden Jesu unterscheiden zwischen dem, das auf Anregung des Erlösers und dem, das auf den Einfluß der Weisheit oder des Demiurgen zurückzuführen ist. Und bei den Worten des oberen Christus muß man wieder darauf achten, ob der Sohn oder die Wahrheit, das Wort oder das Leben, der Mensch oder die Kirche oder eine der anderen seligen Wesenheiten aus ihm spricht, oder aber der Stern der Fülle.

253. Wo deutet es die Schrift an, daß er die Welten im Kleinen darstellte?

Daß der Erlöser die Erstlingsfrüchte von allem aufnahm, was er erlösen wollte, drückt Paulus in mystischer Weise in den Worten aus: Ist der Anbruch heilig, so ist auch der Teig heilig. Denn mit dem Anbruch meinte er das Geistliche, mit dem Teige aber bezeichnete er die seelische Kirche, deren Teig er an sich nahm und mit sich emporgenommen hat, da er der Sauerteig war.

Dein Wort, o Herr, ist milder Tau
Für trostbedürft'ge Seelen.
Lass keiner Pflanze deiner Au
Den Himmelsbrunnen fehlen.
Erquickt durch ihn lass jede blühn
Und in der Zukunft Tagen
Dir Frucht und Samen tragen.

Dein Wort ist uns der Wunderstern
Für unsre Pilgerreise.
Er führt die Toren hin zum Herrn
Und macht die Einfalt weise.
Dein Himmelslicht verlösch uns nicht
Und leucht' in jede Seele,
Dass keine dich verfehle.

254. Was berichtet die gnostische Ueberlieferung über Jesu Lebensweise?

Durch seine stete Selbstverleugnung und Verachtung des Demiurgen erlangte Jesus die Gottheit. Er aß und trank in besonderer Weise ohne Vergeudung und ohne Lust. Seine Macht der Enthaltsamkeit war so groß, daß seine Nahrung sich nicht in seinem Körper zersetzte oder verweste, weil er selbst keiner Zersetzung unterworfen war.

---

c) Sein Leiden.

Marter Gottes, wer kann dein vergessen,
Der in dir sein Wohlsein find't!

Unser Herze wünscht sich unterdessen
Stets noch mehr zum Dank entzünd't,
Unsre Seele soll sich daran nähren,
Unsre Ohren nie was Lieb'res hören.
Alle Tage kommt er mir
Schöner in dem Bilde für.

Die wir uns allhier beisammen finden,
Schlagen unsre Hände ein,
Uns auf deine Marter zu verbinden,
Dir auf ewig treu zu sein.
Und zum Zeichen, dass dies Lobgetöne
Deinem Herzen angenehm und schöne,
Sage: Amen! und zugleich:
Friede, Friede sei mit euch!

255. Welchen Plan faßten Jaldabaoth und die Fürsten?

Die Fürsten und der untere Vater waren über die Predigt und das Werk Jesu erzürnt und faßten den Entschluß, Jesum zu töten.

256. Nach wessen Plane mußte dieses Ende Jesu eintreten?

Dies mußte geschehen nach dem Plane des Allvaters und der Weisheit und gemäß den Prophezeiungen der Propheten und dem Wunsche Jesu selbst.

257. Wer hat Jesum den Feinden übergeben?

Judas, ein in der Gnosis weit vorgeschrittener Jünger, hatte eine klare Idee des wahren Gottes und unterschied ihn wohl von dem Schöpfungsgotte. Er wußte auch, daß der Mensch sich völlig lossagen müßte von allen weltlichen Dingen und den Demiurgen verachten müßte, und daß Christus nur durch die

Kreuzigung sich zu den höchsten Höhen emporschwingen könnte. Christus, der Geist, der herabkam, um die höheren, geistigen Kräfte des Menschen zu stärken und zu befreien, besiegte den Schöpfergott, indem er den unteren Jesus dem Leiden und dem Tode übergab. Da aber der psychische Jesus sich gegen dies Leiden sträubte, übergab ihn Judas den Machthabern. Aber mit dem Tode Jesu sollten auch die Herrscher selbst von dem niederen Wesen befreit werden, und von diesem Wissen geleitet, tat Judas alles, was in seinen Kräften stand, Jesum zu verraten und so der Welt die Erlösung zu bringen. Judas hat also Jesu und der Welt einen großen Dienst erwiesen.

258. Was ist mit dem Kreuzestode sinnbildlich dargestellt?

Jesus hat mit seinem Leiden und Tode am Kreuze die ursprünglichen Leiden der Weisheit sinnbildlich angedeutet und sogar in Worten ausgesprochen. Und zwar hat er mit dem Worte: Mein Gott, warum hast du mich verlassen, geoffenbart, dass die Weisheit von dem Lichte verlassen und von der Schranke gehindert wurde, voranzudringen. Der Schmerz der Weisheit aber liegt in dem Worte ausgesprochen: Meine Seele ist betrübt bis in den Tod. Und die Furcht deutet sein Gebet an: Vater, ist es möglich, so gehe dieser Kelch an mir vorüber. Und endlich die Ratlosigkeit liegt in dem Worte: Und was soll ich sagen? Ich weiß nicht.

259. Was ist das Geheimnis des Kreuzes?

Das Kreuz ist eines der tiefsten gnostischen Geheimnisse. Für die Menge ist nämlich Jesus dort unten in Jerusalem gekreuzigt, mit Lanzen und Rohr durchbohrt und geschlagen, Galle und Essig ist ihm zu trinken gegeben. Aber für die Gnostiker ist das Kreuz das aufgerichtete Lichtkreuz, das manchmal das Wort genannt wird, manchmal der Geist, Jesus, Christus, das Tor, der Weg, das Brot, die Saat, die Auferstehung, das Leben, die Wahrheit, die Gnade, der Vater. Dies Kreuz ist für die Gnostiker ein Merkmal und eine Abgrenzung, das allen Dingen gesetzt wird. Es ist die feste Notwendigkeit aller Dinge, die harmonische Weisheit, der Pfahl und der Wall, der da scheidet rechts und links, Quellen, Wurzeln, Wesenheiten und Mächte, Fürstentümer, Kräfte, Dämonen, Drohungen, Zorn, Ankläger, Satan, niedere Natur. Dieses Kreuz hält die Dinge des Geistes getrennt von den Dingen, die der Zeugung entstammen.

Des Christen Schmuck und Ordensband,
Das ist das Kreuz des Herrn,
Und wer erst seinen Wert erkannt,
Der trägt es froh und gern.
Man nimmts mit Demut,
Trägts mit Lust
Und achtets für Gewinn.
Doch trägt man es nicht auf der Brust,
O nein, man trägt es drin.

Mth. 10, 38. Und wer nicht sein Kreuz auf sich nimmt, und folget mir nach, der ist meiner nicht wert.

Mth. 16, 24. Da sprach Jesus zu seinen Jüngern: Will mir jemand nachfolgen, der verleugne sich selbst und nehme sein Kreuz auf sich und folge mir.

Mark. 10, 21. Und Jesus sahe ihn an und liebte ihn und sprach zu ihm: Eins fehlt dir. Gehe hin, verkaufe alles, was du hast, und gib es den Armen, so wirst du einen

Schatz im Himmel haben; und komm und folge mir nach, und nimm das Kreuz auf dich!

1. Kor. 1, 17. 18. Denn Christus hat mich nicht gesandt, zu taufen, sondern das Evangelium zu predigen, nicht mit klugen Worten, auf dass nicht das Kreuz Christi zu nichte werde. Denn das Wort vom Kreuz ist eine Torheit denen, die verloren werden. Uns aber, die wir selig werden, ist es eine Gotteskraft.

Gal. 5, 11. Ich aber, liebe Brüder, so ich die Beschneidung noch predige, warum leide ich denn Vorfolgung? So hätte das Aergernis des Kreuzes aufgehört. 6, 12. Die sich wollen angenehm machen nach dem Fleisch, die zwingen euch zu beschneiden, allein dass sie nicht mit dem Kreuz Christi vertolgt werden. 14. Es sei mir aber ferne, von mir, rühmen denn allein von dem Kreuz unseres Herrn Jesu Christi, durch welchen mir die Welt gekreuzigt ist und ich der Welt.

Phil. 3, 18. Denn viele wandeln, von welchen ich euch oft gesagt habe, nun aber sage ich auch mit Weinen, die Feinde des Kreuzes Christi.

260. Was geschah auf dem Wege zur Kreuzigung mit dem Erlöser von oben?

Als Jesus zum Tode geführt wurde, entfernte sich der Christus samt der Weisheit wieder zu einer unvergänglichen Wesenheit, und nur der Mensch Jesus wurde gekreuzigt.

261. Welche Teile des unteren Jesus haben also an dem Leiden teilgenommen?

Der in ihm wohnende Erlöser aus dem Reiche der Fülle war natürlich leidensunfähig und verließ ihn daher vor der Kreuzigung. Denn es geht nicht an, daß derjenige leiden sollte, der unfaßbar und unsichtbar ist. Dieser in ihm versenkte Geist wurde daher wieder von ihm entrückt ehe das Leiden vor

Pilatus anfing. Aber auch nicht jener von der Weisheit stammende Samen hat gelitten. Denn jenes Geistliche war auch leidensunfähig und dem Demiurgen selbst unsichtbar. Infolgedessen nahm nur der seelische Teil und der auf geheimnisvolle Weise aus dem Haushalte zugerichtete Teil des Jesus an dem Leiden und Sterben teil.

262. Welchen symbolischen Sinn hatte jenes Leiden?

Die Weisheit stellte in dem Jesus während seines Leidens das Abbild jenes oberen Christus dar, der sich über den Pfahl oder das Kreuz hinwegstreckte und die Gestalt der Achamoth dem Wesen nach gestaltete. Denn alles, was hier unten geschah, war das Abbild dessen, was oben ist, und so mußte Jesus durch seinen eigenen Ausgang das Ende dessen andeuten, was sich bei den oberen Wesenheiten zutrug.

263. Was war der direkte und nächste Zweck des Leidens Jesu?

Damit durch das Leiden Jesus der Erstling und das Vorbild der Klassenscheidung und Zurückerstattung der gemischten Bestandteile würde, aus denen er zusammengesetzt war.

264. An wie viele verschiedene Abteilungen mußte das in Jesu bestehende Gemisch wieder zurückerstattet werden?

Die niedere Welt zerfällt in drei Hauptabteilungen, nämlich 1) in die Achtheit oder das Weltoberhaupt, 2) die Siebenheit mit den sechs unter ihr liegenden Abteilungen, deren Leiter der Weltbildner ist, und 3) diejenige Abstufung, in der wir leben, die den Namen Gestaltlosigkeit trägt.

Dementsprechend mußte notwendiger Weise die in Jesu bestehende Mischung wieder in diese drei Klassen durch die Aussonderung seiner niederen Bestandteile ausgeschieden werden. Daher hat der körperliche Teil in Jesus, der zur Gestaltlosigkeit gehörte, gelitten und wurde dadurch zuerst an die Gestaltlosigkeit zurückerstattet. Dann wurde sein seelischer Bestandteil, der zur Siebenheit gehörte, nach dem Leiden und Sterben auferweckt und an die Siebenheit zurückerstattet. Auch wurde dasjenige wieder auferweckt, was zur höchsten Spitze unserer Welt gehörte und Eigentum der großen Fürsten war, und es verblieb dann bei den großen Fürsten.

265. Was geschah mit den höchsten überweltlichen Bestandteilen Jesu?

Was von seinem höheren Wesen dem angrenzenden Geiste angehörte, trug er bis oben hinauf, und es verblieb dort bei dem angrenzenden Geiste. Der Bestandteil aus der dritten Sohnschaft aber wurde durch ihn gereinigt und stieg dann empor zur seligen oberen Sohnschaft, indem er durch alles hindurchging bis hinauf zu seinem erhabenen Ziele.

266. Inwiefern ist Jesu Leiden und Ausscheidung vorbildlich?

Jesus ist der Erstling und Vorläufer der Klasseneinteilung, indem sein Leiden aus dem einfachen und einzigen Grunde stattfand, um die in ihm bestehenden gemischten Bestandteile wieder in die betreffenden Weltabteilungen zurückzuliefern. Und auf genau dieselbe Weise muß nun die ganze in der Gestaltlosigkeit zurückgebliebene Sohnschaft nach dem genauen Vorbilde Jesu wieder in ihre Klassen geschieden werden. Jesus ist also das Vorbild aller, die ihm nachfolgen.

Lasset uns mit Jesu ziehen,
Seinem Vorbild folgen nach,
In der Welt der Welt entfliehen;
Auf der Bahn, die er uns brach,
Immerfort zum Himmel reisen,
Irdisch noch schon himmlisch sein,
Glauben recht und leben rein,
Glauben durch die Lieb' erweisen!
Treuer Jesu, bleib bei mir!
Geh voran, ich folge dir!

Lasset uns mit Jesu leiden,
Seinem Vorbild werden gleich:
Nach dem Leiden folgen Freuden,
Armut hier macht dorten reich.
Tränensaat bringt Heil und Wonne,
Hoffnung stärkt uns in Geduld,
Denn es scheint durch Gottes Huld
Nach dem Regen bald die Sonne.
Jesu, hier leid' ich mit dir,
Dort gib deine Freude mir!

Lasset uns mit Jesu sterben!
Sein Tod rettet uns vom Tod.
Und vom ewigen Verderben,
Das dem sichern Sünder droht.
Lasst uns sterben, weil wir leben,
Sterben unsern Lüsten ab:
Dann wird er uns aus dem Grab
In sein Himmelsleben heben.
Jesu, sterb ich, sterb ich dir,
Dass ich lebe für und für.

Lasset uns mit Jesu leben!
Weil er auferstanden ist,
Muss das Grab uns wiedergeben.
Jesus, unser Haupt du bist,
Wir sind deines Leibes Glieder.
Wo du lebst, da leben wir.
Ach erkenn' uns für und für,
Seelenfreund für deine Brüder!
Dir, o Jesu, leb' ich hier,
Dort auch ewig einst bei dir.

* * *

Mir nach, spricht Christus, unser Held,
Mir nach, ihr Christen alle!
Verleugnet euch, verlasst die Welt,
Folgt meinem Ruf und Schalle!
Nehmt euer Kreuz und Ungemach
Auf euch, folgt meinem Wandel nach.

Ich bin das Licht, ich leucht' euch für
Mit heil'gem Tugendleben.
Wer zu mir kommt und folget mir,
Darf nicht im Finstern schweben.
Ich bin der Weg, ich weise wohl,
Wie man wahrhaftig wandeln soll.

Ich zeig euch das, was schädlich ist,
Zu fliehen und zu meiden,
Und euer Herz von arger List
Zu rein'gen und zu scheiden.
Ich bin der Seelen Fels und Hort
Und führ' euch zu der Himmelspfort'.

267. Wie half der vor dem Leiden entrückte Christus seinem Jesus nach der Kreuzigung?

Der nach oben entrückte Christus vergaß seinen Jesus nicht, sondern sandte von oben her eine Kraft auf ihn herab, die ihn im Körper wieder erweckte, welches auch der seelische und geistliche Körper genannt wird, denn alles Weltliche legte er ab in der niederen Welt.

268. Erkannten die Jünger den Auferstandenen?

Als die Jünger den Auferstandenen sahen, erkannten sie ihn erst nicht, auch nicht einmal jener, um dessen willen er von den Toten auferstanden ist. Und darin bestand der größte Irrtum seiner Jünger, dass sie glaubten, er sei in seinem irdischen Körper wieder auferstanden, nicht bedenkend, daß Fleisch und Blut das Reich Gottes nicht ererben können.

Jesus lebt, mit ihm auch ich!
Tod, wo sind nun deine Schrecken?
Jesus lebt und wird auch mich
Von den Toten auferwecken.
Er verklärt mich in sein Licht:
Dies ist meine Zuversicht.

Jesus lebt, ich bin gewiss,
Nichts soll mich von Jesu scheiden,
Keine Macht der Finsternis,
Keine Herrlichkeit, kein Leiden.
Er gibt Kraft zu dieser Pflicht:
Dies ist meine Zuversicht.

Jesus lebt! Nun ist der Tod
Mir der Eingang in das Leben.
Welchen Trost in Todesnot
Wird er meiner Seele geben,
Wenn sie gläubig zu ihm spricht:
Herr, Herr, meine Zuversicht.

269. Ist der Gekreuzigte oder der Hinweggerückte der Erlöser der gnostischen Kirche?

Die gnostische Kirche verehrt nnd bekennt nicht denjenigen, der gekreuzigt ist, sondern denjenigen, der in der Gestalt eines Menschen kam und nur vermeintlich gekreuzigt und Jesus genannt wurde. Derselbe war nämlich vom Vater heruntergeschickt, damit er durch seine Verteilung die Werke der Weltbildner zerstöre. Wenn aber jemand den Gekreuzigten bekennt, so ist er noch ein Knecht und unter der Herrschaft derer, die die Körper gemacht haben. Wer ihn aber verleugnet, der ist von den Herrschern losgemacht und kennt die Anordnung des ungezeugten Vaters.

270. In welcher Erzählung wird der Unterschied zwischen dem oberen leidensunfähigen und dem unteren leidenden Jesus dargestellt.

Der obere Jesus erschien auf der Erde blos zum Schein als Mensch und tat Wunder. Deswegen hat er auch selbst nicht gelitten, sondern ein gewisser Simon von Kyrene wurde gezwungen, für ihn das Kreuz zu tragen. Und dieser, der durch Unwissenheit und Irrtum gekreuzigt wurde, wurde von ihm in sein Ebenbild verwandelt, so daß man glaubte, er sei Jesus selbst. Jesus selbst aber nahm die Gestalt des Simon an und stand dabei und verlachte sie. Denn da er eine körperlose Kraft war, und der Geist des ungezeugten Vaters, so verwandelte er sich nach Belieben, und so stieg er wieder empor zu dem, der ihn gesandt hatte, und lachte über sie, da er nicht gehalten werden konnte, sondern allen unsichtbar war.

d) Verklärung und Himmelfahrt.

271. Wie lange blieb Jesus noch bei seinen Jüngern nach der Himmelfahrt?

Die gnostische Ueberlieferung behauptet, daß Jesus noch elf Jahre bei seinen Jüngern blieb, um sie zu unterrichten. Und während dieser Zeit stieg eine höhere Kraft auf ihn herab, sodaß er lernte, was klar ist. Die Geheimnisse der inneren Welt hatte er seinen Jüngern früher nur teilweise mitgeteilt, und zwar immer mit Fortlassung vieler Punkte, die sie noch nicht fassen konnten. Die Unterweisung war aber so herrlich gewesen, daß die Jünger meinten, sie hätten in der Lehre von dem Vater in der Gestalt einer Taube schon das letzte und innerste Geheimnis.

272. Bei welcher Gelegenheit erhielten sie nun den weiteren Unterricht über die innersten Geheimnisse?

Bei seiner mystischen Verklärung und Himmelfahrt im zwölften Jahre nach der Auferstehung.

273. Wie ging diese Verklärung vor sich?

Die Jünger waren mit dem Meister auf dem Oelberge versammelt. Es war „am fünfzehnten Tage des Monats Tybi.“ Jesus saß abseits von ihnen. Da sahen sie beim Sonnenaufgang einen großen Lichtstrom sich über ihn ergießen, so daß er in dem unaussprechlichen Glanze, welcher sich von der Erde zum Himmel erstreckte, ihren Blicken entschwand. Inmitten dieses Lichtes, das Strahlen jeder Art und Gattung enthielt, erhob sich der Meister und fuhr gen Himmel. Dies geschah am Vollmondstage. Und von der dritten Stunde des fünfzehnten Tages bis zur neunten Stunde des folgenden Tages war der Meister abwesend, und während dieser Zeit gab es ein Erdbeben in allen Regionen der Herrscher und große Verwirrung und Angst, während aus dem Tiefinnersten des Innern Lobgesänge ertönten.

274. Was geschah aber in der neunten Stunde des zweiten Tages?

In der neunten Stunde des folgenden Tages sahen die Jünger, wie Jesus in einem unaussprechlichen Lichte niederstieg, das noch heller war als bei seiner Auffahrt. Das Licht hatte jetzt drei Abstufungen und eine alles überragende Herrlichkeit. Jesus hatte nun die Erlaubnis erhalten, den Jüngern alle Dinge zu berichten vom Anfang der Wahrheit bis zu ihrem Ende und zwar von Angesicht zu Angesicht, ohne Gleichnis, frei heraus. Dazu hatte ihm das erste Geheimnis die Macht gegeben.

275. Warum waren die Zwölf zuerst berufen, die innersten Geheimnisse zu erfahren?

Die zwölf waren Jesu eigene Anordnung, die er sich von Anfang an erwählte, noch ehe er in die Welt kam. Er erwählte nämlich zwölf Kräfte, die er aus den Händen der zwölf Heilande des Lichtschatzes erhielt. Diese nun warf er, als er zur Erde herabstieg, als Lichtfunken in den Schoß ihrer Mütter. Vermittelst dieser Kräfte nun gehören die Jünger nicht der Welt an, denn die Kräfte in ihnen stammen von ihm, dem Meister, und sind ein Teil von ihm.

276. Mit welchem Kleide war der Verklärte angetan?

Jesus trug das Kleid, das er im vierundzwanzigsten Geheimnis zurückließ, und auf dem Kleide war ein Geheimnis geschrieben mit den fünf Worten: Zama, Zama, Ozza, Rachama, Ozai. Und dies ist die Erklärung davon: Das Geheimnis, das außerhalb der Welt ist, das, wodurch alle Dinge bestehen; dies ist die ganze Einziehung und Entfaltung; es strömt alle Entwicklung und alle Dinge aus denselben aus; durch dasselbe bestehen alle Geheimnisse mit ihren Regionen.

277. Welches war die erste Region, die der Verklärte bei seiner Himmelfahrt durchflog?

Er stieg zuerst auf zum ersten, unteren Firmament. Und alle Kräfte dieses Firmaments gerieten in große Aufregung durch das alles überstrahlende Licht des Erlösers, sie verbeugten sich, beteten an und begannen einen Lobgesang für das Innerste des Innersten.

278. Welches war die zweite Region, durch die er kam?

Er zog aufwärts zur ersten Sphäre und leuchtete mit einem 49mal stärkeren Lichte, als bevor, und die Tore öffneten sich und er ging ein in die Häuser der Sphäre, und die Kräfte wurden umgeändert, wie im ersten Firmament, beteten an und sangen Freudenhymnen.

279. Was geschah in der nächsten Region?

Jesus ging weiter aufwärts und nach innen zu der zweiten Sphäre, und das Licht wurde noch 49mal stärker, und die Mächte dieser Sphäre beugten sich ebenfalls, beteten an und sangen Hymnen dem Innersten des Innersten.

280. Wohin führte ihn sein Triumphzug dann?

Jesus setzte seinen Triumphzug fort, höher aufwärts und nach innen, und gelangte zu der Region der zwölf Aeonen des Tierkreises und den großen

Herrschern der Siebenheit, und leuchtete mit einem Glanze, der 49mal stärker war, und alle Herrscher und alle Ordnungen dieser Region waren verwundert, und die Tyrannen dieser Region kämpften in ihrer Unwissenheit unter ihrem großen Führer, dem falschen Adamas, gegen das Licht an, doch vergeblich. Denn sie vergeudeten nur ihre Kraft einer gegen den andern und, ihres Lichtes beraubt, fielen sie nieder und wurden wie die Erdenbewohner, die tot sind und keinen Odem mehr haben.

281. Welcher Prophet hat diese Niederlage der Herrscher vorausgesehen?

Jesajas deutet schon darauf hin, wenn er an einer Stelle sagt: O Aegypten, wo sind nun deine Wahrsager und Anordner der Stunde? Denn mit Aegypten bezeichnet die gnostische Kirche die niedere böse Welt.

282 Welches waren die nächsten vier Regionen, die Jesus zu durchschreiten hatte?

Die Region der Lichtjungfrau oder Pistis Sophia, die Region der 24 Unsichtbaren oder der großen Wesenheiten des Reiches der Fülle, die obersten Lichträume, wo die drei Doppelkräfte oder glänzenden Söhne thronen, und zuletzt der Raum des Unnennbaren.

283. Was haben wir uns unter diesen verschiedenen Regionen vorzustellen?

Es sind die verschiedenen Bewußtseinsstufen, die die Weltseele zu durchschreiten hat auf der großen Reise, nämlich dem Abstieg in die Materie und der Rückkehr zum Licht.

284. Was sagte Jesus, als seine Jünger die Bedeutung dieser Regionen und Aeonen nicht fassen konnten?

O, ihr Toren und träges Herzens! Wie lange soll ich euch ertragen? Wie lange soll ich Guduld mit euch haben? Merket ihr noch immer nichts und seid ihr noch immer unwissend? Wisset und verstehet ihr denn nicht, daß ihr alle Engel, Erzengel, Herrscher und Herren seid, daß ihr alle die großen unsichtbaren Wesenheiten, die Ausströmungen des Lichtes und seiner Herrlichkeit seid? Die großen Lichtemanationen haben nie Leiden empfunden, haben auch nie die Regionen gewechselt, noch sind sie je zerteilt und zerstückelt worden, noch haben sie sich in verschiedene Körper gebannt, noch sind sie je in Kümmernis verfallen. Ihr selbst vielmehr seid die Reinigung des Schatzes, ihr alle seid die Reinigung der Regionen zur Rechten, ihr seid die Reinigung der Unsichtbaren und der großen Fürsten und Herrscher, mit einem Worte, ihr seid die Reinigung von allem. Und ihr habt große Kümmernisse und Schmerzen gehabt dadurch, daß ihr in unterschiedliche Körper gebannt waret in dieser Welt. Und nach allen diesen Kümmernissen, die durch euch selbst entstanden, habt ihr gekämpft und gerungen, habt der ganzen Welt und allem, was darinnen ist, entsagt. Und ihr habt im Knmpfe nicht inne gehalten bis ihr alle Geheimnisse des Lichtreiches fandet, welche euch nun geläutert und euch in geklärtes, reines Licht verwandelt haben.

285. Teilte Jesus die Geheimnisse der Gnosis dem ganzen Kreise seiner Jünger ohne Unterschied mit?

Nein, er hielt nur wenige von seinen Jüngern

zur Zeit für fähig, diese tiefen Lehren zu fassen und anzunehmen. Und diese wenigen belehrte er darüber.

286. Wer hatte unter den Jüngern das tiefste Verständnis von allen?

Maria Magdalena.

287. Was sagte Jesus zur Ermutigung derer, die die tiefen Gedanken der Gnosis noch nicht fassen konnten?

Der Meister sagte: Grämet euch nicht, meine Jünger, wenn ihr glaubt, das unaussprechliche Geheimnis der Gnosis nicht fassen zu können. Amen. Ich sage euch, dies Geheimnis ist euer und eines jeden, der euch Gehör geben wird. Denn zuletzt müssen alle in die Gnosis eingeweiht werden, sobald sie der Welt entsagen, sowie allen Sachen, die in ihr sind; sobald sie sich aller üblen Gedanken entschlagen, die in der Welt wohnen und von allen Sorgen des gegenwärtigen Aeon sich loslösen. Denn wer der ganzen Welt entsagt und allem, was darinnen ist, und sich der Gottheit unterwirft, für den ist das Geheimnis des Unaussprechlichen eine Leichtigkeit.

288. Welchen Befehl gab Jesus seinen Jüngern vor seinem Abschied?

Jesus befahl seinen Jüngern: Gehet hin in alle Welt und prediget dem ganzen menschlichen Geschlecht, und ermahnt alle Menschen, daß sie nicht aufhören, bei Tag und bei Nacht, nach den reinigenden Mysterien zu suchen; daß sie der ganzen Welt und allem, was darinnen ist, entsagen; daß sie sich losreißen von allen ihren Sorgen, allen ihren Sünden und allen ihren Verbindungen, damit sie würdig werden, das Geheimnis des Lichtes zu empfangen. Sie sollen sich lossagen von Trauer, Aberglauben, Zauberei, Verleumdung, falschem Zeugnis, Prahlerei, Stolz, Gefräßigkeit, Zanksucht, Geiz, Räuberei, Zorn, Schmähreden, Unwissenheit, Schmutz, Ehebruch, Mord, Herzenshärte, Unglauben und dergleichen. Denn nur so können die Menschen den Qualen von Feuer und Eis entrinnen, den Qualen der Dämonen, den Qualen des großen Drachen und der unerbittlichen äußeren Finsternis, oder dem Erfrieren in der gänzlichen Vernichtung und Auslöschung. Ermahnet alle Menschen, daß sie sanft, friedvoll, mitleidig, mitfühlend seien, den Armen und Kranken und Betrübten beistehen, Gott lieben und Gerechtigkeit üben und ein Leben völliger Selbstlosigkeit führen.

289. Was geschah, als Jesus seinen Unterricht vollendet hatte?

Jesus wurde zum Himmel aufgenommen, wo er als Christus zur Rechten des Vaters Jaldabaoth seinen Platz hat bis zur Vollendung und Wiederbringung aller Dinge, damit er die Seelen aller derer, die zur Erkenntnis gekommen sind und das irdische Fleisch abgelegt haben, zu sich nimmt. So bereichert er sich selbst fortwährend durch den Zuzug heiliger Seelen, ohne daß der Vater Jaldabaoth hiervon etwas weiß oder ihn überhaupt sieht.

290. Welchen Verlust leidet Jaldabaoth, der untere Gott, dadurch?

Je mehr Jesus sich durch die Aufnahme vollendeter Seelen bereichert, um so mehr leidet der untere

Vater Schaden und wird kleiner, indem er mit den Seelen zugleich seine Kraft verliert. Denn nun kann er nicht mehr die heiligen Seelen halten und sie verschlingen, um sie wieder in die Welt zu schicken, da er nur diejenigen zurückschicken kann, die von seinem eigenen Wesen stammen und von seinem Odem herrühren.

Auf Christi Himmelfahrt allein
Ich meine Nachfahrt gründe,
Und allen Zweifel, Angst und Pein
Hiermit stets überwinde.
Denn weil das Haupt im Himmel ist,
Wird seine Glieder Jesus Christ
Zur rechten Zeit nachholen.

291. Was wird denn das Ende von dieser Entwicklung sein?

Wenn die ganze Benetzung des Geistes oder Lichtes gesammelt und zuletzt zu einer unvergänglichen Wesenheit hinweggerückt wird, dann wird die Vollendung eintreten.

292. Kann denn nicht eine Seele allein die volle Erlösung genießen?

Der volle Friede und die völlige Freiheit und Freude kann erst nach der Vereinigung eintreten. Denn niemand kann die Seligkeit gesondert und getrennt genießen, da das Leben der Welt eins und unteilbar ist. Auch das letzte und am tiefsten gesunkene Geschöpf kann nicht zurückgelassen oder versäumt werden, wenn der große Friede geschlossen werden soll, wie es ist und wie es war und wie es sein wird von Ewigkeit zu Ewigkeit. Amen.

Eine Herde und ein Hirt!
Wie wird dann dir sein, o Erde,

Wenn sein Tag erscheinen wird?
Freue dich, du kleine Herde!
Mach' dich auf und werde Licht!
Jesus hält, was er verspricht.

O des Tags der Herrlichkeit!
Jesus Christus, du die Sonne.
Und auf Erden weit und breit
Licht und Wahrheit, Fried' und Wonne.
Mach dich auf und werde Licht!
Jesus hält, was er verspricht.

293. Wie lautet der fünfte Glaubensartikel?

Ich glaube an den unteren Jesus, der durch die Mutter Weisheit und den Vater Jaldabaoth von der Jungfrau Maria geboren wird; auf den der obere Jesus oder Christus samt der Weisheit bei der Taufe herabsteigt; der durch kräftige Taten und Wunder sich als den Sohn, den ersten Menschen bekennt und den unbekannten Vater predigt; der von dem unteren Vater samt den Fürsten leiden muß; der nach Entrückung des oberen Jesus gekreuzigt wird, aber am dritten Tage in einem seelischen und geistlichen Körper wieder aufersteht; der eine überweltliche Kraft und die vollkommene Gnosis von oben erhält und auffährt zur Rechten des Vaters Jaldabaoth, um alle Lichtseelen an sich zu ziehen, wo er bleibt, bis die ganze Benetzung des Lichtes gesammelt und emporgerückt wird zu einer unvergänglichen Wesenheit.

Druck von F. E. Baumann, Bitterfeld